New Era New Consumption New Retail

新时代
新消费
新零售

苏宁金融研究院 著

东北财经大学出版社
Dongbei University of Finance & Economics Press

大连

图书在版编目（CIP）数据

新时代、新消费、新零售 / 苏宁金融研究院著. —大连：东北财经大学出版社，2019.10

ISBN 978-7-5654-3695-6

Ⅰ. 新… Ⅱ. 苏… Ⅲ. 消费心理学–研究 Ⅳ. F713.55

中国版本图书馆CIP数据核字（2019）第224863号

东北财经大学出版社出版

（大连市黑石礁尖山街217号 邮政编码 116025）

网　　　址：http://www.dufep.cn

读者信箱：dufep@dufe.edu.cn

大连图腾彩色印刷有限公司印刷　东北财经大学出版社发行

幅面尺寸：170mm×240mm　　字数：403千字　　印张：21.75

2019年10月第1版　　　　　　2019年10月第1次印刷

责任编辑：李　季　刘　佳　　　　责任校对：石吉鑫

封面设计：冀贵收　　　　　　　　版式设计：钟福建

定价：88.00元

教学支持　售后服务　　联系电话：(0411) 84710309

版权所有　侵权必究　　举报电话：(0411) 84710523

如有印装质量问题，请联系营销部：(0411) 84710711

前　言

这是一个崭新的时代。

2008年国际金融危机之后，世界各国经济增长乏力，部分国家的贸易保护主义抬头，外需对于拉动我国经济增长的不确定性越来越大。与此同时，多年的投资驱动增长模式弊端渐显，产能过剩、资源紧张、环境污染等一系列问题日益严重。

若想保持国民经济的高质量与可持续发展，我们势必要更多地依靠自身的力量，在转变经济发展方式的同时，找到新的支撑点。

所幸的是，消费担负起了这一历史重任。2015年，我国人均GDP突破5 000美元，在同年的国民经济核算中，消费对于GDP的贡献率达到59.7%，到2018年，这一数字攀升到了76.2%。在宏观层面上，消费已然成为拉动我国经济增长的首要动力。

在微观层面上，民众的消费也在发生着变化。伴随着我国城市化进程的不断加快，居民收入水平的持续提升，以及互联网技术的飞速发展，国人的消费能力进一步释放，而支付手段与消费渠道的变革和升级，更是深刻地改变了国人的消费方式。

此时，消费者的身份、话语权、习惯偏好等都发生了根本性的变化——单纯的高性价比已无法满足他们的需求，个性化、多样化、体验式消费才是他们更为注重的；此外，男女老少等不同群体的消费习性，也展现出了种种新特征。

悄然间，在消费升级浪潮的席卷之下，我们步入了"新消费"时代。

与之相应的是消费需求逐渐成为商业里一切价值活动的起点，与消费者最近的零售行业尤为如此。事实上，拥有几千年悠久历史的零售业，如今正处于发展的瓶颈期。一方面，大批的传统零售商为来势汹汹的"关店潮"焦虑不已；另一方面，线上流量红利的衰减，让曾经如日中天的电商受困于增长放缓。在新消费的驱动下，行业迫切需要新的变革。

高瞻远瞩的企业家们敏锐地发现了新的机遇。2016年10月，时任阿里巴巴集团董事局主席马云首次提出"新零售"概念，即"线上+线下+物流"的全新模式，并将新零售与新制造、新金融、新技术、新能源一起，作为阿里未来的重要发展战略；2017年3月，苏宁集团董事长张近东在全国政协会议上详细阐述了"智慧零售"的内涵和外延，很好地为"新零售"做了补充。

至此，新零售正式站在了风口之上，各路玩家各显神通：阿里推出了颠覆传统零售范式的盒马鲜生，永辉孕育出令人耳目一新的超级物种，苏宁极物、苏宁小店点亮每一座城市的街角。此外，诸如无人货架、无人超市、无人便利店等前所未有的新兴业态，如雨后春笋一般，接连涌现。

这一切的一切，既是顺应新消费时代的需要，又是商家转型发展的需要，更是扩内需与稳增长的需要。

然而，任何新生事物的发展都不会一帆风顺。新零售变革的背后，还有许多问题值得挖掘与思考，于是便有了本书的问世。

在这里，您可以读到最近两年新消费与新零售领域几乎所有热点问题的深度剖析：上至宏观经济层面的消费大势，中至行业发展的新动向、新趋势，下至国内外商业案例及不同人群的消费新特征。此外，本书还基于大量的官方统计数据，对于国民经济未来的扩内需、促消费之路进行了探讨，对您体悟居民消费的内涵、新零售行业发展的前景，会有一定帮助。

　　如此，足矣！

苏宁金融研究院

2019年6月

目　录

后记　/334

第 1 章

改革开放40年，居民消费风雨变迁

居民消费升级概览

黄志龙、付一夫

关于消费升级，目前并没有明确的定义。抽象地看，消费升级应涵盖消费总量的增加、消费结构的优化、消费品质的提升、消费内容的丰富、消费形式的多样化等范畴。中国的消费升级集中表现为从不足温饱、基本温饱向小康，从小康向富裕型消费的演进，其中既有在人民生活许多领域"从无到有"的革命性升级，又有诸多方面普遍发生的"从有到精""从有到好"的改善性升级。

消费结构的升级优化

理论与各国的实践都表明，消费升级与国民经济的不断发展与人民收入水平的持续提升高度关联。

我们可以从数据中深入探究。根据历年《中国统计年鉴》，中国的人均GDP从1978年的223.84美元增至2017年的8 808.98美元，增长了近40倍，年均增速高达9.87%（参见图1-1）。值得一提的是，中国自2010年人均GDP超过4 000美元，正式跻身国际认定的中等收入国家行列之后，短短几年时间就翻了一倍有余；而2017年的8 808.98美元，更是距离国民经济"中等收入陷阱"的上限（12 000美元）已经非常接近，中国迈入高收入国家阵营也是指日可待。1978—2017年中国人均GDP如图1-1所示。

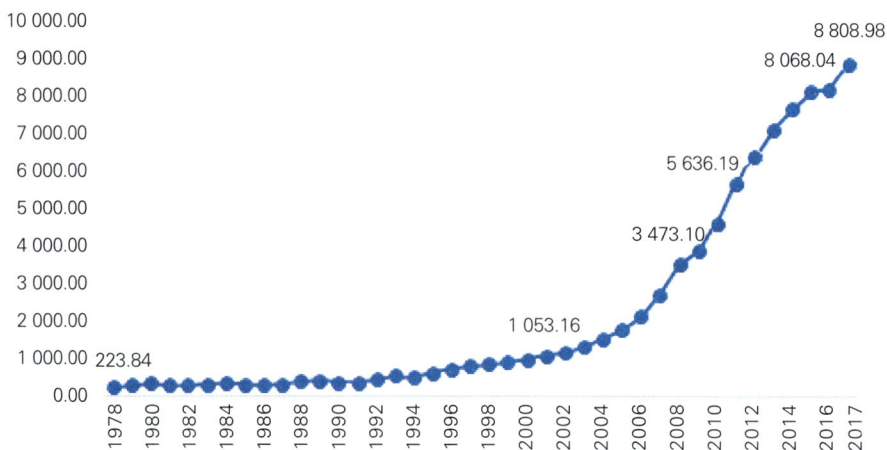

图 1-1　1978—2017 年中国人均 GDP（美元）

数据来源：苏宁金融研究院根据国家统计局数据整理。

从人均可支配收入来看，1978 年，中国城镇居民与农村居民人均可支配收入分别仅为 343.4 元和 133.6 元；到了 2017 年，二者各自上涨至 36 396 元和 13 432 元，分别是 1978 年的 106 倍和 100.5 倍（参见图 1-2）。

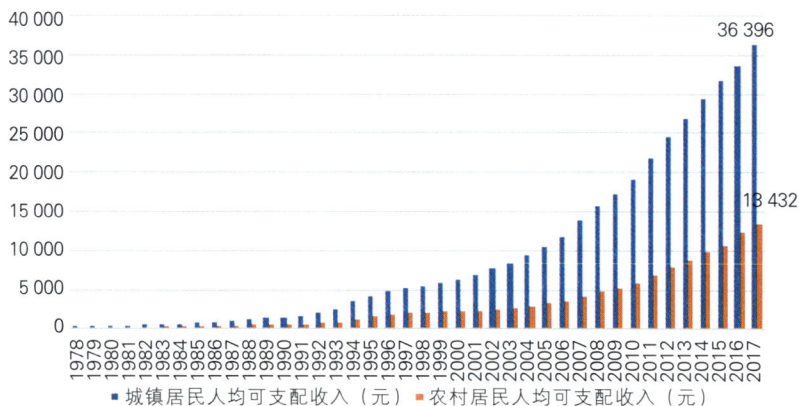

图 1-2　1978—2017 年中国城乡人均可支配收入（元）

数据来源：苏宁金融研究院根据国家统计局数据整理。

收入的不断增加，直接带来了中国城乡居民生活水平的显著提升与消费结构的优化升级，这可以从恩格尔系数（即食品支出总额占个人消费支出总额的比重）的变化中得到印证。数据显示，自改革开放以来，城乡居民恩格尔系数均呈现出较为明显的持续下降态势。具体而言，中国城镇居民恩格尔系数由1978年的57.5%降至2017年的28.6%，同期的农村居民恩格尔系数由67.7%降至31.2%（参见图1-3）。这就说明，中国城乡居民基本上实现了从温饱到小康的转变，并且在消费上也有了更加多元化的选择。

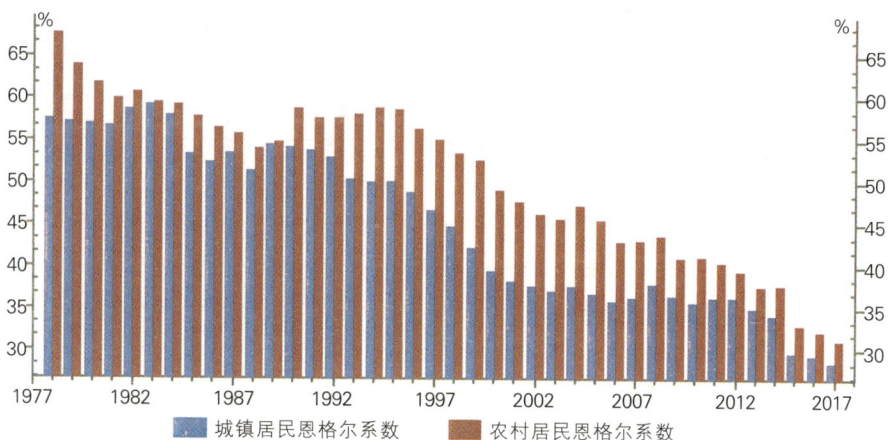

图1-3　1978—2017年中国城乡恩格尔系数

资料来源：Wind，苏宁金融研究院。

详细解构城乡居民的人均消费支出结构，可以更为直观地反映这一事实。从图1-4中可以看到，食品烟酒、衣着支出在城镇居民消费中的比重呈下降趋势，尤其是食品烟酒类消费，已经从1990年的54.25%降至2017年的28.64%；与此同时，交通通信、医疗保健支出所占比例不断提高。

从图1-5中同样可以看到，在农村居民消费结构中，食品烟酒、衣着的消费在整个居民消费中的比重下降趋势更为明显，其中食品烟酒类消费从1990年的

58.80%下降至2017年的31.18%。与之相应的是，交通通信、教育文化娱乐、医疗保健、居住的消费所占份额在稳步攀升，交通通信和医疗保健两项尤为明显。这进一步证实了中国居民的消费结构一直处在升级的通道上。

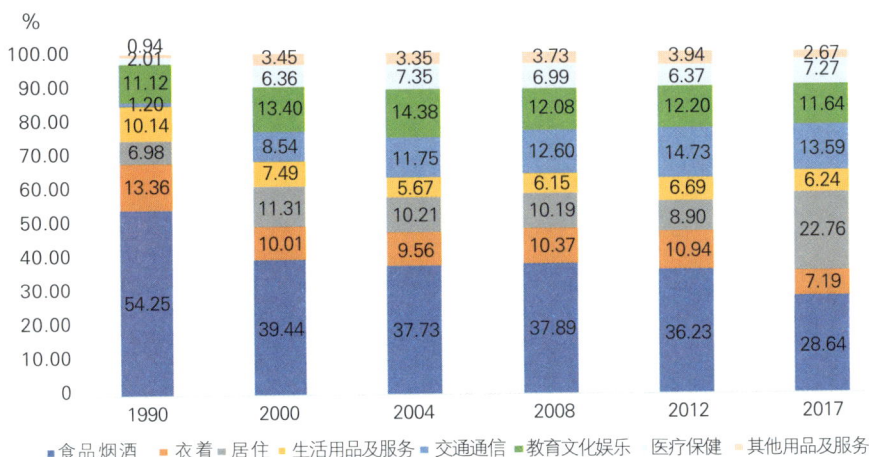

图1-4　1990—2017年城镇居民人均消费支出结构

数据来源：苏宁金融研究院根据国家统计局数据整理。

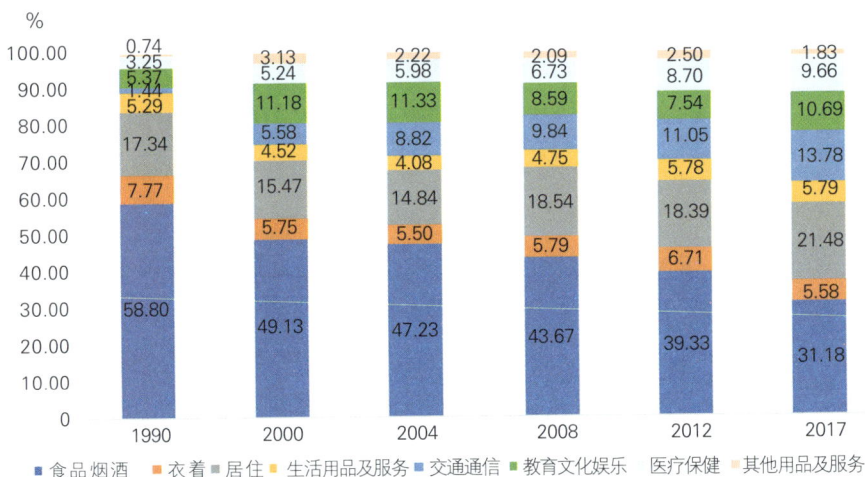

图1-5　1990—2017年农村居民人均消费支出结构

数据来源：苏宁金融研究院根据国家统计局数据整理。

消费品质持续提升

在消费结构不断优化的同时，人们的消费品质也在持续提升，"衣食住行游购娱"各个领域概莫能外。

以居民饮食结构为例：在改革开放初期，社会物质财富的匮乏与收入水平的相对较低，让国人的膳食结构单一，只能以主食消费为主。随着居民收入的增加与食品种类的日趋丰富，人们在饮食上越来越注重营养与健康，主食消费也相应有所减少。国家统计局的数据显示，中国城乡居民人均粮食消费量分别由1978年的152千克、248千克下降至2017年的110千克、155千克，同时，肉、禽、蛋、奶等动物性食品的消费显著增加。其中，城镇居民人均猪牛羊肉消费量由1978年的13.7千克上升到2017年的20.6千克，禽类消费量由1.0千克上升到9.7千克，鲜蛋消费量由3.7千克上升到10.3千克；而农村居民人均猪牛羊肉消费量由1978年的5.2千克上升到2017年的19.5千克，禽类消费量由0.3千克上升到7.9千克，蛋类及其制品消费量由0.8千克上升到8.7千克。这种变化趋势在农村地区体现得尤为明显（参见图1-6）。

衣着上的变化同样可以证明这一点。自改革开放以来，中国城乡居民的衣着需求发生了三个转变，即从"保暖御寒"向"美观舒适"转变，从"一衣多季"向"一季多衣"转变，从"做衣"向"购衣"转变。如今人们在穿着上更加注重服装的质地、款式和色彩的搭配，名牌化、时装化和个性化成为人们的共同追求，衣着消费支出也随之大幅增长。从数据上看，2017年，城镇居民人均衣着支出为1 758元，比1978年增长40.6倍，年均增长10.0%左右；农村居民人均衣着支出为612元，比1978年增长40.5倍，年均增长同样为10.0%左右。

此外，人们在居住、交通通信、文化教育、医疗保健等领域的消费品质均呈现出颇为明显的升级优化态势，1985—2017年，城镇居民的人均医疗保健类支

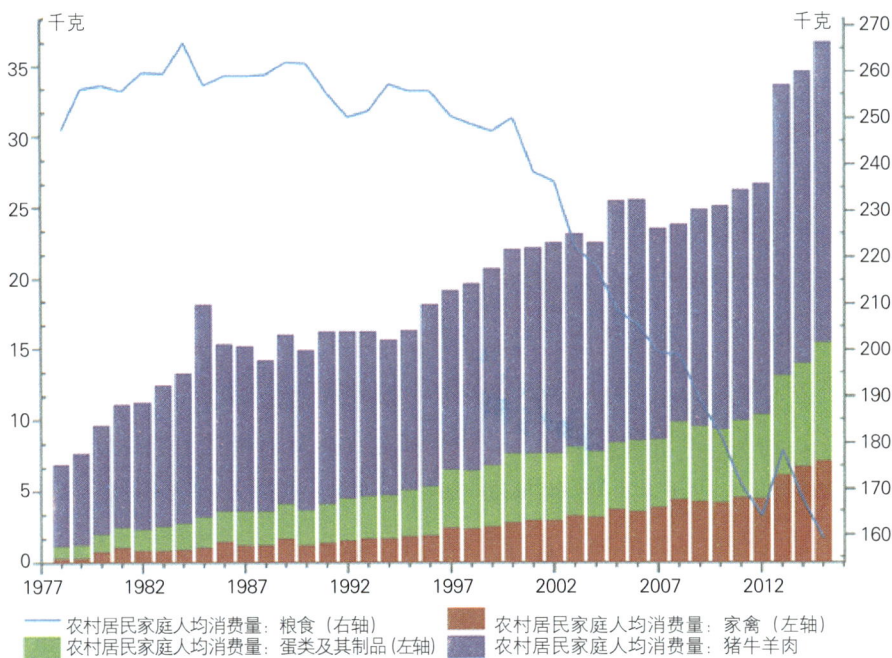

图1-6　1977—2012年农村地区居民粮食消费营养结构持续改善

资料来源：Wind，苏宁金融研究院整理。

出从 16.74 元上升到 1 777.37 元，教育文化娱乐支出从 55.01 元上升到 2 846.64 元，交通通信支出从 14.39 元上升到 3 321.51 元（参见图1-7），都实现了数十倍甚至数百倍的增长。这些变化趋势都在印证着：在解决了温饱问题后，中国城乡居民开始从基本的吃穿消费向发展和享受型消费倾斜。

　　除了消费结构与消费品质外，居民消费方式的演变也可以被认为是广义上消费升级的一部分内容。随着科学技术的不断发展与进步，各种新兴的消费业态接连涌现，而人们的日常消费明显比以往有了更多选择。例如，想要购买某种商品，消费者既可以选择线上购买并享受送货到家的快捷与便利，也可以到线下门店去体验；在支付过程中，除了传统的现金与信用卡外，手机扫码甚至刷脸都成为当下颇为时髦的支付方式。

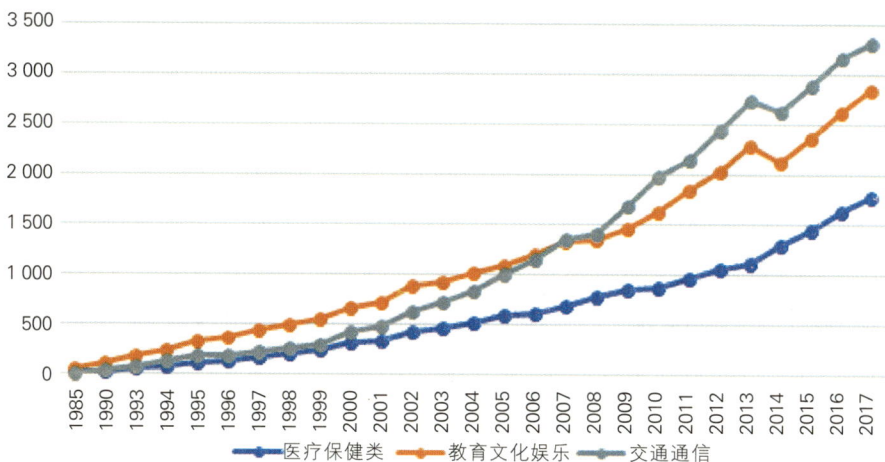

图1-7　1985—2017年城镇居民人均消费支出（元）

数据来源：苏宁金融研究院根据国家统计局数据整理。

　　如果进行横向对比，中国作为新兴市场经济国家，中国居民消费升级的路径和方向在很大程度上与发达工业化国家相似。不过，作为一个拥有深厚文化底蕴和悠久历史的东方大国，受到传统文化和社会价值观等因素的影响，加之改革开放后的经济体制转轨与变迁，中国居民消费升级历程又体现出鲜明的中国特色，尤其是不同发展阶段的消费升级特点及内容都不尽相同。因此，有必要对不同阶段的消费升级特点进行深入剖析。

　　考虑到1998年亚洲金融危机与国有企业改革等大事件的影响，中国的CPI（居民消费价格指数）当月同比增速首次为负（参见图1-8），这表明国民经济出现了通货紧缩。至此，中国经济历史性地由"短缺经济"时代全面进入"过剩经济"时代，这在居民日用消费品和耐用消费品中表现得尤为明显。在汽车、家电等居民主要耐用消费品行业，闲置产能都高达1/3~2/3。纺织行业产能过剩问题也十分突出，当时中央提出从1998年起，用3年左右时间压缩、淘汰落后棉纺锭1 000万锭，分流安置下岗职工120万人，提出到2000年实现全行业扭亏为盈。

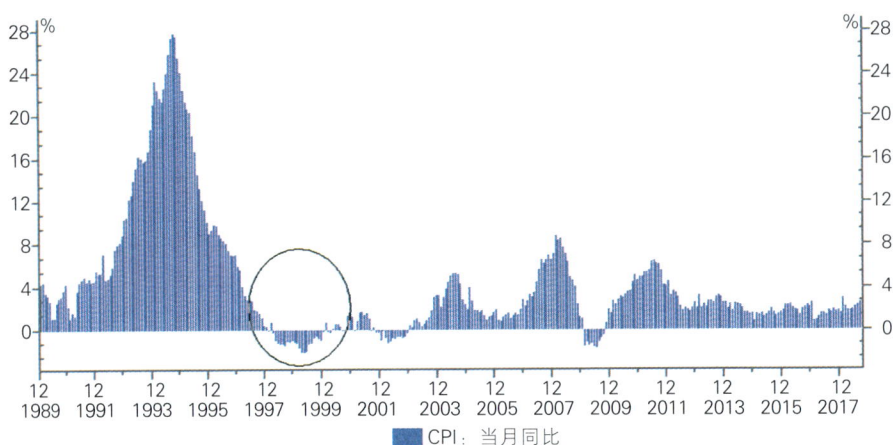

图 1-8　1989—2017年中国居民消费价格指数（CPI）同比增速

资料来源：Wind，苏宁金融研究院整理。

同时，1998年刚好为改革开放40周年发展历程的中点。于是，我们不妨以1998年为分界线，将1978—1998年与1998—2018年分别定义为"短缺经济时代"与"过剩经济时代"，并对两个发展阶段中，各自呈现出的居民消费升级特征与演进做个更为详细的梳理。

1978—1998年：短缺经济时代的消费升级变迁

黄志龙、付一夫

在该时期，中国的人均GDP经历了一个由385元到6 860元的增长历程，城乡人均可支配收入也分别由343.4元和133.6元增至5 425.1元和2 162元，城乡恩格尔系数则各自由57.5%和67.7%下降为44.7%和53.4%，这些都反映出中国居民消费升级的大致面貌。如果按照消费内容的更迭进一步划分，可以细化为三个阶段：

1978—1985年：着重解决温饱问题

1978年以前，中国实行的是计划经济体制。商品价格由国家制定，产品实行统购统销，再加上生产力水平相对较低以及政策方面的种种原因，国人普遍收入不高，且实物收入占据了相当大的比重，而可以实际支配的货币收入却极为有限。如此一来，居民消费能力被严重束缚。

更为重要的是，有相当一部分人，连基本温饱都没有得到很好的解决。当改革开放的春风吹遍神州大地，以家庭联产承包责任制为代表的经济体制改革大大解放了农村生产力，进而推动了国民经济的快速发展与国人收入水平的快速提升，长期被压抑的消费需求也得到了极大释放，这便构成了当时消费升级的核心动力。

然而，居民的消费升级却受到了卖方市场的制约。在全社会范围内，由于长期的生产力落后，致使国民经济的运行不得不以解决短缺为首要任务，而之于广大国民而言，其消费的增加同样是为了解决温饱问题。

根据中经网的统计，1978—1985年期间，全国人均食物消费量呈现大幅度上升态势，1985年全国人均粮食、食用油、鲜蛋、猪肉和食糖等副食品的消费量分别为1978年的1.29倍、2.94倍、2倍、1.7倍和1.44倍，食物消费结构和质量获得了极大改善。此外，全国范围内人均各种布料的消费也增长了1.35倍，这表明国人的温饱问题已渐成历史。

1985—1992年："新老三件"交替

生产力的日益解放，让纺织、食品加工等轻工业迎来了发展契机。除了解决温饱问题之外，耐用消费品的消费开始兴起，最具代表性的例子是俗称"老三件"的自行车、手表和缝纫机开始走进千家万户，并成为当时整个社会的主要消费潮流。数据显示，到了1985年，"老三件"在全国范围内平均每百人的消费量分别是1978年的3.52倍、4.13倍和2.3倍，居民生活质量显著提升，从而带动了整体消费水平的大幅提高。

20世纪80年代中后期，"老三件"已在城乡居民家庭中广泛普及。然而，人们在耐用消费品上的消费升级步伐并未减缓，随着以彩色电视机、电冰箱和洗衣机为代表的"新三件"登上历史舞台，城乡居民进入到以家用电器为主的"千元级"消费阶段，人们的生活方式也越来越紧跟时代。

国家统计局数据显示，1985—1992年，城镇每百户家庭拥有的彩电、电冰箱与洗衣机分别由17.2台、6.58台和48.29台分别快速增至74.87台、52.6台与83.41台（见表1-1），其中彩电和洗衣机近乎成为城镇家庭的必备品。不过，农村居民的"新三件"消费增长则远远落后于城镇居民。这表明，中国居民的消费升级在1985—1992年开始出现城乡分化，城镇居民的消费升级成为主导力量。

表1-1 每百户居民"新三件"拥有量变化情况

年份	城镇居民			农村居民		
	彩色电视机（台）	电冰箱（台）	洗衣机（台）	彩色电视机（台）	电冰箱（台）	洗衣机（台）
1985	17.2	6.58	48.29	0.8	—	1.9
1986	27.41	12.71	59.7	1.52	—	3.22
1987	34.63	19.91	66.77	2.34	0.31	4.78
1988	43.93	28.07	73.42	2.8	0.31	4.78
1989	51.47	36.47	76.21	3.63	0.89	8.15
1990	59.04	42.33	78.41	4.72	1.22	9.12
1991	68.41	48.7	80.58	6.44	1.64	10.99
1992	74.87	52.6	83.41	8.08	2.17	12.23

数据来源：苏宁金融研究院根据国家统计局数据整理。

1992—1998年：家用电器继续升级

1992年是极不寻常的一年，先是邓小平的"南方谈话"，开启了中国改革开放历史上最重要的一次思想解放，再是党的十四大确立了社会主义市场经济为经济体制改革的目标。于是，中国的经济发展与现代化建设进入了崭新的阶段，而工业化进程也随之提速。

此时，中国居民的消费内容同样呈现出快速变化的特征，这在家用电器领域尤为明显。一方面，在"新三件"日渐普及的同时，各种新类型的家用电器不断涌现出来，空调、电脑、手机、微波炉、摄像机等开始进入城乡居民家庭，并以较快速度增长；另一方面，早先普及的一些家用电器步入升级换代阶段。与此同时，交通通信、文教娱乐等方面的消费增长态势也较为抢眼。例如，固定电话在城镇居民家庭得到了迅速普及，家用电脑也开始来到城镇家庭生活之中，与之相关的信息服务消费也快速增长。

然而，农村居民消费在耐用消费品、交通通信等领域表现平平，总体上表现为追赶城镇的特征，在消费升级方面也依然落后于城镇居民较长时间。

总体上看，在1978—1998年的短缺经济时代，中国的居民消费大体上经历了一个从温饱不足到基本温饱，再到初步小康的升级历程，而消费热点也先后由农产品到"新老三件"，再到家电消费的更新换代（见表1-2）。不过，受限于收入水平、社会商品供给不足等因素，这一时期的居民消费主要展现的是基本温饱与家庭日常生活消费，崇尚个性化与多样化的消费时代尚未来临。

表1-2　　　　　　　　短缺经济时代居民消费升级的历程

时间（年）	1978—1985	1985—1992	1992—1998
消费阶段	温饱不足	基本温饱	初步小康
消费热点	农产品	"老三件"（百元级）与 "新三件"（千元级）	家电消费
消费类型	贫困生存型	温饱生存型	生存发展型

1998年至今：过剩
经济时代的消费升级变迁 | 黄志龙、付一夫

　　1998年，亚洲金融危机爆发。为了应对危机，中国政府做出了拉动经济增长、扩大内需的战略决策，并实施了积极的财政政策。事实证明，这一系列举措对中国经济的平稳增长起到了极其重要的作用，而居民收入的稳步攀升也没有受到太大的影响，故消费升级的步伐未曾停歇。总体上看，这一时期主要是住行消费与服务消费引领的居民消费升级。

　　1998年7月，国务院发布《关于进一步深化城镇住房制度改革加快住房建设的通知》，标志着中国正式进入住宅市场化和住房消费货币化的新时代。随着城镇化的持续推进与人们收入水平的不断提升，购买住房并增加与居住相关的消费支出成为过剩经济时代城镇居民消费增长的新热点。与此同时，汽车与摩托车开始广泛进入城乡居民家庭，而文教娱乐、医疗保险等服务领域的消费支出在总消费支出中的比重也得到了快速提升。

首先看居住领域

　　当居民收入提高并达到一定程度时，满足和改善居住的需求开始凸显，此时居住支出的比重也会相应提高。根据世界银行的研究，人均GDP在1 000～4 000美元时，房地产进入高速发展期，住房消费成为大众消费的主要内容；而人均

GDP进入4 000~8 000美元时，房地产进入稳定快速增长期。

就中国而言，2001年人均GDP首次突破1 000美元，此后便一直处于增长状态，这让国人拥有了相当规模的储蓄，能够为购买住房提供必要的资金支撑。此外，住房制度改革从根本上改变了人们对于居住需求的满足方式，这便在短期内释放出大量的住房消费需求，进而带动了国人的新一轮消费升级。

从数据上看，中国城镇居民人均居住面积从1998年的18.66平方米上升到2016年的36.6平方米（参见图1-9），接近翻一番；城乡居民的居住消费支出占总支出的比重，则由1998年的9.43%和15.07%上升至2017年的22.76%和21.48%。值得一提的是，近些年，全国范围内的房价暴涨，在很大程度上增加了国民的居住消费支出。

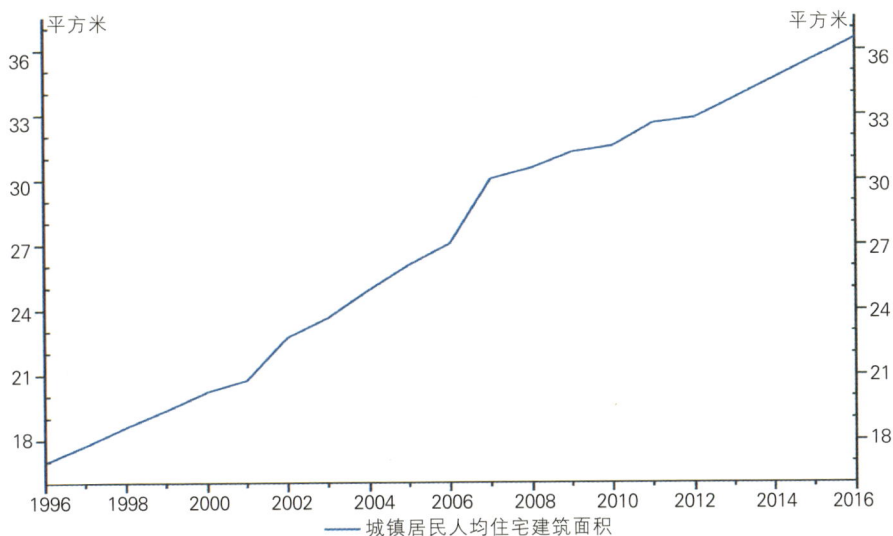

图 1-9　1996—2016年中国城镇居民人均住宅建筑面积

资料来源：Wind，苏宁金融研究院整理。

其次看出行领域

以汽车消费为主导的出行消费提升，形成了国人消费升级的又一驱动力。客观地说，从产品创新的角度看，汽车具有划时代的意义，它极大地拓展了"行"的空间，增强了"行"的便利，给人们带来了更高的需求满足。而汽车消费，不仅包括购买汽车的一次性大额支出，还包括汽车使用过程中产生的各种商品和服务消费，因此，汽车消费带来的相关消费支出规模的扩大和相应比重的提高也极为显著。

国家统计局数据显示，1996—2017年，中国城镇居民在交通通信领域的消费支出占比由5.94%上升至13.59%，农村居民的交通通信支出占比则由3.83%上升至13.78%。此外，1998年，中国城镇居民每百户家庭拥有家用汽车不足0.3辆，到了2017年该数值达到37.5辆；农村居民每百户家庭拥有摩托车数量则由1998年的13.52辆增加到2017年的64.1辆（参见图1-10），而近年，家用汽车也逐渐进入农村居民家庭。数据的背后反映出国人生活水平的不断提升，也体现出居民的消费升级态势。

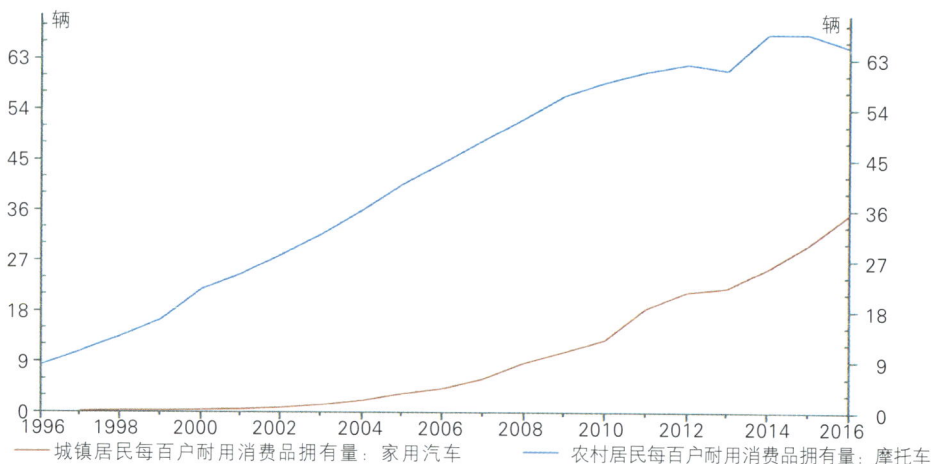

城镇居民每百户耐用消费品拥有量：家用汽车　　农村居民每百户耐用消费品拥有量：摩托车

图1-10　1996—2016年城镇汽车、农村摩托车拥有量快速增长

资料来源：Wind，苏宁金融研究院整理。

最后是服务领域

在任何国家，服务性消费占比逐渐上升都是居民消费升级的重要特征之一，中国也不例外。最直接的表现便是文教娱乐、医疗保健等以服务为主的消费，在城乡居民消费支出中所占的比重明显提升。数据显示，1998—2017年，城乡居民在文教娱乐领域的消费支出占比分别从11.53%和10.02%上升至11.64%与10.69%，在医疗保健领域的消费支出分别由4.74%和4.28%上升至7.27%和9.66%。

需要指出的是，按照国际经验，当人均GDP达到1 000美元之后，居民消费率开始上升，消费对经济增长的作用不断增强；当人均GDP超过3 000美元之后，由于居民收入水平提高为消费结构升级创造了购买力条件，休闲消费、品质消费等进入大众化阶段；当人均GDP超过5 000美元时，消费升级速度将进一步加快。中国人均GDP在2001年、2008年和2011年依次达到这三个标志性节点，相应地，居民消费升级也正式进入快车道。因此，虽然自1998年开始，中国居民消费升级的主要内容是住行消费与服务消费，但是考虑到居民消费的更迭速度持续加快，不同时期的消费主旋律也不尽相同，我们有必要进一步将过剩经济时代划分为以下两个阶段。

（一）1998—2008年：奢侈品消费开始兴起

2001年11月，中国正式加入WTO（世界贸易组织），越来越多的进口商品涌入中国市场。此时，可供中国消费者选择的商品与服务品类越来越丰富，以往国内市场结构性供给不足的空白得以填补。同时，中国与世界的联系越来越紧密，促使国际消费时尚与消费文化潜移默化地影响着中国居民，个性化、多元化、异质化的居民消费偏好特征开始显现出来。而其直接结果，便是奢侈品消费的崛起。

2000年以前，绝大多数中国人尚未形成奢侈品消费概念，中国仅占有约1%

的全球奢侈品消费份额。而随着中国正式加入WTO，世界各大奢侈品品牌纷纷进入中国，奢侈品消费的理念逐步深入人心，中国人迸发出了对奢侈品消费的极大热情，奢侈品消费总额逐年攀升，这在相当程度上表明了居民消费升级的加速。

2005年9月，美国安永会计师事务所在上海发布的《中国，新的奢华风潮》调查报告显示，除私人飞机、豪华游艇外，2004年，中国奢侈品消费额已经达到23亿美元，在全球奢侈品消费中的份额增长至12%（当时日本的奢侈品消费份额为41%，美国为17%），成为世界第三大奢侈品消费国。按照罗兰贝格的分析数据，2017年中国个人奢侈品消费市场规模达5 540亿元，占全球市场份额为22.1%，中国成为仅次于美国的全球第二大奢侈品消费市场，预计到2022年，中国奢侈品消费市场规模将超过8 000亿元，占全球比例将达到24.7%。

除了奢侈品消费的兴起，在这一时期，网吧的存在可谓是一道独特的风景，城市的大街小巷随处可见。究其原因，在于信息技术的渗透激发了人们对互联网的需求。而伴随着网络的丰富、网速的提升、上网用户的增多以及网络游戏的繁荣，在家用电脑尚未普及的现实约束下，网吧成为了人们的休闲圣地，相关的消费水涨船高。在当时"要想发，开网吧"这句通俗且响亮的口号，成了居民消费升级的一个现实缩影。

（二）2008年至今：消费方式与业态持续升级

2008年，全球金融海啸席卷而至，世界经济遭受重创。尔后，国际市场的萎靡不振让各国间的贸易往来受到冲击，海外需求大幅缩水。在此背景下，中国政府出台了一系列政策，电子商务成为重点发展对象之一，而以第三方支付为代表的移动互联网技术日渐成熟，以及物流行业的快速发展，更是让电子商务迎来了新的机遇。越来越多的中国人将网上购物作为首选，想买什么，打开手机App，片刻间即可完成下单并等待商家送货上门；同时，网络娱乐、支付、网上订票、优步出行等新兴消费领域也是一片繁荣。各路电商都在借势加码布局，最直接的例证便是每年诸如"双11"一类的购物节，商家都会赚得盆满钵满。

与电商兴起相伴随的是线下零售业的一片低迷。自2012年起，大部分以百货、超市为主营业务的企业增速开始不断下滑，许多大型商超以关店来宣告自身的败退。据联商网的统计数据，2015年主要零售企业（百货、超市等）在国内共计关闭1 709家门店，相比2014年关闭的201家门店，大幅增加，其中不乏沃尔玛、百佳、卜蜂莲花、家乐福等知名大超市。这个现实反映出零售业面临的阵痛以及未来前行的迷茫，不少人甚至发出"电商已兴，零售消亡"的论调。

然而，伴随着互联网人口红利的日渐衰减、各种成本的不断攀升以及价格优势的逐步削弱，线上电商的经营压力与日俱增。与此同时，85后与90后开始成为中国新的消费主体。他们所受的教育和成长经历与上一代消费人群不同，消费心理和消费需求也呈现出新特征：他们更加注重品质与服务，追求个性化、新鲜刺激多样化、高品质、体验式消费，由此引领了一波个性化、多样化消费需求的兴起。可是，给予消费者更好的购物体验，从来都不是电商的强项，转型如箭在弦上，不得不发。

种种力量的综合影响，催生了"新零售"这一新兴商业模式。新零售强调以消费为一切价值的出发点，并倡导线上线下的融合，以及B端供应链提质增效与C端消费者的购物体验提升。在新零售的东风下，线下实体店重新焕发生机，并与线上电商平台相互加持，催生了种种新的消费业态，生鲜超市、刷脸支付等一系列零售新物种接踵而至。对于消费者来说，除了消费结构的优化外，其可以在线上与线下之间任意切换，手机支付或刷脸支付随心选择。这无疑是一种更高层次的消费升级。

| 第 2 章 |

宏观经济与居民消费

减征个税真的能扭转
居民消费低迷吗？

黄志龙

2018年8月31日，全国人大正式发布了新一轮个税改革方案。大多数分析认为，个税起征点提高、加大税前抵扣等减税政策，将使居民消费实现触底反弹。然而，根据国内外历史经验，以"毕其功于一役"的心态寄希望于减税逆转消费疲软的趋势，最后可能会大失所望。

前两次个税改革未明显刺激消费

自1993年《中华人民共和国个人所得税法》颁布以来，我国个税共经历了6次修订。但是，引起社会广泛关注、起到比较大的减税效果的个税改革是2008年和2011年两次起征点提高：

第一次是2008年个税改革，将免征额由每月1 600元提高至2 000元。从改革效果看，2008年我国城镇居民人均月工资性收入为841.58元，免征额上调至2 000元以后，工薪阶层纳税人数占全国职工人数比重下降至30%左右，大部分职工收入都在起征点之下。减税之后，2009年一季度全国财政收入中的个人所得税收入出现了历史首次负增长（-0.3%）。虽然当年的居民消费没有任何起色，但是社会消费品零售总额和个人消费支出增幅仍出现了大幅回落，直到2010年之后才有所回升。

第二次是2011年个税改革，将免征额由2 000元提高到3 500元，纳税人群的比重也大幅降低到7.7%。减税之后的2012年，财政部门的个人所得税收入连续四个季度大幅负增长，但是，2012年社会消费品零售总额和个人消费支出增速不但没有回升，反而继续下探走低（参见图2-1）。

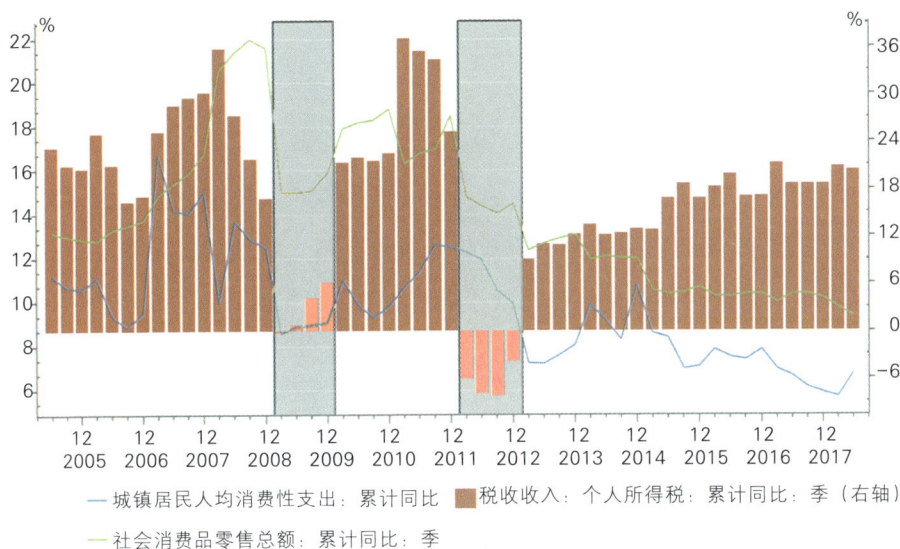

图2-1　社会消费品零售总额和个人消费支出变化

资料来源：Wind，苏宁金融研究院整理。

减征个税为何没有提振消费？

为何个税改革无法直接提振消费，这需要从个税对居民消费的影响过程来进行分析。

具体来说，减征个人所得税无法直接影响消费，而是通过影响一些中间变量，进而对最终消费产生作用。从影响机制上看，个税一般是通过两条路径影响居民消费支出的：

其一，个税可以直接改变可支配收入水平。通过降低个税可增加居民可支配收入，新增加的可支配收入，以一定的比例（边际消费倾向）用于增加居民消费。

其二，个税通过调节收入分配差距来影响居民消费行为。个税改革通过调整边际税率、免征额、税前抵扣等指标来调节收入差距。其中，边际税率合理提升将增进税收的累进性，以缩小收入差距。然而，过高的边际税率，却可能对高端人才激励和创新能力产生负面影响，同时还可能增加逃税动机，降低个税对收入再分配的影响。

更为重要的是，当前我国只是对工薪所得实行高额累进制：最高税率达45%，而经营所得最高税率为35%；财产所得（利息、股息、红利、财产租赁所得、财产转让所得）和偶然所得、其他所得的税率仅为20%；个人持有上市公司股份一年以上的，股息和红利所得免税；外籍个人从外商投资企业取得的股息、红利所得免税；股票转让的溢价所得免征所得税。

现实的数据也表明了这种现象和趋势，个人所得税对缩小居民的收入和财富的差距效果甚微。我国居民收入基尼系数自2000年首次超过警戒线0.4以来，总体呈现出先攀升后稳定的态势。2003年至今，基尼系数从未低于0.46，自2015年以来更是逐年上升，由2015年的0.462升至2017年的0.467（参见图2-2），财政部门的个税收入快速增长与收入分配差距趋势完全相反。

根据经济学有关理论，高收入者边际消费倾向要低于中低收入者，而当过多财富掌握在较少人手中的状况愈演愈烈时，便会抑制整体居民的消费增加。

虽说高收入者也在豪车、高端白酒等高层次消费领域有所贡献，但相比那些规模更加庞大的中低收入"长尾人群"，他们对于整体居民消费扩张的作用，不足以抵消收入差距过大带来的负面影响。

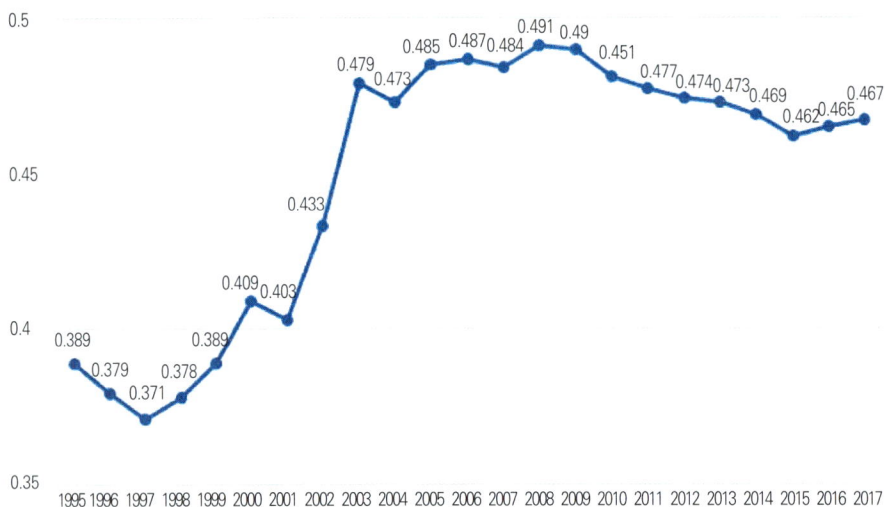

图2-2　中国居民基尼系数变化（1995—2017年）

资料来源：Wind，苏宁金融研究院整理。

激活居民消费需要克服哪些障碍？

在其他条件不变的情况下，降低个税对提振居民消费会有一定的促进作用。当前，影响我国居民消费增长的，除了居民税负过重、收入分配差距过大等原因之外，还有以下两个关键障碍：

一是居民可支配收入持续回落的趋势。从历史来看，居民消费的增长主要依赖于居民可支配收入的快速提升，反映在数据上，社会消费品零售总额增速与城镇人均可支配收入的增速几乎是完全同步的（参见图2-3）。然而，近年来在经济增速持续回落的背景下，居民工资性收入增速显著下滑，这使得2017年上半年城镇居民人均可支配名义收入增速已回落到7.9%，实际收入更是降至5.8%，低于GDP的增速（6.7%）。居民可支配收入的持续回落，将成为激活居民消费增长的主要障碍。

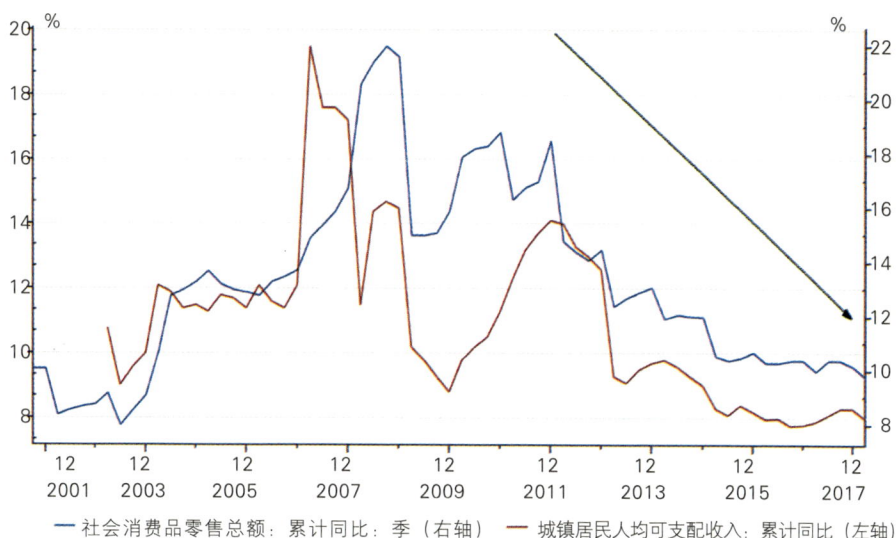

图 2-3 社会消费品零售总额增速与城镇居民人均可支配收入的增速

资料来源：Wind，苏宁金融研究院整理。

二是家庭债务负担过重对居民消费的挤出效应。我们来观察中国居民杠杆率和居民人均消费支出增速的变化，二者的反向变化关系较为明显，特别是在2010—2017年，居民杠杆率翻了一番，而城镇居民人均消费支出增速却回落到5.9%（参见图 2-4）。

或许会有人质疑，我国居民部门还没有经历一个完整的去杠杆周期，也无法论证居民去杠杆之后消费必然会回升，但是从一般的常识和下文美国的经验来看，居民债务负担过高，无疑是居民消费持续疲软的重要因素，尤其是居民杠杆率面临一个临界点，一旦超过该临界点，进一步加杠杆可能对刺激消费适得其反。

下面来看美国的经验，2008年次贷危机前后，美国也呈现了这种居民杠杆率与个人消费支出的典型负相关关系。次贷危机发生后，美国以政府加杠杆、企业和居民去杠杆的方式，实现了经济强势复苏，其中居民部门杠杆率（居民债

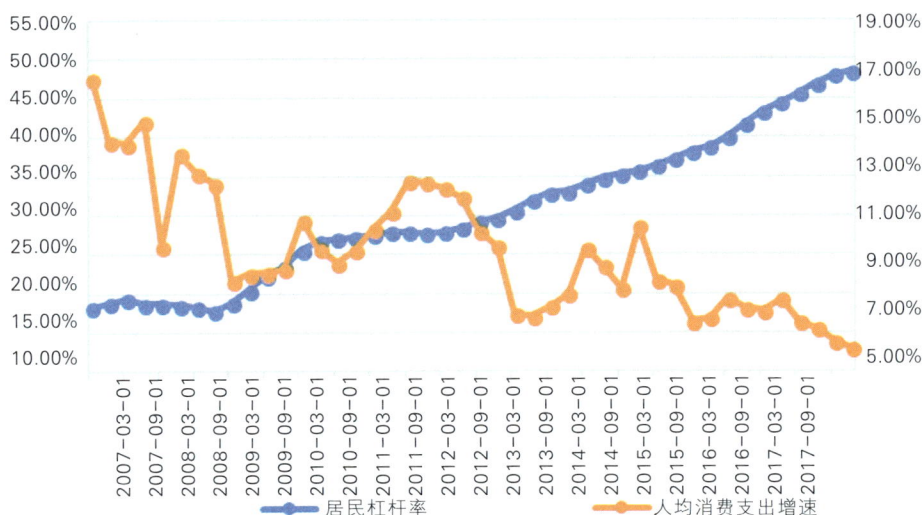

图2-4　中国居民杠杆率和人均消费支出增速

资料来源：Wind，苏宁金融研究院整理。

务/GDP）从历史高位90%下降到78%（参见图2-5），这使得居民消费能够轻装上阵，自2015年以来美国个人消费支出同比增速一直保持在3%左右，为美国经济复苏和增长发挥了关键作用。可以说，美国居民部门去杠杆的过程，也是居民消费强势反弹的过程。

综合来看，此次减税可能会对激活居民消费产生一定的作用，但是市场和投资者不应过分乐观，因为我国的个税制度并没有明显缓解居民收入分配和财富占有差距过大的问题，再加上对消费增长负面影响较大的另外两大因素——居民可支配收入增速回落和居民部门杠杆率高企，指望此次税改扭转当前消费疲软的趋势是不现实的。

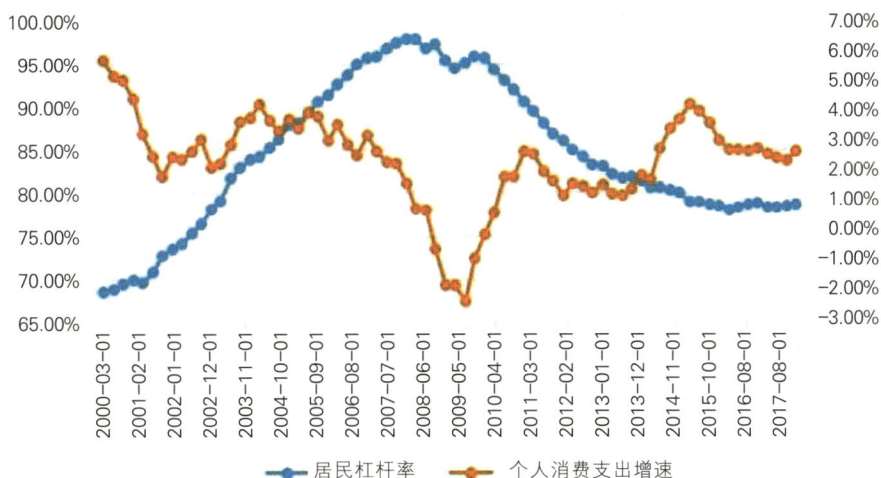

图2-5 美国居民杠杆率和人均消费支出增速

资料来源：Wind，苏宁金融研究院整理。

居民消费陷入低谷，个税改革能点燃消费热情吗？

黄志龙

国家统计局发布的数据显示，2018年5月份，中国经济"三驾马车"全线回落，特别是被市场寄予厚望的居民消费，也呈现了明显疲软的态势——无论是名义增速还是实际增速，均创下近年新低，市场悲观情绪蔓延。

是哪些因素导致了居民消费疲软？这是短期现象还是长期趋势？如何点燃国民的消费热情？本文将给出详细解读。

居民消费增速陷入历史低谷

先来看看社会消费品零售总额（代表了居民消费的景气程度）的增长情况。

2018年5月，全国社会消费品零售总额同比增长8.5%，扣除物价上涨因素的实际增速为6.8%，无论是名义增速还是实际增速，均创下了近年新低（参见图2-6）。从前5个月累计增速看，名义和实际增幅分别为9.5%和7.88%，也都为近年来最低水平。

图2-6　社会消费品零售总额的增长情况

资料来源：Wind，苏宁金融研究院整理。

从城乡差异来看，2018年5月，农村社会消费品零售总额增幅为9.6%，1—5月累计增速为10.5%；城镇地区增速为8.3%，前5个月累计增速为9.3%，农村地区增速继续高于城镇地区（参见图2-7）。

图2-7　社会消费品零售总额之城镇农村对比

资料来源：Wind，苏宁金融研究院整理。

　　由此可见，以社会消费品零售总额指标衡量的居民消费，2018年5月份呈现出前所未有的低迷走势。

居民消费增速低迷的原因何在？

　　究其原因，这一走势背后，既有短期冲击的因素，也与该指标无法反映服务性消费情况有关。

　　首先，汽车进口关税下调是消费疲软的短期因素。

　　2018年5月22日，国家关税税则委员会发布公告：从2018年7月1日起，我国将降低汽车整车和零部件关税税率，将汽车整车税率为25%的135个税号和税率为20%的4个税号的税率降至15%，将汽车零部件税率分别为8%、10%、15%、20%、25%的共79个税号的税率降至6%。该政策的出台，对于5月和6月汽车销售形成了直接冲击，大多数高端进口车的潜在购买者开始把购车计划延至7月以后。

反映到汽车销售的数据上，在2018年5月份社会消费品零售总额中，汽车类销售增幅为-1.0%，环比上月下降了4.5个百分点。

历史上汽车类销售额因政策调整导致的激烈波动，也曾对当月社会消费品零售总额产生较大冲击。最典型的如2012年9月、2015年3月和2017年2月，汽车销售低迷或负增长，是当月居民消费处于全年低谷的主要原因（参见图2-8）。

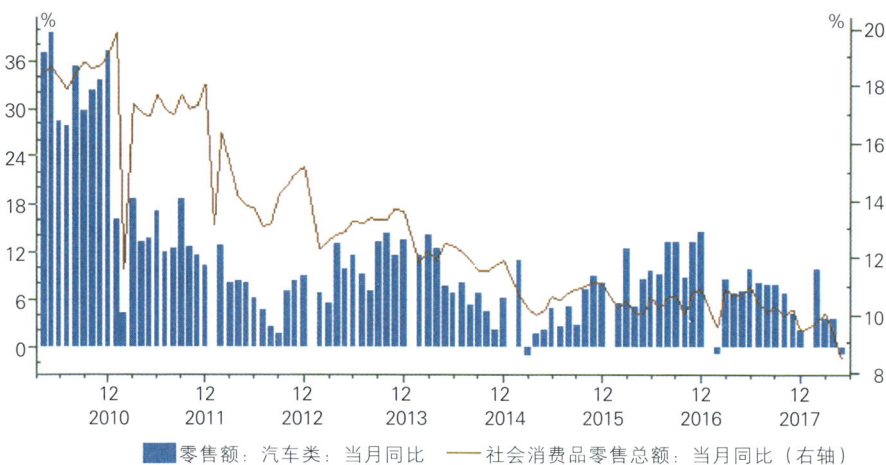

图2-8　社会消费品零售总额当月同比 VS 汽车类零售额当月同比

资料来源：Wind，苏宁金融研究院整理。

值得一提的是，上文提到的城镇居民消费增速下滑幅度高于农村地区，也与城镇居民购买高端进口车的比例更高有关。

更进一步分析，2010年以来，我国汽车类商品销售额占社会消费品零售总额的比例一直保持在10%左右（参见图2-9）。如果假定2018年5月份汽车销售保持与4月份同样的增速（3.5%），初步测算，这将拉动社会消费品零售总额接近0.5个百分点。因此，假设没有汽车关税调整的影响，2018年5月份社会消费品零售总额的增速应在9%左右。

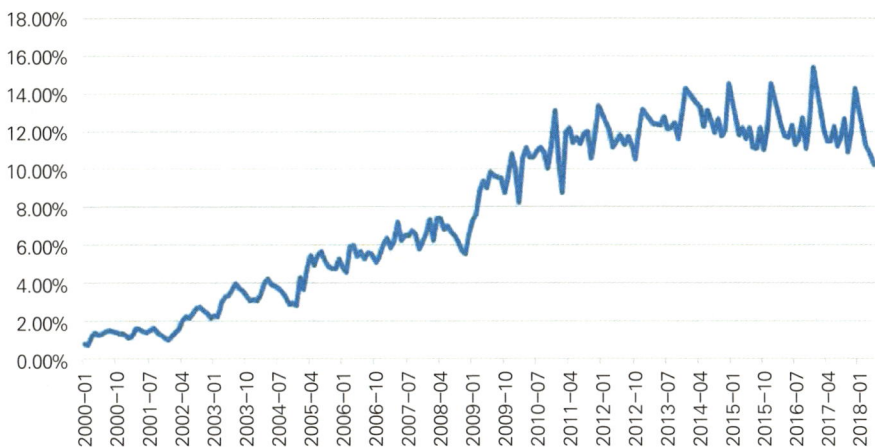

图 2-9　汽车类销售额占社会消费总额的比重

资料来源：Wind，苏宁金融研究院整理。

其次，社会消费品零售总额指标无法反映居民服务消费的增长。

根据国家统计局官网上的指标解释，社会消费品零售总额是指企业（单位、个体户）通过交易直接售给个人、社会集团非生产、非经营用的实物商品金额，以及提供餐饮服务所取得的收入金额。

换言之，居民消费中餐饮以外的服务性消费都未在该指标统计之列，而这些消费（教育、医疗、文化、艺术、服务、金融中介、保险以及居民自有住房服务等）占居民消费总支出的比重越来越大。

例如，在过去三年内，网上消费中服务消费的比重由 2015 年初的 17% 上升到 2018 年 5 月的 24.08%（参见图 2-10）。从增长速度来看，2018 年 1—5 月，网上服务类消费增速为 34.22%，高于网上消费的整体增速（30.7%），也远高于社会消费品零售总额的增速（9.5%）。

尽管这无法反映服务消费的全貌，但随着我国城乡居民收入增长，服务性消费增长速度远远高于商品类和实物类消费的增速，已是不争的事实，这也与我国当前居民消费升级的主要动力——商品消费向服务消费升级的方向吻合。

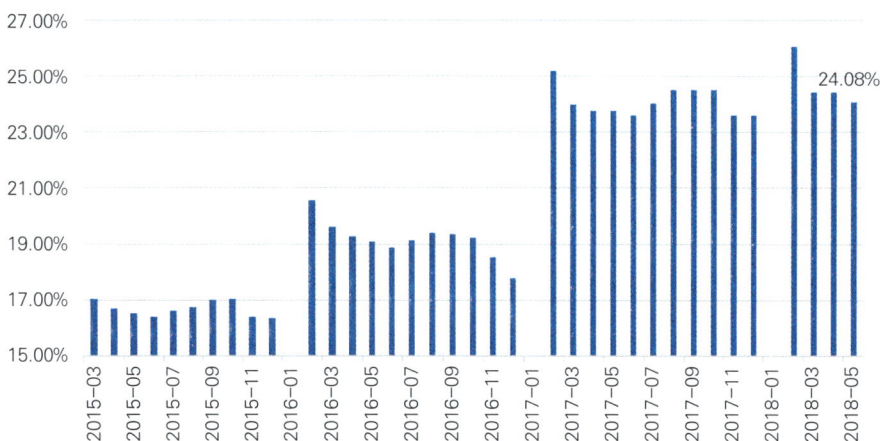

图2-10 网上服务消费占网上商品和服务的销售比重

资料来源：Wind，苏宁金融研究院整理。

新一轮个税改革将刺激消费

针对当前居民消费回落趋势，2018年6月19日财政部公布的新一轮个税改革方案可谓正当其时。

此次改革有三大看点：一是提高个税起征点，从此前的3 500元/月提高到5 000元/月；二是进一步优化个税税率结构，扩大3%、10%、20%三档低税率的级距，缩小25%税率的级距；三是新增专项扣除，特别是针对子女教育支出、继续教育支出、大病医疗支出、住房贷款利息支出和住房租金支出等专项附加扣除。

根据海通证券基于三种不同方法的测算，仅提高个税起征点和税率结构优化两项政策，减免个税规模就在2 617亿元至3 157亿元之间，而2017年我国个税总收入为1.2万亿元，减税幅度为22%～26%，与2011年减税幅度（24%）基本相当。

然而，此次税改的最大亮点，是从原有的分类征税方式向"综合与分类相结合的个人所得税制"过渡。特别是在住房贷款利息抵扣方面,可操作性更大,这才是中等收入家庭最应关注的改革。一线城市中背负动辄数百万元房贷压力的中等收入家庭每月房贷利息支出都在 5 000 ~ 10 000 元。

从数据上看,2018 年一季度末,在全国金融机构 125 万亿元的贷款余额中,个人购房贷款余额为 22.86 万亿元,占比高达 18.3%,这一比重在过去六年内上升了接近 6 个百分点(参见图 2-11)。

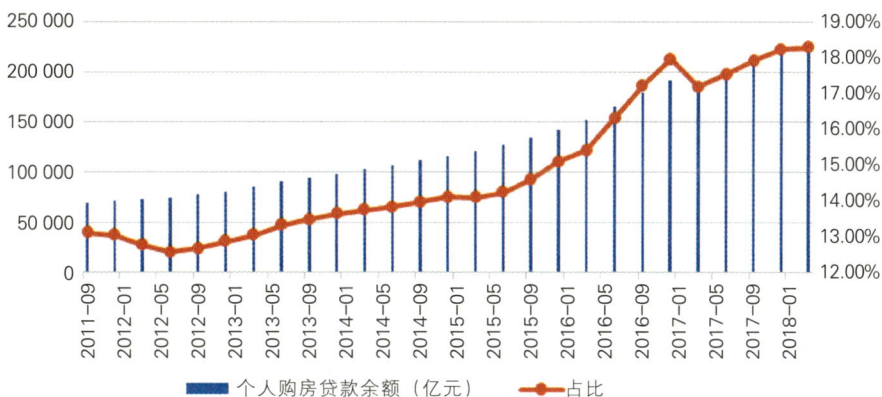

图 2-11　个人购房贷款余额及占比

资料来源:Wind,苏宁金融研究院整理。

按照贷款期限 20 年、每月等额本息还款、按揭利率为基准利率简单测算,全国购房者有 22.86 万亿元的购房贷款余额,每年支付的利息大约为 1.1 万亿元,这一利息规模正好与 2017 年全国个人所得税(1.19 万亿元)基本相当。

因此,不妨这么认为,对整个家庭部门而言,房贷利息支出相当于向金融机构多缴纳了等额的个人所得税,而且缴纳个税和偿还房贷的家庭,相当一部分是完全重合的。

综合来看,如果说个税起征点上调、税率结构优化对中低收入家庭的降税幅度更大,那么住房贷款利息等抵扣政策相当于在新的起征点上进一步上调,对于中高收入家庭更有利。

总之，如果此次个税改革的各项政策能切实落地，那么对于居民可支配收入提升和对消费的刺激将是全方位的，加上日用消费品、汽车进口关税下降等利好政策，以及中国经济仍然处于居民消费的快速升级阶段，居民消费在推动中国经济增长方面将发挥更大的作用。

大数据告诉你：
中国人债务负担有多重　　黄志龙、付一夫

2007年以前，如果说起家庭负债，人们往往用"美国老太太贷款买房提前享受、中国老太太存了一辈子钱也买不起房"的故事来进行金融启蒙。

时至今日，人们对家庭负债早已不再陌生，从贷款买房买车，到贷款上学与日常消费，尤其是随着近年来P2P、现金贷业务的普及，债务似乎已经渗透到我们生活的方方面面。

从历史来看，中国人向来遵循量入为出的传统，是最爱存钱的民族之一。但是，自2008年以来，情况似乎发生了变化——

经历了全国各地房价的轮番上涨，中国家庭负债水平屡创新高，以至于人们看到巨额债务数字也变得习以为常。

那么，居民部门的负债水平究竟到了什么程度？这是一笔值得细算的账目。或许，读完本文，你会对自己和全体国民的负债状况有一个透彻认知。

居民部门的宏观杠杆率已超50%

在衡量家庭负债情况时，有一个研究界最为常用的指标是居民杠杆率。

所谓杠杆率，最初是用来衡量公司负债风险的指标，具体指权益资本与资产负债表中总资产的比率，可以用来反映公司的还款能力。

然而，诸如中国社会科学院金融研究所等权威机构在测算我国国家资产负债时，采用了国际上惯用的全社会杠杆率来计算国民经济四大部门的债务水平，即政府部门、居民部门、非金融企业部门和金融机构总债务占GDP的比重。据此，拆分出来的居民杠杆率（居民部门债务占GDP的比重）也成为衡量居民债务整体负担的重要指标。

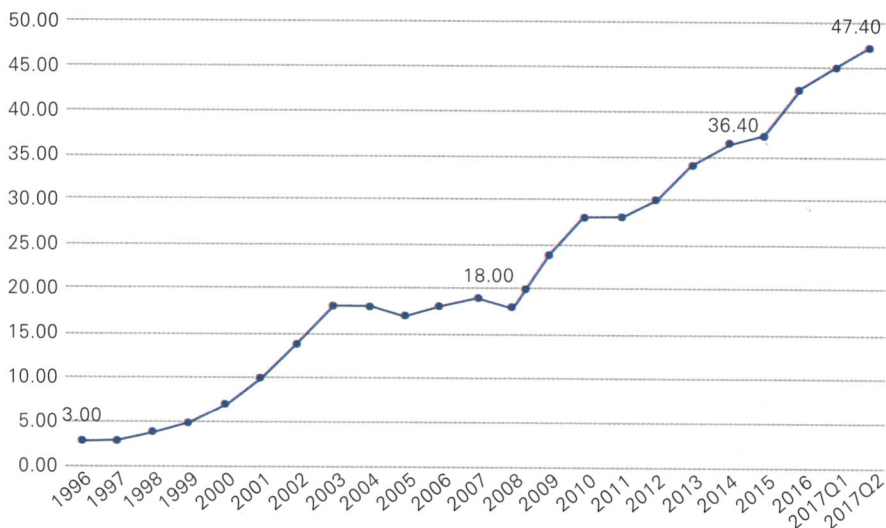

图2-12　居民杠杆率（%）

资料来源：Wind，苏宁金融研究院整理。

从图 2-12 中可以清晰地看到，1996 年中国居民杠杆率只有 3%，2008 年也仅为 18%，但是自 2008 年以来，居民杠杆率开始呈现迅速增长态势，短短 6 年间翻了一倍，达到 36.4%。到了 2017 年二季度居民杠杆率已经高达 47.4%，较之 2008 年激增了近 30 个百分点，也高于国际上大多数新兴市场国家的平均水平。

需要指出的是，这一数值尚未考虑住房公积金贷款和 P2P、现金贷等贷款，倘若将此纳入考察范围，那么，中国居民部门债务占 GDP 的比重已经于 2017 年 7 月突破了 54%；按照这个速度扩张，到 2017 年底达到 56% 左右，这与不少发达经济体 60% 以上的居民杠杆率水平已经相差无几。

值得一提的是，美国居民部门杠杆率从 20% 上升到 50% 以上用了接近 40 年时间，而中国只用了不到 10 年时间，中国居民部门杠杆率飙升速度之快可见一斑。

居民部门债务收入比高于 77%

衡量家庭负债状况的另一个较好指标是债务收入比。

顾名思义，债务收入比即家庭债务余额与年收入的比值。相较于居民杠杆率这样的宏观指标，债务收入比更能直接反映一个家庭的负担程度和债务风险。

基于这一思路，可以对中国居民部门整体债务收入比进行具体测算。中国居民部门债务占居民部门可支配收入的比重，从 2006 年的 18.5% 暴涨至 2017 年 8 月的 77.1%（参见图 2-13）。

而该统计数据主要来自商业银行统计数据，事实上，中国居民不仅向银行借贷，还会向父母、亲戚、朋友借款，向大量的互联网金融公司借款。以 P2P 为例，截至 2017 年 12 月末，网贷之家统计的 P2P 贷款余额为 1.22 万亿元，

图 2-13　中国居民的实际债务收入比

资料来源：Wind，苏宁金融研究院整理。

而这些债务是没有计算在内的。由此推论，中国居民的实际债务收入比高于 77.1%。

居民部门短期债务收入比超70%

从严格意义上来说，债务是一个存量概念，而 GDP 或可支配收入均为流量概念，因此将债务同 GDP 或可支配收入做除法，逻辑上并不是很严谨。不过，作为研究界惯用的测算方式，居民杠杆率与债务收入比等指标依旧能够说明不少问题。

既然逻辑上存在一定的瑕疵，因此有必要选择一个更为合理的指标来衡量家庭负债情况。综合评估后，苏宁金融研究院将居民短期债务收入比纳入考虑范围，其主要原因在于：虽然在这里，债务依旧是存量的概念，但是短期债务显然要比长期债务更加贴近"流量"。

从图2-14可以清晰地看到，来自中国居民部门的短期债务收入比，明显要比债务收入比理想得多。不过，自2009年开始，短期债务收入比便一直呈现稳步上升的态势，且6年间翻了一倍有余，从2008年的10.16%升至2014年的20.64%，这同样也是债务收入比增长过快的一个信号。最近几年，国家统计局没有发布居民部门的可支配收入数据，但短期债务收入比上升的趋势仍在延续是不争的事实。

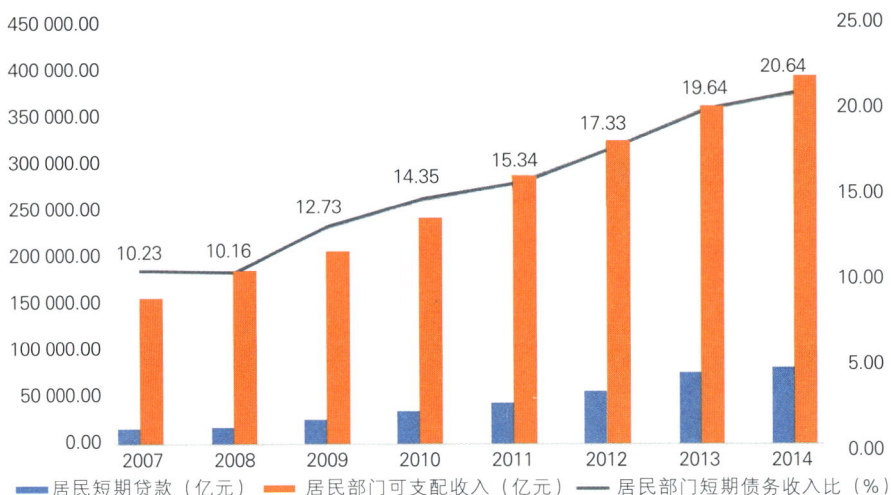

图2-14　居民部门短期债务收入比

资料来源：Wind，苏宁金融研究院整理。

必须指出的是，千万不要因为短期债务收入比数值尚且不高就心怀侥幸。因为所谓短期负债，是指将在1年（含1年）或者超过1年的一个营业周期内偿还的债务，这当然不包括居民部门负债的头号负担——房贷。

尽管房产按揭还款的期限长达30年，但每月或每年的还贷仍是当期的短期债务。数据显示，来自居民部门的新增贷款中，中长期贷款自2012年第三季度起一直高于短期贷款，且从2015年第三季度开始，二者差距有明显加大的趋势，中长期贷款占比一度达到94.9%。2017年以来居民部门中长期贷款的比重虽然有所回落，但也保持在70%以上（参见图2-15）。

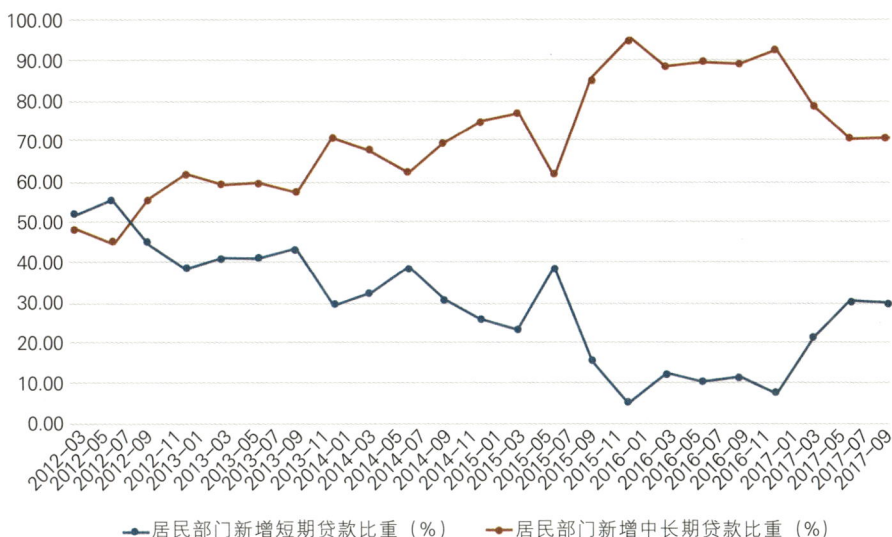

图2-15　居民部门新增短期贷款比重和居民部门新增中长期贷款比重

资料来源：Wind，苏宁金融研究院整理。

居民部门贷存比攀升到63.2%

除了上述三个指标外，居民部门的贷款与存款之比同样可以对居民负债水平加以度量。其中，居民存款余额可以反映居民的资产和财富状况，居民贷款余额则可以反映居民的负债状况，因此居民部门贷存比也可以衡量举债和偿债能力的变化趋势。

从图2-16可以看到，中国居民部门贷存比的数值一直呈大幅上行态势。2009年1月至2017年11月，居民部门贷存比从24.6%攀升到63.2%，债务负担创下了历史新高。

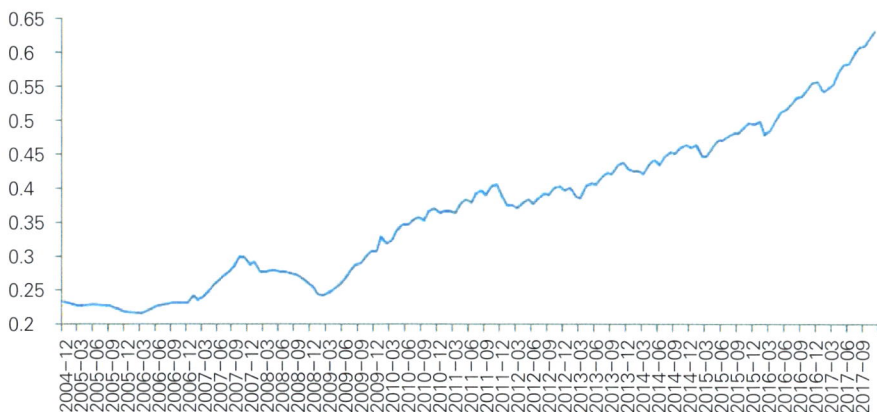

图2-16　居民部门贷存比

资料来源：Wind，苏宁金融研究院整理。

居民部门新增贷存比在70%上下

与前文所述的债务收入比类似，上述贷存比指标使用的同样是一个存量概念，在此我们使用"新增贷存比"指标作为当期流量指标，来衡量新增居民债务与新增居民资产的变化趋势。

从图2-17可以看到，居民部门新增贷存比的走势并不稳定，近几年的均值一直在70%上下。不过从季度数据来看，近年来居民部门新增存款有下降趋势，而新增贷款有上升趋势。这也从侧面反映出，中国家庭的负债水平有持续走高之势。

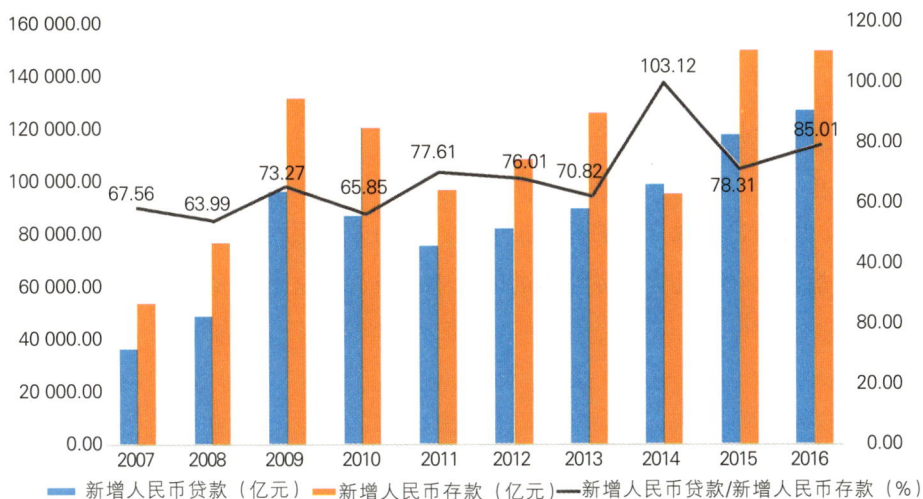

图2-17　居民部门新增人民币贷款、新增人民币存款和新增贷存比

资料来源：Wind，苏宁金融研究院整理。

正视负债是改善未来的关键一步

需要注意的是，无论选择哪个指标，都暗示着同样的事实，即中国家庭的负债程度已经达到一个相当高的水平。这不利于改善民生以及国民经济的长期发展。究其原因：

一方面，过高的债务让无数家庭有钱不敢花，即便他们收入再高，在巨额债务面前也是枉然，仅房贷就足以让他们节衣缩食，更不用提孩子未来的教育费用及各项生活开支。

另一方面，近年来中国居民杠杆率快速上升，且集中在房地产领域，难免会引发人们对次贷危机与房地产泡沫的担忧，特别是自2016年年底以来，由于规模和占比控制，按揭贷款受限，居民被迫借助高成本、短期化、风险大的消费贷款，甚至互联网金融、非银行金融机构的"过桥贷款"等等，过度加杠杆进入楼市，从而让本处于安全区的居民杠杆率，开始显现出结构性风险。

因此，我们必须正视居民部门负债过高这一问题，在合理配置自身资产确保增值的同时，不忘提升自身的知识储备、业务水平与各方面能力，从而获得更多的报酬。正所谓"经济基础决定上层建筑"，只有口袋里的钱多了，人们才能过上好日子。另外，正视自己的负债情况，按照前文介绍的各种方法来好好计算一下，自己是否已经身处被债务拖累的困境中。或许，这是你改善未来生活质量的关键一步。

房地产繁荣会挤压居民消费吗? 真相可能与你想的不一样 | 黄志龙

房价上涨会对居民消费形成挤出效应吗?

长期以来，许多经济分析与舆论对此持肯定态度。他们认为，房地产市场持续繁荣、房价上涨、普通家庭高杠杆购房，会严重挤压普通家庭的消费能力。

然而，真相或许与大家预期的不一样，且看下文分析。

从政策上看，房地产被视为刺激消费的利器

经济学理论和研究关于房地产对消费的影响讨论较多，普遍认为有三种效应：一是挤出效应，即高房价直接减少了购房和租房家庭的可支配收入，从而被迫压缩非居住性支出。二是财富效应，即房地产繁荣和房价上涨使得住房拥有者

财富增加，即使在不出售住房的情况下也能提高消费积极性；另外，一旦住房作为二手房出售后，卖房者持有大量现金也能刺激消费。三是带动效应，即新购房者购房后将带动建材、家电消费，刺激居民的整体消费。因此，从理论上看，房地产市场对居民消费的正负两方面的影响都存在。

从政策上看，房地产市场承担了刺激消费、拉动内需的重要工具角色，这一政策起源要追溯到1997年亚洲金融危机。

当时，人民币汇率不贬值的承诺使得出口大幅衰退，刺激消费、拉动内需成为当年"保8"的重要政策目标，而住房货币化改革与高校扩招成为当年刺激居民消费的两大重要举措。

1998年7月，国务院颁布《关于进一步深化城镇住房制度改革加快住房建设的通知》（简称"23号"文件），明确提出"促使住宅业成为新的经济增长点"，启动了以取消福利分房为核心的住房改革，也拉开了中国房地产市场黄金二十年的大幕。

从数据上看，房地产对居民消费有何影响？

在此，我们用社会消费品零售总额代表居民消费的整体水平，用商品房销售面积代表房地产的景气水平。从图2-18可以看出，2010年以来，全国社会消费品零售总额增速单边下行，但商品房销售面积却经历了两个明显的上涨和下跌周期。

可见，房地产景气周期与居民整体消费水平的相关性并不显著。更进一步的数据表明，社会消费品零售总额与居民人均可支配收入的相关性，要远远大于与房地产市场的相关性。

尽管从整体上看，房地产景气周期与居民整体消费水平没有明显的相关关系，但是就各大类消费而言，仍然存在一定的相关关系。

第一种是正相关。例如，家具类、家用电器和音像器材类、建筑及装潢材料类消费，这三类作为住房销售后的衍生性消费需求，和房地产销售增速存在明显的正相关关系，但二者有2～6个月的滞后期，这正是购房后装修的时间段（参见图2-19）。

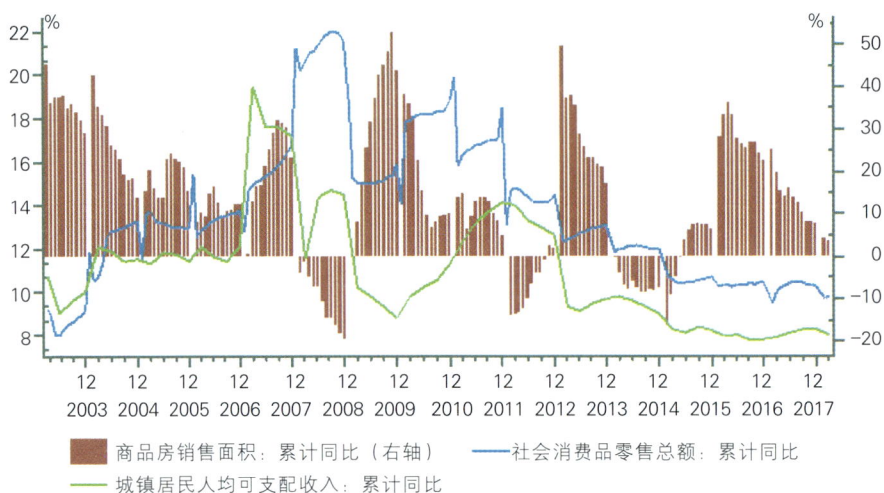

图2-18　商品房销售面积、社会消费品总额和城镇居民人均可支配收入

资料来源：Wind，苏宁金融研究院整理。

图2-19　商品房销售面积、家电和音像器材类零售额、家具类零售额和建筑
及装潢材料类零售额

资料来源：Wind，苏宁金融研究院整理。

第二种是几乎不相关。例如，粮油、食品类和服装鞋帽类消费，这些消费作为必需品消费，受房地产周期的影响较小。更为重要的是，随着居民收入水平不断提高产生了消费升级效应，此类消费增速不断放缓，在总消费中的占比也逐年降低（参见图2-20），受居民购房支出的影响并不大。

图2-20 商品房销售面积、粮油和食品类销售额增速和城镇居民恩格尔系数

资料来源：Wind，苏宁金融研究院整理。

第三种是负相关。典型消费如汽车类消费，在面临较大的财务硬约束条件下，购房者买房后推迟购车的可能性较大，一个合理的解释是汽车类消费属于非必需的享受型消费，在房地产周期上行时将可能面临一定的挤出效应，这在2013年和2016—2017年房地产景气周期中体现得尤为明显（参见图2-21）。

更进一步分析，我们从不同地区来看房地产市场对居民消费的影响。安信证券的研究报告表明，2017年各省市社会消费品零售总额增速和商品房销售额增速，存在较为明显的正相关关系。北京、上海等区域，受高基数以及严厉调控影响，2017年商品住宅销售增速大幅负增长，与此同时，社会消费品零售总额增

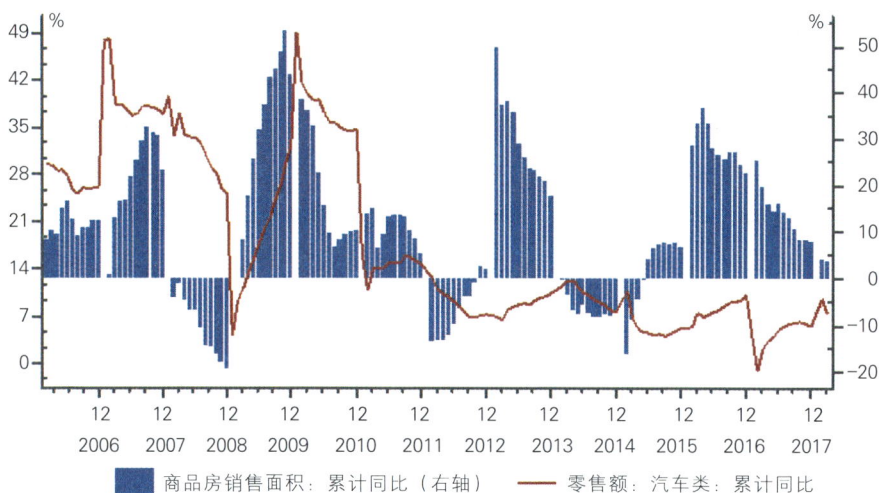

图 2-21　商品房销售面积与汽车类零售额增速

资料来源：Wind，苏宁金融研究院整理。

速也显著低于全国平均水平；海南、陕西、云南等省份，商品房销售额与社会消费品零售总额均同步快速增长。

虽然影响不同省市消费增长的因素较为复杂，但购房带动了家电和建材方面的支出，并最终提振了居民消费；又或者，售房家庭的消费增长更加强劲，抵消了购房家庭的消费萎缩等影响。

总之，从数据上看，房价上涨和购房开支的增长，对居民消费活动的抑制可能是十分有限的，许多人担忧的购房开支上升对居民消费的挤出效应并不明显。相反，房价上涨带来的财富效应，以及购房带动家电和建材支出等消费扩张效应可能还要更显著一些。

第四种是高度正相关。为了论证房价与消费之间的关系，我们再来看房地产市场较为成熟的美国经验。在此，我们用全美住宅建筑商协会（NAHB）公布的住房市场指数（HMI）来表示美国房地产市场景气水平，该指数通过对900家住宅建筑商进行调查而获得，代表全美住宅房屋销售和未来住宅建筑预测。

从图 2-22 可看出，美国房地产市场景气水平与消费者信心指数几乎呈现完全同步的走势。可见，房地产繁荣和居民购房支出增加对居民消费会产生明显的挤出效应的论断，在美国市场也难以找到证据。

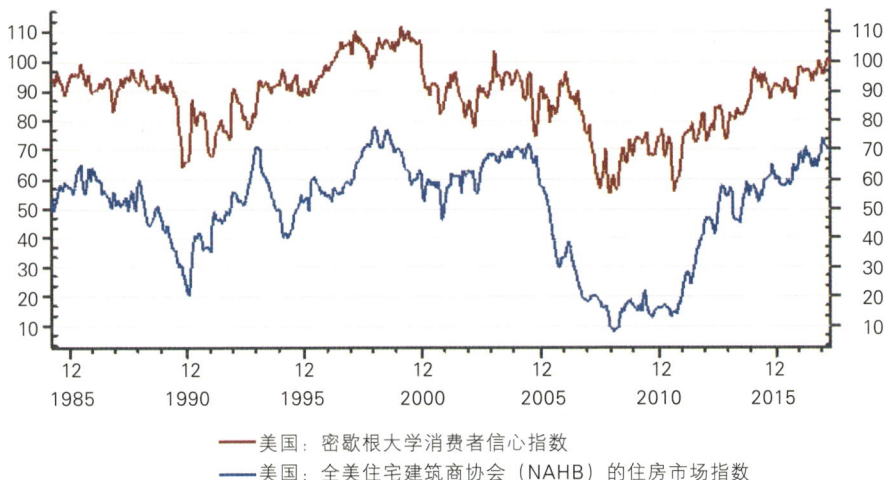

图 2-22　美国消费者信心指数和住房市场指数

资料来源：Wind，苏宁金融研究院整理。

综合来看，一些观点担心的居民购房支出增加对居民其他消费支出的挤出效应，并不如预期那么显著。相反，不同省市的数据、各大类消费的行业数据均表明，房地产市场繁荣的财富效应，对建材、家电消费的带动作用可能要远远大于这种挤出效应。而且，房地产市场繁荣与居民消费的正相关关系，也能从美国房地产市场与居民消费同步波动中得到印证。

当然，从长期来看，房价过高和房地产泡沫化趋势，以及由此带来的房地产泡沫破灭的风险，对居民消费必将形成"一荣俱荣、一损俱损"的负面影响。

出境游繁花似锦
背后的经济真相 | 黄志龙

2017年国庆长假，各国旅游景点、购物天堂再一次感受了中国人的巨大购买力。作为一名经济研究人员，笔者从这一年出境游的数据变化中观察到，国人出境游热情高涨背后有四大因素在推动，而这给国民经济发展带来了两大潜在影响。且看下文分析。

四大要素影响出境游的客流增速

首先来看我国出境游客流的整体发展趋势。

我国出境游的快速发展开始于2010年，当时出境游人数约5 000万人次，到2017年出境游人数达到1.31亿人次。2018年上半年，中国公民出境游人数是7 131万人次，比上年同期增长15%，实现了增速持续回升的势头（参见图2-23），2018年全年突破1.5亿人次。可见，我国出境游仍处于高速发展的初级阶段。

以上只是出境游发展的数据呈现。而驱动国民出境游热情的因素，从国内外较为成熟的经验看，主要有以下四方面：

首先是居民的可支配收入快速增长。出境游作为居民非必需消费支出，必然会受到可支配收入增长速度的影响。以日本和韩国为例，日本在20世纪80

年代人均GDP达到8 000美元之后，国民出境游开始进入平稳期，此后出境游客流增速与人均GDP增速同步波动的趋势明显，并存在一年的滞后期；同样，2000年以来，韩国出境游客流增速与人均GDP增速相比滞后一期、同步波动的趋势明显。

图 2-23 我国境外游人次和增速

资料来源：国家文化和旅游部，国家统计局，苏宁金融研究院整理。

这种滞后一期、同步波动的趋势可作如下理解：当本年度可支配收入大幅增长时，普通家庭通常会提前制订下一年出境游计划，这也充分体现了非必需消费支出滞后于收入但同步增长的特点。

同样，我国出境游与人均GDP的增长同步波动趋势也较为明显（参见图2-24）。2017年，我国人均GDP为8 806.49美元，出境游渗透率为5.62%，与20世纪80年代的日本、90年代的韩国基本相当。当前，日本出境游渗透率稳定在14%左右，韩国大约为40%。由此可见，随着我国人均GDP的增长，出境游渗透率还有巨大的提升空间。

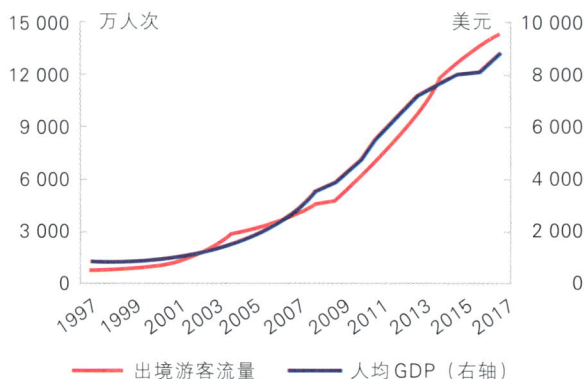

図2-24 我国出境游客流量与人均GDP

资料来源：国家文化和旅游部，国家统计局，苏宁金融研究院整理。

其次是人民币汇率与境外购买力的变化。人民币汇率和境外购买力的变化，是影响出境游与境内游相对价格的最直接因素。例如，2010—2015年，出境游之所以维持高速增长，与人民币升值、人民币境外整体购买力不断上升不无关系，而到了2016年，人民币对美元、港币和大多数国家与地区的货币都出现了不同程度的贬值，这也是导致当年出境游增速创新低（4.3%）的重要原因。

具体来看，人民币汇率对出境游的影响有以下三大特点：

一是汇率波动对境外消费、购物的影响程度要远远大于对出境人次的影响，这在2016年人民币对港币贬值、内地人前往香港购物大幅减少现象中表现得尤为明显。

二是汇率长期趋势影响要大于短期波动的影响，这是因为汇率短期变化难以预测，对旅客出境游计划难以产生影响，但汇率长期趋势对出境游支出的影响更为明显。

三是人民币对一篮子货币汇率波动的影响，要大于人民币与美元等货币双边汇率对出境游的影响。例如，人民币汇率指数保持稳定，尽管可能会因美元升值而出现被动贬值，但人民币对非美货币可能既有升、也有贬，游客可以在不同货币之间选择人民币购买力更强的旅游目的地，从而保持出境游客流整体相对稳定。

再次是地缘政治动荡、自然灾害和社会安全事件等。旅游目的地的政治和社会安全局势、中国与该国或地区的双边关系对于游客的选择会产生较大影响。过去几年，对国人出境游影响较大的非经济事件主要有（参见表2-1）：

表2-1　　　　　　　近期全球地缘政治动荡、自然灾害和社会安全事件

韩国	地缘政治	萨德事件、朝鲜半岛局势动荡、美日韩军演等
日本	地缘政治	中日钓鱼岛争端、靖国神社事件等
	自然灾害	地震、海啸、核泄漏等
美国	社会治安	枪击、恐怖袭击
	政治风险	民粹主义、种族主义、白人至上
	自然灾害	海啸、火山、飓风等
东南亚	社会治安	抢劫、绑架、毒品泛滥等
	旅游市场管理	快艇事故、潜水溺水等项目事故；马航MH370、海运等交通事故
	公共卫生	食品安全、流行疾病等
欧洲	社会治安	难民潮、瑞典辱华、恐怖袭击等
	地缘政治	英国脱欧，意大利、希腊民粹主义等

2009年4月，泰国爆发长达半年的大规模示威游行；2010年4月，泰国政府军与红衫军爆发冲突；2014年3—7月，马来西亚客机接连发生事故；2016年泰国出现"零团费"等旅游乱象。这些安全和市场秩序乱象，对中国赴东南亚的出境游客流产生较大冲击。

2011年3月，日本福岛核泄漏事件；2012年9月日本钓鱼岛"国有化"使得中日外交关系急剧恶化，导致2012年和2013年中国赴日游客锐减。

2016年英国脱欧，2017年法国、德国接连爆发恐怖袭击，加上日趋严峻的难民潮，使得2016—2017年中国赴欧客流大幅下滑。

受2017年3月萨德外交风波和朝鲜半岛局势动荡影响，2017年中国赴韩客流急剧减少。

最后是境外旅游目的地对中国游客签证政策日渐宽松。 随着中国的国际地位逐步提升，以及中国消费者境外购买力快速增长，我国与越来越多的国家签订了新的签证政策，各国竞相给予中国游客签证便利条件，这也助推了中国出境游人数的迅速增长。截至2018年年初，持普通护照中国公民可以享受入境便利待遇的国家和地区增加到66个，其中包括12个可互免普通护照签证国家，15个单方面允许中国公民免签入境的国家和地区，39个单方面允许中国公民办理落地签证的国家和地区（参见表2-2）。另外，美国、加拿大、新加坡、韩国、日本、以色列和澳大利亚等国家和地区也向中国游客推出1～10年期多次入境签证。

表2-2　　　　　　　与中国签署免签和落地签协议的国家和地区

便利待遇	国家和地区
互免普通护照签证	巴巴多斯、阿拉伯联合酋长国、巴哈马、厄瓜多尔、斐济、塞舌尔、塞尔维亚、毛里求斯、圣马力诺共和国、格林纳达、汤加、波黑
单方面允许中国公民免签入境	印度尼西亚、韩国（济州岛等地）、摩洛哥、法属留尼汪、突尼斯、安提瓜与巴布达、海地、南乔治亚和南桑维奇群岛（英国海外领地）、圣基茨和尼维斯、特克斯和凯科斯群岛（英国海外领地）、牙买加、多米尼克、美属北马里亚纳群岛（塞班岛等）、萨摩亚、法属波利尼西亚
单方面允许中国公民办理落地签证	阿塞拜疆、巴林、东帝汶、印度尼西亚、卡塔尔、老挝、黎巴嫩、马尔代夫、缅甸、尼泊尔、斯里兰卡、泰国、土库曼斯坦、文莱、伊朗、亚美尼亚、约旦、越南、柬埔寨、孟加拉国、埃及、多哥、佛得角、几内亚比绍、科摩罗、科特迪瓦、马达加斯加、马拉维、毛里塔尼亚、圣多美和普林西比、坦桑尼亚、乌干达、圭亚那、苏里南、圣赫勒拿（英国海外领地）、帕劳、图瓦卢、瓦努阿图、乌克兰

资料来源：国家文化和旅游部，苏宁金融研究院整理。

出境游的繁荣带来两大负面影响

毋庸置疑，境外游的繁荣是中国居也民消费升级、国民福利不断提升的重要形式之一，然而国民出境游的蓬勃发展，也给我国国际收支平衡和国内消费带来了一定的负面影响，具体表现在以下两个方面：

第一，旅游贸易逆差成为服务贸易逆差的主体。在2017年的服务贸易中，旅游进口（居民出境游为主体）规模为2 548亿美元，旅游出口（外国公民入境游为主体）规模仅为387亿美元，逆差额高达2 161亿美元，占当年服务贸易总逆差（2 395亿美元）的比重高达90.2%（参见图2-25），远在金融服务、专利使用、电影进口等服务贸易的逆差之上。

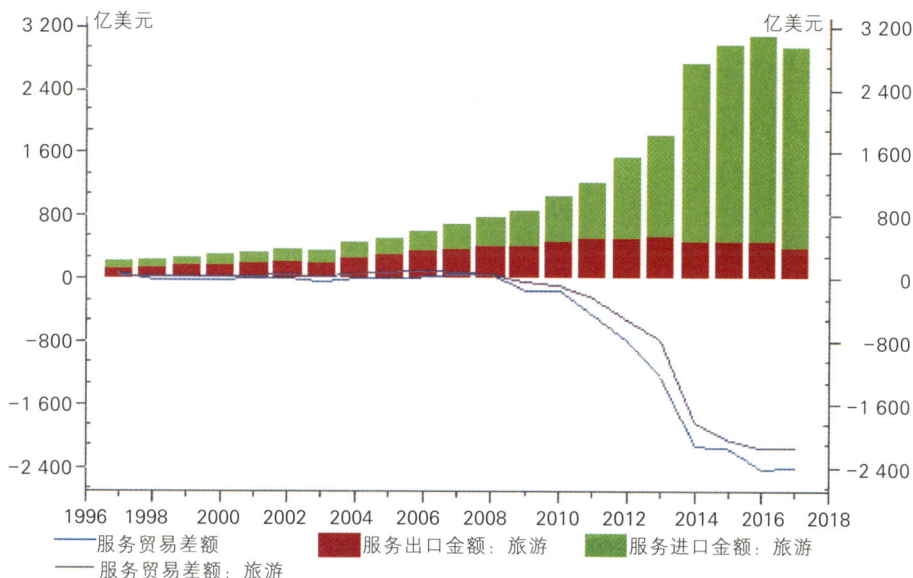

图2-25　旅游服务贸易进出口金额和差额

资料来源：Wind，苏宁金融研究院整理。

2018 年 1—7 月，旅游贸易逆差规模仍高达 1 413 亿美元，占我国服务贸易逆差的比重仍在 80% 以上，在国庆长假出境游之后，2018 年全年旅游行业占服务逆差比重突破 90%。换言之，旅游服务贸易逆差成为 2010 年以来我国服务贸易逆差的主导力量，也消耗了我国大量的外汇储备。

第二，居民购买力向境外转移，是造成国内消费疲软的原因之一。近年来，中产家庭逐渐成为出境游的主力军，而且每个家庭的消费支出与居民收入增长大体相当。由此，这些家庭的出境游消费和境内消费必然存在此消彼长的关系。

据联合国国际旅游组织统计，2017 年世界旅游总收入为 1.34 万亿美元，其中中国游客消费规模为 2 580 亿美元，接近全球总收入的 1/5，是美国游客消费总额的近 2 倍。

又比如，在 2018 年俄罗斯世界杯期间，大约 10 万名中国游客赴俄旅游、观赛，给俄罗斯带来超过 30 亿美元的收入。

与此形成鲜明对比的是，近年来国内各种消费数据持续疲软，虽然其主要原因是居民部门杠杆率高企、国内商品和服务的质量和性价比较低，但也与国民出境游、境外购物一片繁荣不无关系。

当你老了，理想的生活
或许是这样的 ｜ 黄志龙

近期，笔者参加了一个养老地产论坛，感受到了我国养老产业面临的严峻挑战，期间，如何满足老年人的居住需求是养老产业绕不开的核心议题。

在许多人心目中，理想的退休生活应该是旅居养老，即在不同地区短暂居住数月或数年，感受不同的气候条件、人文环境和乡土气息，到了需要照料的年龄，则入住市场化的、照料人员和医疗设备完备的养老服务机构。而在租赁市场大发展的"租购并举"新时代，这一理想的养老方式已离我们越来越近。

租购并举的住房新时代正在来临

从过去十余年的实践看，养老地产是全民异地购房热情高涨的主导力量之一，也是造成许多度假旅游胜地住房大量空置、房地产泡沫的关键原因。值得注意的是，在以租购并举为主导的住房制度下，租赁养老地产取代产权房养老地产的时代或许正在来临。

就趋势而言，养老地产作为房地产市场的重要组成部分，也将由"售"向"租"发生方向性转变。

从政策上看，中央和地方支持和鼓励住房租赁市场的政策层出不穷。从党的十九大报告提出"加快建立多主体供给、多渠道保障、租购并举的住房制度"，到2017年中央经济工作会议提出2018年"要发展住房租赁市场特别是长期租赁，保护租赁利益相关方合法权益，支持专业化、机构化住房租赁企业发展"，以及自2015年以来中央出台的许多政策都强调发展住房租赁市场（参见表2-3）。由此可见，从供给侧来看，住房租赁市场大发展的时代正在到来。

表 2-3　　　　　　　　我国鼓励住房租赁市场发展的相关政策

发布项目	发布时间	发布部门	主要内容
《关于加快培育和发展住房租赁市场的指导意见》	2015年1月	住房和城乡建设部	发挥市场在资源配置中的决定性作用和更好发挥政府作用，积极推进租赁服务平台建设，大力发展住房租赁经营机构，完善公共租赁住房制度，拓宽融资渠道，推动房地产开发企业转型升级
《关于放宽提取住房公积金支付房租条件的通知》	2015年1月	住建部、财政部、人民银行	明确提取公积金租房的条件、范围、额度
2015年中央经济工作会议公报	2015年12月	中央经济工作会议	要发展住房租赁市场，鼓励自然人和各类机构投资者购买库存商品房，成为租赁市场的房源提供者，鼓励发展以住房租赁为主营业务的专业化企业
《关于加快培育和发展住房租赁市场的若干意见》	2016年6月	国务院办公厅	扩大供应端：允许改建商业用房为租赁用房，鼓励新建租赁住房，出租房屋的企业享有政策支持，个人有税收优惠；鼓励需求端：落实公积金支付房租政策，扩大公租房保障范围
2016年中央经济工作会议公报	2016年12月	中央经济工作会议	要加快住房租赁市场立法，加快机构化、规模化租赁企业发展
党的十九大报告	2017年10月	党代会	坚持"房子是用来住的、不是用来炒的"定位，加快建立多主体供给、多渠道保障、租购并举的住房制度，让全体人民住有所居
2017年中央经济工作会议公报	2017年12月	中央经济工作会议	要发展住房租赁市场特别是长期租赁，保护租赁利益相关方合法权益，支持专业化、机构化住房租赁企业发展

资料来源：苏宁金融研究院根据公开信息整理。

旅居养老地产快速发展的四大动因

以上政策层面的支持和鼓励，是养老地产供给侧环境的重大变化。而养老地产转向租赁市场，还有以下四方面需求侧的驱动力量。

首先，中国将成为全球老龄化最严重的国家之一，养老地产的潜在需求巨大。老龄化水平是影响养老地产潜在需求的核心要素。早在2000年，中国65岁以上人口比重就达7%，步入联合国标准的老龄化国家行列。中国统计年鉴显示，2016年中国65岁及以上人口为1.5亿人，占总人口的10.8%，是发展中国家中人口老龄化最严峻的国家。联合国报告则预测，2020年我国65岁以上人口将达到1.85亿，占人口总数的13%，至2050年将突破3亿，老龄化水平将达到34%，届时中国将成为全球老龄化水平最高的国家（参见图2-26）。老龄化水平的迅速上升，必然会带来老年人居住需求的增加。

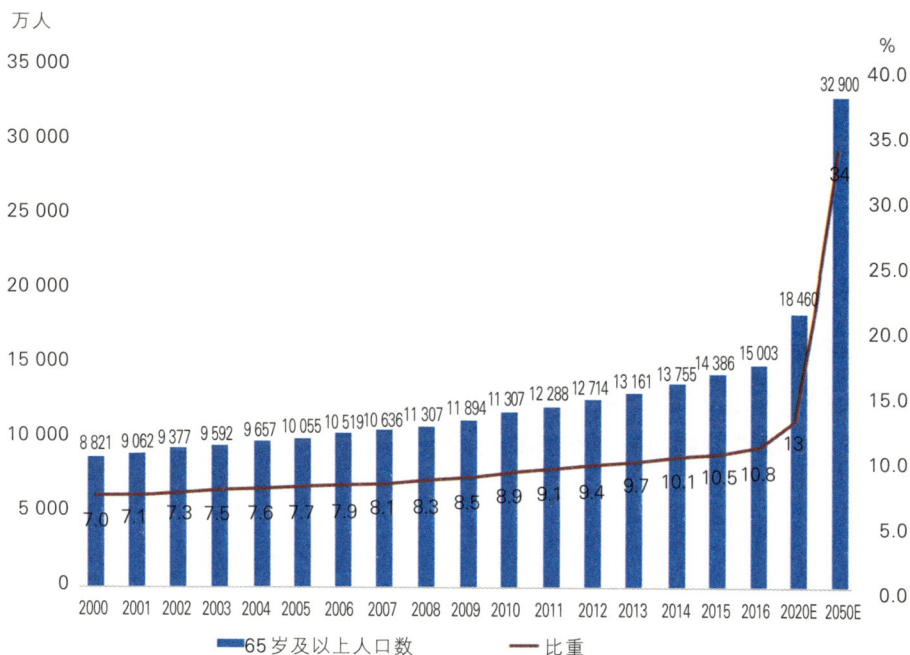

图2-26 中国人口老龄化（65岁及以上）趋势与展望

资料来源：苏宁金融研究院整理。

其次，家庭趋向小型化、少子化趋势，独立住房需求大量增加。尽管我国人口增速持续放缓，但在老龄化、家庭少子化的趋势下，需要独立住房的家庭总数却在不断增长。2016年8月发布的《中国养老产业发展白皮书》显示，2010年我国家庭平均人口数为3.1人，2030年将减少至2.6人，2050年将进一步降至2.51人，家庭结构小型化将逐渐成为社会主流的家庭形态。家庭户数在不断分裂和扩张，将使未来住房需求增长，特别是老年群体人均寿命的不断延长，独立居住的需求将长期存在。这一现象将是支撑养老地产需求强劲的重要因素。

再次，四世同堂的传统观念开始转变，新兴养老方式广受欢迎。可以设想，越来越多的伴随着改革开放成长起来的60后、70后开始步入退休生活，四世同堂、养儿防老的传统观念将逐渐淡薄。另外，传统家庭照料模式无法继续，老年人的养老需求也随之呈现多元性，家庭养老的功能较以往不断弱化，无法满足注重生活质量和精神追求的老年人。入住设备先进、管理完善的市场化经营的养老服务中心，既可以与同龄人有共同的话题，又可合理地进行休闲娱乐，培养兴趣爱好，丰富老年人的生活，使晚年生活质量更高。

与此同时，旅居式的养老生活，对于收入高、生活品质较高的老年群体来说是理想的选择。他们可以选择时令性、享受型的消费，一年当中不同季节、不同时段在不同地区短暂居住数月，感受不同的气候条件、人文环境和乡土气息，将会成为越来越多中高收入退休群体的选择。

最后，房价持续上涨，使得退休家庭租房的性价比更高。2008—2016年，全国平均住宅销售价格由3 576元/平方米上涨到7 203元/平方米，涨幅超过100%，当前的房价已成为绝大多数家庭难以承担的支出，对于无法贷款的老年家庭而言，一次性的购房支出更是高不可攀。

与此同时，房价的过快增长，必然带来住房租金回报率不断下降。2017年11月，北京、上海、广州、深圳四大一线城市的租金回报率已下降到1.5%，其中北京仅为1.36%，相对较高的成都为1.91%。而在2008年前后，大多数城市的住宅租金回报率为4%左右（参见图2-27）。租金回报率的下降、房价的高不可攀，必然会显著提高养老租赁地产的性价比，增强退休群体租房养老的意愿。

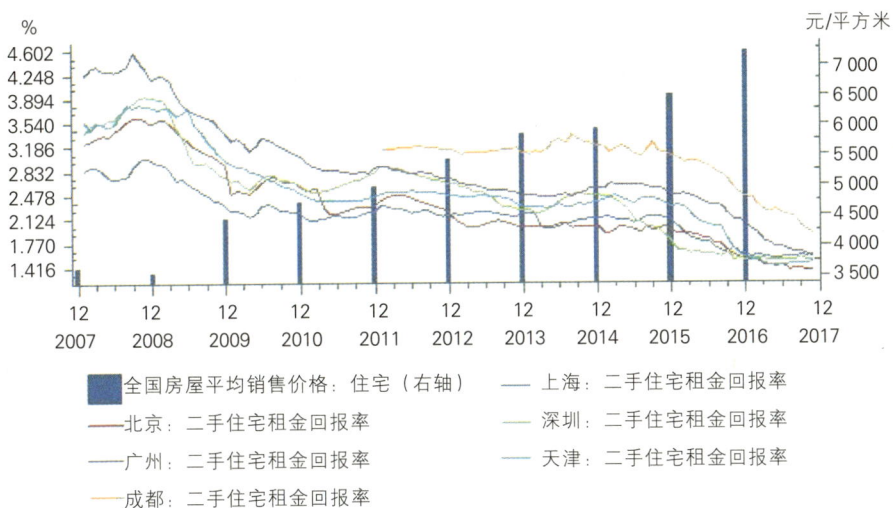

图 2-27　全国房屋平均销售价格与部分城市租金回报率

资料来源：Wind，苏宁金融研究院整理。

做这些准备，收获美好晚年生活

在租购并举的住房新时代，服务完善的机构化租赁养老地产将可能成为下一代养老地产的主流，普通人或将迎来更加个性化、独立化、体验式的旅居养老方式。

至于如何实现旅居养老目标，那些正准备或有意提前过退休生活的人群，应着手做以下两方面准备：

一方面是退休家庭及子女转变思想观念。曾经有一个经典的小品《不差钱》中提到：人生最痛苦的事情是"人没了，钱还在"，而比这还痛苦的事情是"人还在，钱没了"。尽管这是个笑谈，但仍反映了许多人退休生活面临的困难选择。国人的养老观念从数千年不变的"养儿防老"，到前些年一度兴起的"倒按揭"抵押房产养老，都无法给予我们理想的退休养老生活解决方案。北大著名教授钱理群卖房入住知名旅居养老公寓的事例，或许是我们改善养老生活质量的主要方法。因此，正在为老人筹划退休生活的家庭，思想观念的转变是关键一步。

另一方面是准备可持续的现金流。入住旅居养老租赁公寓，每月固定的支出是必不可少的。因此，正在筹划养老生活的人群，应重点关注自身退休生活后的现金流收入与支出，退休金加上安全资产配置后的投资性收入，应保障入住旅居养老公寓的每月支出，同时应有充足的医疗保险的保障，从而使养老生活无后顾之忧。或许钱理群教授出售唯一一套住房的方式值得借鉴，对售房款进行合理的资产配置，加上自身的养老金，每月的现金流收入足以覆盖支出。

做好了这两方面的准备，迈入旅居养老圈层，离高质量的退休生活就不远了。现在的问题是：您有这方面意识，并着手做准备了吗？

日本是如何调节国民收入差距的？

付一夫

拼多多上市、为国生娃、房租暴涨、农产品价格上升……2018年发生的种种事情，让不少人喊出了"追求高性价比"的口号，只因放眼全国，中低收入者仍是大多数。

而正是少部分人的消费升级与大部分人的追求高性价比，让国人收入差距日益悬殊这一问题再度凸显，并亟待采取有效措施来加以调节。

"他山之石，可以攻玉。"我们不妨看一看一水之隔的日本是如何做的，或许会有所收获。

为什么选择日本？

众所周知，日本经济十分发达，国民拥有极高的生活质量，堪称是全球最富裕、生活水平最高的国家之一。

论经济总量，日本GDP高居世界第三位，仅次于美国与中国；论人均GDP，日本遥遥领先于中国。数据显示，2017年日本人均GDP为38 428.1美元，为中国人均GDP的4倍有余（参见图2-28）。

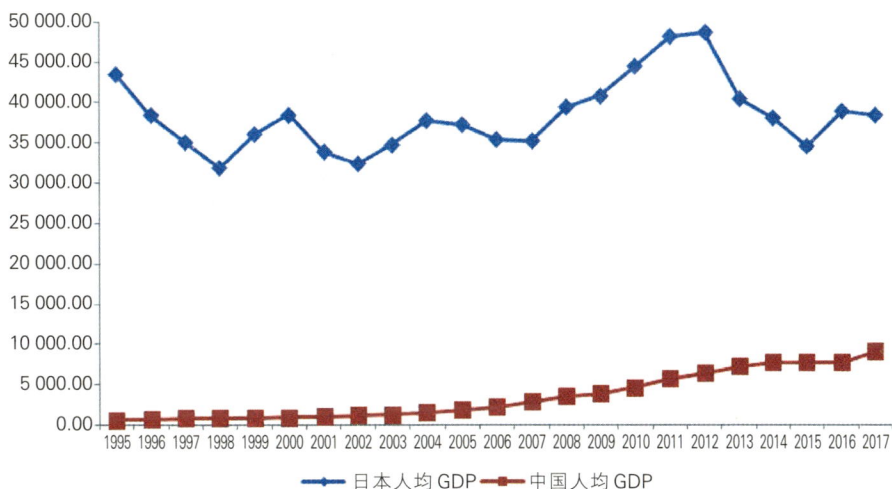

图2-28　中国与日本人均GDP比较（美元）

资料来源：Wind，苏宁金融研究院整理。

客观地说，收入差距加剧并非中国所独有，这是一道普世难题，为世界各国共同关注。然而，日本国民的收入状况却并未像西方发达国家与发展中国家那样严峻，不仅中产人群规模占总人口的比重较高，而且极端贫困的人群也不多见，是公认的"橄榄型社会"。

根据日本厚生劳动省《收入再分配调查报告》的数据，20世纪50年代至80年代，在长达30余年的时间里，日本的基尼系数一直低于0.4。即便泡沫经济让日本经历了"失去的二十年"，国人的贫富差距也有所加剧，基尼系数一度突破0.5，但依旧通过种种手段缓和了这一态势。2014年，日本的基尼系数为0.376，在全球主要经济体中堪称可圈可点（参见图2-29）。

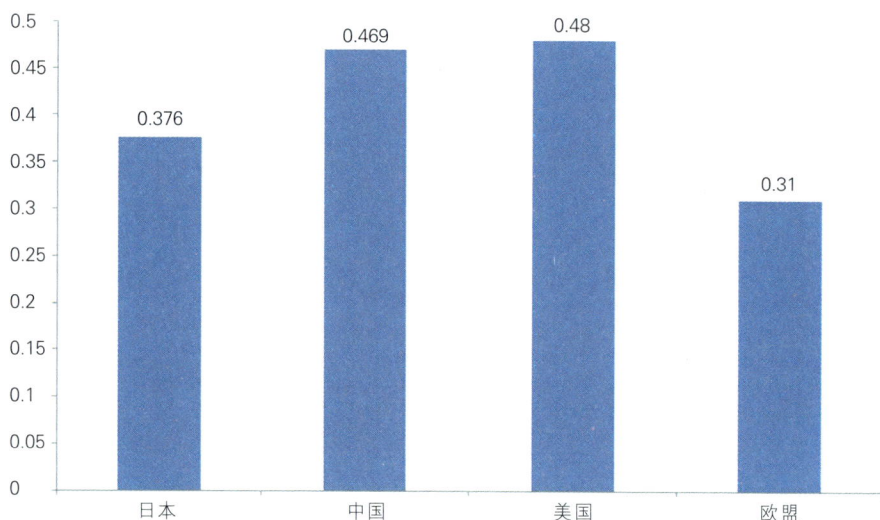

图2-29　2014年全球主要经济体的基尼系数

资料来源：Wind，苏宁金融研究院整理。

时至今日，绝大多数日本人认为，自己身处的国度是一个平等且没有阶级划分的社会，人人都公正平等地享受着全社会范围内的各种资源，约有八成的日本人相信自己属于中产人群。

而在第二次世界大战前后，日本的基尼系数曾经直逼0.7——而这，恰恰说明日本在治理收入问题、调节社会各阶层贫富差距上取得了显著成效。正因为如此，我们将日本选为分析样本。

日本的成功经验

日本在这方面都做了哪些？我们不妨从初次分配环节与再分配环节上的种种实践来寻找答案。

（一）初次分配环节：效率与公平兼顾

学界普遍认为，初次分配存在不公平是产生收入分配不均及其他诸多问题的关键所在。因此，若想缩小收入差距，势必要从初次分配开始。日本的初次分配关系主要由市场机制决定，以此来确保经济活动的机会均等，并配合有关政策来进一步强化当中的公平属性。具体来说，日本主要采取了以下措施：

第一，实施"国民收入倍增计划"。 国民收入倍增计划，可以理解为由日本政府制订的一个"十年发展计划"（1961—1970年）。按照该计划的要求，十年间，日本国民生产总值和人均国民收入都要实现翻番，即年均增长率应达到7.2%，其最终目的是实现国民经济发展与居民生活进步的协同并举。该计划的精髓在于"民本思维"，即"民富"先于"国富"，将国民收入的倍增作为最终落脚点，用国民收入的增长来带动经济总量的增长，而不是用经济总量的增长来带动国民收入的增长。其直接结果便是，20世纪70年代中期至21世纪初，日本的劳动者报酬占GDP的比重始终保持在55%的高位以上（我国自1991年起，劳动者报酬占GDP的比重几乎从未高于50%），且长期高于欧元区国家与金砖国家。这为缩小日本国民的收入差距打下了基础。

第二，切实提高农民收入。 城乡收入差距悬殊是很多国家面临的难题，日本也不例外。不过，日本政府在20世纪六七十年代陆续出台了一系列法规来引导农业经济的发展。例如，《农业基本法》明确提出了提高农产品尤其是大米的收购价格，这让日本大米的收购价格远高于国际市场；同时日本对进口的农产品征收高额关税，以此来保证本国农产品的高额收购价。此外，日本还大力推进农业机械化、现代化和农业结构升级，加大对农业的补贴力度；转移非农人口，使农民通过出租或出售土地等方式获得大量现金；着力推动农民工转型方案，在户籍、住房、保险等方面确保农民工自由流动后的切身利益。

第三，推行教育机会均等政策。日本自1960年实行9年制义务教育，同时通过扩充学费减免制度、减轻学费负担以及完善教育环境等途径，大大缓解了家庭经济实力不足给子女接受教育带来的负面影响。而后，日本还在全国范围内大力推行全民基础教育的普及化以及城乡教育机会、教育资源的均等化，并不断扩大财政支出为普通家庭的教育费用减负。这不仅显著提高了国民整体素质与劳动者的各种技能，还给贫困家庭提供了能够实现阶层跃迁的渠道，进而达成缩小收入差距的目标。

第四，立法消除行业垄断造成的不公平。第二次世界大战后，为了削弱财阀对产业的支配力量，日本政府采取了一系列措施，包括解散控股公司、公开所持股份、排除财阀家族对企业的支配力量等，有效解决了有限的少数人掌握大量资产的问题，为资产分配和收入分配趋于平等化铺平了道路。同时，为了缓解产业的过度集中，日本于1947年颁布了《垄断禁止法》，明确规定对大型垄断企业征收10%销售额的罚金，对中小垄断企业征收4%销售额的罚金。不仅如此，日本政府还设立了公平交易委员会，以便对垄断行为进行准确的评估，并强化市场在资源配置中的作用。这些手段都显著推动了国民收入差距难题的改善。

（二）再分配环节：更加注重分配公平

虽然日本社会格外重视基于市场化的竞争性体制，但对于失业、妇幼与老弱病残等群体也从来没有忽视过。日本政府在初次分配的基础上，通过一系列方式来弥补和保障弱势群体的基本生活水平，进而缓解收入差距。

第一，重视运用税收手段，对收入再分配进行调节。在20世纪基尼系数最低、最平稳的三十余年里，日本的个人所得税实行累进税制，即对高收入者征收高税率，对低收入者征收低税率，并且收入在一定金额下免税。此外，日本还征收其特有的高额遗产税、赠与税以及固定资产税、住民税等。

第二，构建较为完善的社会保障制度。日本的社会保障形式与品种极为丰富，覆盖了社会所有人群，对低收入阶层起到了很好的保护作用；在社会保障金的缴纳上，日本针对不同收入阶层支付能力的差异，采取区别对待方式，高收入阶层缴纳的金额相对高，低收入阶层缴纳的金额相对低。此外，日本实行个人、企业、社会共同负担社会保障的制度，其中又以政府负担为主。当然，除了上述举措外，日本还在其他方面发力，对缩小收入分配加以补充，最典型的例子就是保证就业。日本通过建立严格的就业预算保障制度、加大财政投入、采取多元化政策体系、对促进就业的相关事业给予优惠税收等手段来加以促进。

我们能学到什么？

毋庸置疑，日本的经验实践对我国是有参考借鉴价值的。

事实上，我国居民收入的基尼系数自2000年首次超过警戒线0.4以来，就再没有低于此数值，2017年为0.467（参见图2-30）。而北京大学中国社会科学调查中心发布的《中国民生发展报告2014》甚至声称，早在2012年，我国的基尼系数就已经达到0.73，顶端1%的家庭占有全国1/3以上的财产，底端25%的家庭仅拥有财产总量的1%左右。

过大的居民收入差距不利于国民经济的长期发展，不仅会造成内需不足，还可能影响经济结构的进一步优化与社会的和谐稳定。或许，我们可以汲取日本的实践经验来制定相应的措施。具体来说：应着力提高劳动报酬在初次分配中的比重，将更多的利益向劳动者倾斜，以保证居民收入增长与经济发展同步；通过制定适当的政策来打破二元经济结构，促进城乡与地区之间的协调发展，尤其是要切实提高农民收入水平；强化教育机会与教育资源的均等化，加大政府在基础教育方面的投入力度，让公平的教育机会不因人们的收入差距而有所不同；破除行业垄断，鼓励市场竞争；完善税制体系，让税收真正成为调节居民收入分配的利器，而不是政府部门增收的手段；建立与健全社会保障与社会救助体系等。

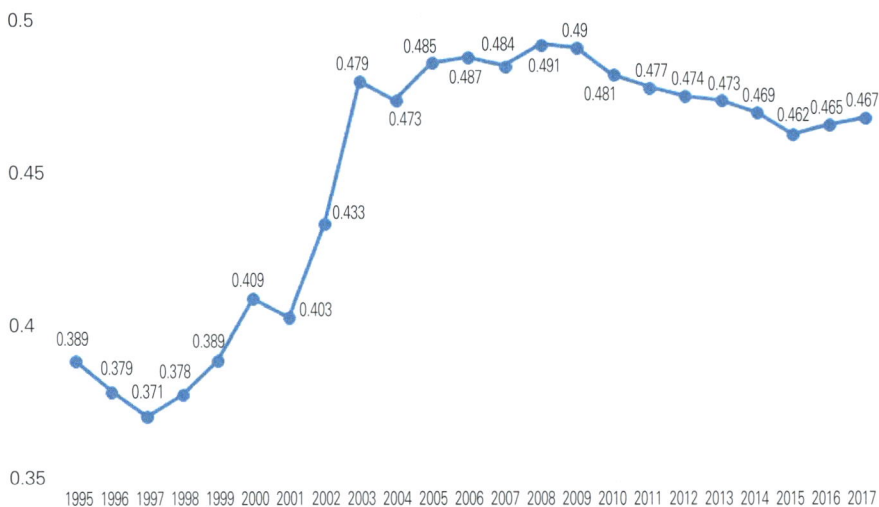

图 2-30　我国居民收入基尼系数变化情况

资料来源：Wind，苏宁金融研究院整理。

如何扩大居民消费，看看美国放了哪些大招

付一夫

居民消费的不断提升是扩大内需、持续推动GDP增长、保证国民经济稳定发展的基石之一。时下，如何扩大居民消费成了人们热议的话题。

有人说，作为世界第一消费大国，美国似乎从来不需要为内需不足而担忧。那么，美国是如何做到让国人积极消费的呢？或许找到了这个问题的答案，便找到了扩大我国居民消费的切实路径。

美国人的消费现状

曾几何时，美国也是崇尚勤俭节约的国度，但随着国民经济的发展，美国于20世纪初期基本完成了工业化与城市化，再加上一系列政策的支持以及居民收入水平的不断提高，美国的消费文化发生了颠覆性的转变——先是少数富有阶层为彰显社会地位而进行"炫耀性消费"，再到全国各阶层人群的"大众消费"崛起，数十年间，美国完成了由节俭主义社会向消费主义社会的转型。

数据显示，在美国的GDP构成中，来自居民部门的消费始终处于绝对主导地位。早在20世纪中叶，美国居民消费支出占GDP比重就超过了60%，此后更是长期居高不下，2017年这一比重达到68.4%（参见图2-31）。

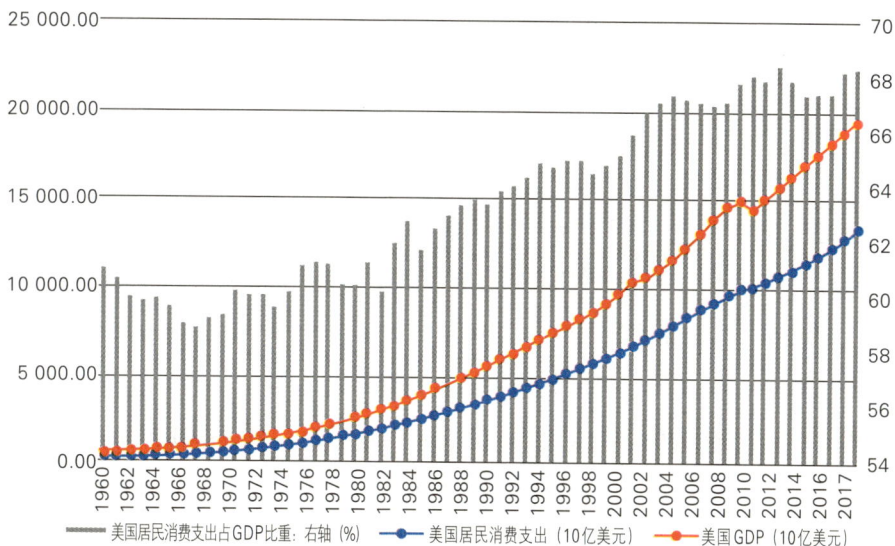

图 2-31　美国居民消费支出与GDP

资料来源：Wind，苏宁金融研究院整理。

另外，从美国人均消费支出占人均可支配收入的比重来看，自1960年开始，一直未曾低于83%，2016年与2017年该比重更是超过了90%（参见图2-32）。

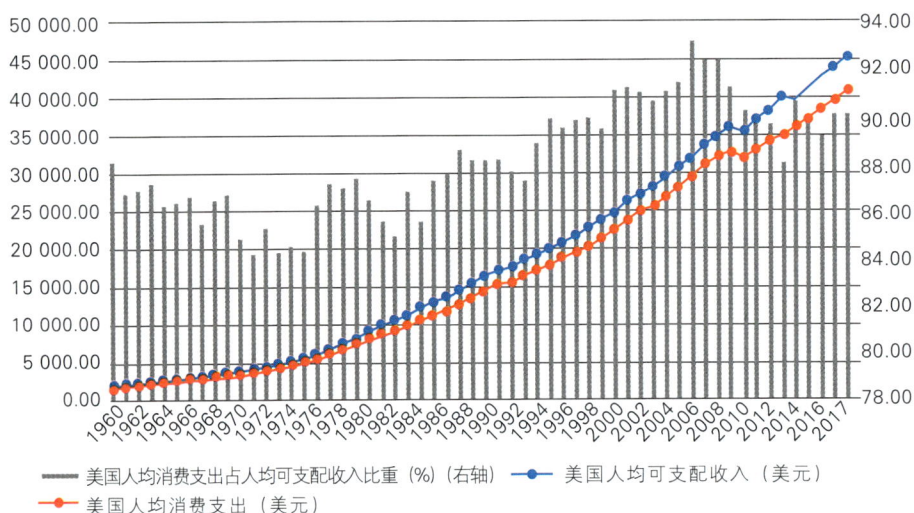

图 2-32　美国人均消费支出和人均可支配收入

资料来源：Wind，苏宁金融研究院整理。

值得注意的是，美国人还极为热衷超前消费，这从居民部门的杠杆率（居民部门负债总额占GDP比重）即可一窥究竟。数据显示，1985年，美国居民杠杆率首次超过50%，而后便开始了一路攀升，2007年达到了最高的97.9%。虽说近10年有所降低，但其数值仍接近80%（参见图2-33）。

再看我国，自2008年起，居民杠杆率一路飙升，到了2017年也只有49%。这也证明了"中国老太太与美国老太太买房"的段子所言极是，即"一个中国老太太，60岁时终于挣够了钱买了一套房子；一个美国老太太，60岁时终于还清了购房的贷款，可是她已经在这房子里面住了30年了"。

至此，美国人的消费现状已经大体呈现在我们面前。

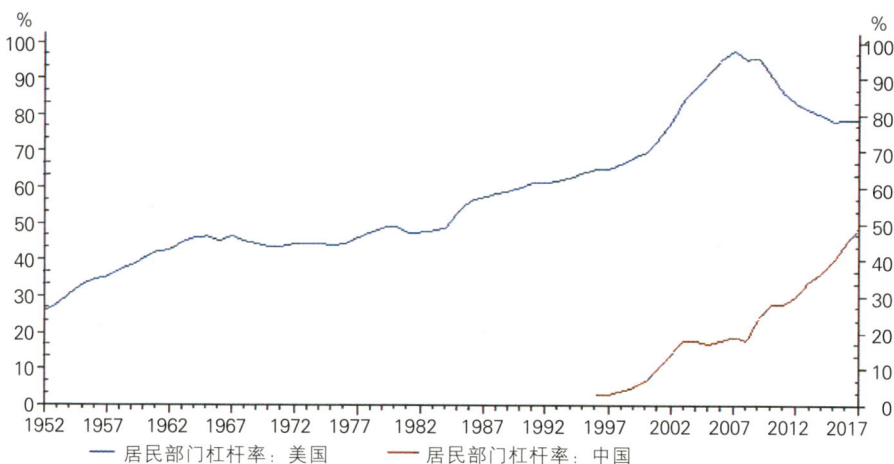

图 2-33　中美居民杠杆率比较

资料来源：Wind，苏宁金融研究院整理。

美国如何扩大居民消费？

诚然，美国人热衷消费的现状与其国家的经济实力有很大关系。不过笔者认为，更深层次的原因在于美国采取了一系列有效刺激居民消费的措施与手段，从而推动了国内消费市场的繁荣。

那么，美国在扩大居民消费上都做了哪些努力？下面从供需两端分别加以说明。

从供给端来看，美国致力于提高生产效率，这带来了两方面积极影响。

一方面，生产效率的提高，丰富了商品品类，降低了商品价格。美国生产方式的改变与生产效率的提升主要经过两次跃迁：一次是工业革命之后，美国企业家创造性地发展出分工和专业化的生产链，将泰勒的科学管理和福特流水线生产的广泛应用相结合，大大提高了劳动生产率；另一次是信息技术革命，互联网的飞速发展将人和信息快速连接，将生产力带到了前所未有的高度。两次跃迁的直接结果就是产品供给愈发多样性，质量也逐渐提高，越来越能满足人们的消费需求；同时生产效率的提高降低了成本，进而导致商品价格的下降，让大众消费成为可能，曾经的"奢侈品"也开始变为普通家庭的必需品，原来高价的汽车、洗衣机、电冰箱、电脑、手机都作为家用消费品进入大众阶层的生活中。

另一方面，生产效率的提高增加了居民的闲暇时间。从经济学角度看，闲暇也是影响居民消费行为的重要因素之一。生产效率的提高让人们工作时间有所减少，越来越多的人从长时间的辛苦劳动中解放出来，进而拥有更多的时间和精力去购物。此外，闲暇时间的增加，还引发人们通过享受、娱乐和自我提高等方式来促进自身的全面发展，以此形成了"生产效率提升，闲暇时间增多，消费增加，生产效率提高，生产进一步扩大"的良性循环。

从需求端来看，美国着力提高居民可支配收入，进而拉动消费增长。

美国的政策制定从来都是以国人分享经济发展成果为取向，在国家强大的同时不忘促进民富。具体来看，在初次分配环节，美国劳动者报酬占GDP的比重几乎从未低于50%，且常年保持在55%左右的高位上（参见图2-34），这有力地提高了居民所得。

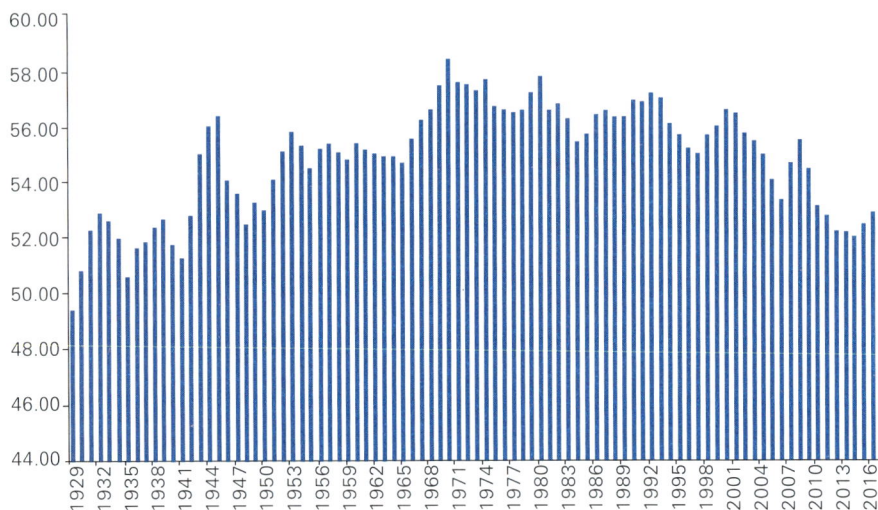

图2-34　美国劳动收者报酬占GDP比重（%）

资料来源：Wind，苏宁金融研究院整理。

到了再分配环节，美国制定了包括提高最低工资水平、完善社会保障、增加就业、推动教育公平在内的一揽子政策，来保障低收入群体的利益。

值得一提的是，美国还鼓励发展慈善事业和公益事业，注重发挥其"第三次分配"的积极作用。社会成员以自愿捐赠等方式，资助困难群体，使社会分配更加趋于公平，这在一定程度上弥补了一二次分配的不足。而美国富豪捐助慈善事业时，还能减免一定的税费。于是，从洛克菲勒到卡内基，从比尔·盖茨到巴菲特，关心慈善事业、捐助大笔善款早已成为这些美国富豪的常规动作。这些举措，不仅有效缓解了美国居民收入差距增大的趋势，还真正做到了让所有人都能分享经济发展的成果，从而激发人们高昂的消费热情。

除了供需两端外，对消费信贷发展的支持也是提高美国人民消费意愿的重要手段之一。经过近百年的发展，美国已经形成了一套迄今为止全球最完善和最高效的消费信贷体系，并构建了较为完备的信用制度体系和风险管理制度，对消费信贷各参与方及其行为和责任进行了严格规定和精细管理。

同时，美国消费信贷品种颇为丰富全面，偿还期限与方式也很灵活。在美国市场上，任何一种消费信贷产品的设计和推出都是以充分满足社会各阶层对消费信贷的多样化需求为出发点的。因此，美国的消费信贷已经渗透到了经济社会的每个角落，美国人的消费意愿也大大提升。

我们能获得哪些启示？

必须指出，美国在扩大居民消费方面所采取的各项手段并非十全十美，特别是其发达的消费信贷，虽说在一定程度上刺激了内需的增长与经济的发展，但背后同样隐藏着诸多风险与危机，2008年的全球金融危机就是最为惨痛的教训。

然而，不管怎样，美国是世界头号消费大国的地位与国人旺盛的消费能力就在那里，不以任何人的意志为转移。因此，任何一个国家想要扩大居民消费，美国的相关理念与做法都是可供借鉴的样本。对我国而言，可以从以下四个方面着重考虑：

第一，**提升居民收入水平**。扩大消费的前提是增加收入，就我国目前情况来看，广大居民的收入水平普遍较低，医疗、教育、社会保障等方面的保障制度并不高，使得消费存在顾虑，消费意愿不强。因此，我们需要着力深化收入分配制度，缩小收入差距，深化税制改革，完善最低工资制度，建立最低工资与物价联动机制。

第二，**完善社会保障体系**。就业、医疗、教育、养老等社会保障问题关系国计民生，在很大程度上也影响着居民的消费预期。因此，需要加强社会保障体系建设，减少居民后顾之忧，进而使居民消费倾向得到提高。

第三，**提高生产效率，提高供给质量**。平心而论，国内相当一部分消费者并不是没有消费意愿和消费能力，而是基于价差、品牌信任度等原因，在可选择的情况下，更青睐去境外消费。这也侧面反映出我国商品供给体系仍需要完善，而解题之匙便是推动技术进步与生产效率提高，从而实现商品质量更加优化、商品品类愈加丰富以及商品价格的不断降低。此外，政府部门还应着力构建公平竞争的营商环境，推进国内消费品与国际标准对标，支持企业培育新品牌等方面落实政策，强化监管，完善知识产权保护措施，严厉打击假冒伪劣产品等。

第四，**在适当的范围内支持消费信贷发展**。美国的经验表明，消费信贷的发展能够助力居民的消费增长，但消费信贷的无节制发展同样也会带来风险甚至引发危机。因此，我国在推动创新信贷产品形式、完善信贷市场时要量力而行、适度发展，做到更加严谨地评估消费信贷创新的可行性，力求风险在可控范围内，同时加强监管，避免行业乱象的丛生与系统性风险的爆发。

第 3 章

居民收入与消费的真实面貌

9 张图告诉你：中国人
消费的真相

付一夫

"泡面榨菜二锅头，骑上摩拜遛一遛……"2018年的夏天，不少类似的打油诗被用来描述当下许多中国人的消费选择。当然，也有不少人对这种消费状态感同身受。殊不知，他们看到的很可能只是我国居民消费的剪影而非真相。倘若站在宏观经济的视角加以分析，结论会超出你的认知。

数据不会说谎，下面，我们用多个统计指标来进行详细分析。

社零增速放缓不代表居民消费能力降低

在刻画居民消费景气状况时，有一个常用的指标叫作"社会消费品零售总额"，它被很多人视为表现国内消费需求最直接的指标。

从数据上看，2017年7月当月，全国社会消费品零售总额的同比增速为8.8%，为2018年以来的第二低；扣除物价上涨因素，实际增速为6.5%，创下了近年来的新低。从前7个月的累计增速来看，名义与实际增速分别为9.7%和8.06%，几乎均为近年来的最低（参见图3-1）。

从城乡差异来看，农村地区2017年7月当月社会消费品零售总额增速为10.1%，1—7月累计增速为10.4%；城镇地区2017年7月当月社会消费品零售总额增速为8.6%，1—7月累计增速为9.1%。可见，农村地区增速持续高于城镇地区（参见图3-2）。

数据来源：Wind，苏宁金融研究院整理。

图 3-1　社会消费品零售总额同比增速

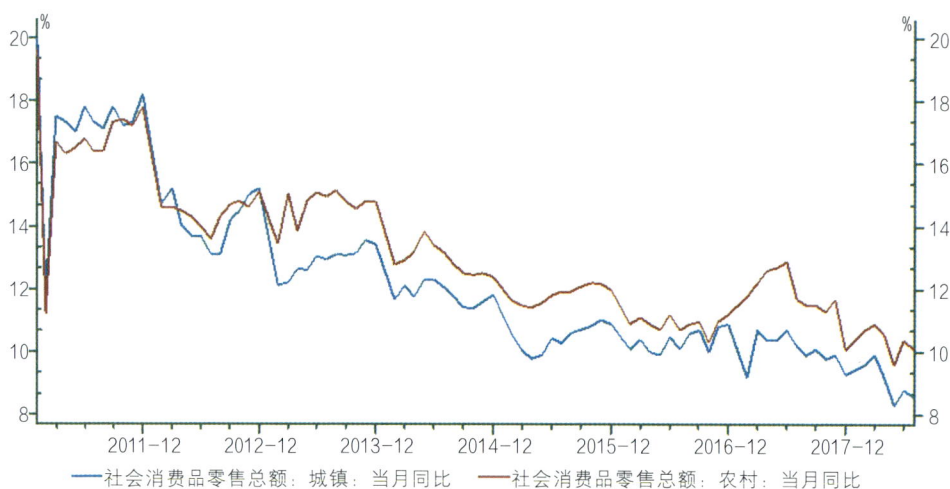

数据来源：Wind，苏宁金融研究院整理。

图 3-2　城乡社会消费品零售总额同比增速

　　不难发现，用社会消费品零售总额这一指标衡量的居民消费，呈现出持续低迷的态势，这也是很多人不看好消费的佐证。然而，严格地说，该指标有着不可避免的局限性，并不能真实反映居民消费情况，尤其是居民服务消费的增长。

按照国家统计局的官方定义，社会消费品零售总额是指企业（单位、个体户）通过交易直接售给个人、社会集团非生产、非经营用的实物商品金额，以及提供餐饮服务所取得的收入金额。显然，居民消费中除餐饮外的服务性消费都未在该指标统计之列，而这些消费（教育、医疗、文化、艺术、服务、金融中介、保险以及居民自有住房服务等）占居民消费总支出的比重正逐日增加。

基于上述考虑，如果仅从这一个指标的数据走势来悲观看待国人的消费，未免有失公允，我们还应采用其他指标来做进一步分析。

服务消费扩张对比实物消费疲软

按照官方定义，居民最终消费支出是指核算期内，由居民个人直接购买消费性货物和服务所花费的支出；从消费的内容看，包括耐用消费品支出、非耐用消费品支出、各种文化生活服务费用支出及实际和虚拟房租。可以看到的是，与社会消费品零售总额相比，居民最终消费支出将"服务性消费"纳入到了统计范围之中，故能更为全面地反映国人的消费现状。

数据显示，居民最终消费占GDP的比重自2000年起大体经历了一个先下降后上升的过程，特别是2010年以来，该比重上升态势明显，2017年达到了40.21%（参见图3-3）。尽管对经济增长的贡献仍略低于资本形成总额（43.60%），但居民整体消费动力正日趋强劲。

这从侧面反映出国人消费结构的升级：虽然实物消费稍显疲软，但服务消费的扩张带来了很好的补偿效应，进而推动居民最终消费支出的持续增长，及其对国民经济增长贡献的不断攀升。

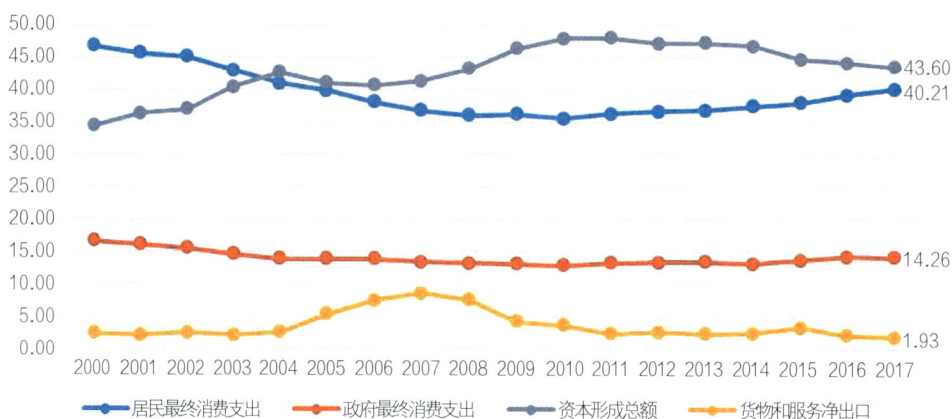

资料来源：Wind，苏宁金融研究院整理。

图3-3 居民消费、政府消费、资本形成总额、货物和服务净出口占GDP的比重（%）

国人消费结构处于不断升级的趋势之中

将居民最终消费支出均摊到每个人头上，便形成了一个新的指标——人均消费支出。沿着人均消费支出与人均可支配收入的关系进行挖掘，我们可以获得一些新的信息。

从全国层面看，居民的人均消费支出随着人均可支配收入的增加而增加，不过近几年，前者占后者的比重却呈现出下降的趋势，由2013年的72.20%降至2017年的70.54%（参见图3-4）。考虑到在官方统计口径中，购买商品房属于投资范畴而非消费范畴，故人均消费支出中并不包含国人买房与还房贷的支出。于是我们可以大致判断：由于房贷等长期高额负债，近年来，我国居民的消费意愿有走低的趋势。

进一步地，分别对城镇居民与农村居民做详细考察。通过图3-5与图3-6的对比可以发现，城镇居民的消费支出占可支配收入比重始终低于同期的农村居民，且该比重在城镇居民中下降较为明显，由2013年的69.85%降至2017年的67.16%；

资料来源：Wind，苏宁金融研究院整理。

图3-4 全国人均消费支出与人均可支配收入

而在农村居民中则大体呈上升趋势，由2013年的79.38%升至2017年的81.56%（2017年较2016年略微有所下降，但不影响整体趋势）。这一方面说明，城镇居民收入大幅度高于乡村居民，边际消费倾向也会相对较低；另一方面则暗示了城镇居民或因负债过高而导致消费行为更为谨慎，进而降低了全国层面的消费收入比。

此外，我们还可以分析居民人均消费支出结构。从图3-7与图3-8中可以看到，人们在食品烟酒、衣着等附加值相对较低的领域，所花的钱越来越少，而在教育文化娱乐、交通通信等附加值相对较高的领域，花费越来越多。这充分表明：国人的消费结构正处于不断升级的趋势之中，并且花费在服务领域上的消费所占比重也是在增加的，这较好地补充了"社会消费品零售总额"这一指标的缺陷。

资料来源：Wind，苏宁金融研究院整理。

图3-5 城镇人均消费支出与人均可支配收入

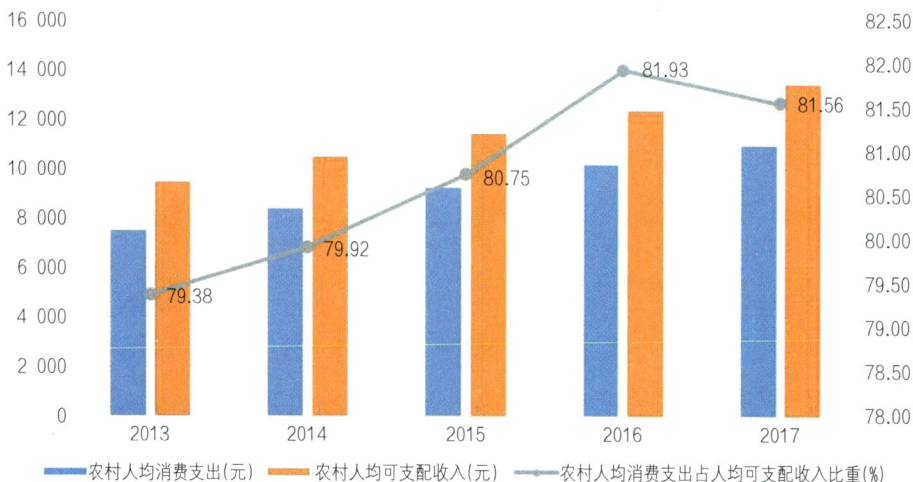

资料来源：Wind，苏宁金融研究院整理。

图3-6 农村人均消费支出与人均可支配收入

资料来源：苏宁金融研究院整理。

图3-7 城镇居民人均消费支出结构

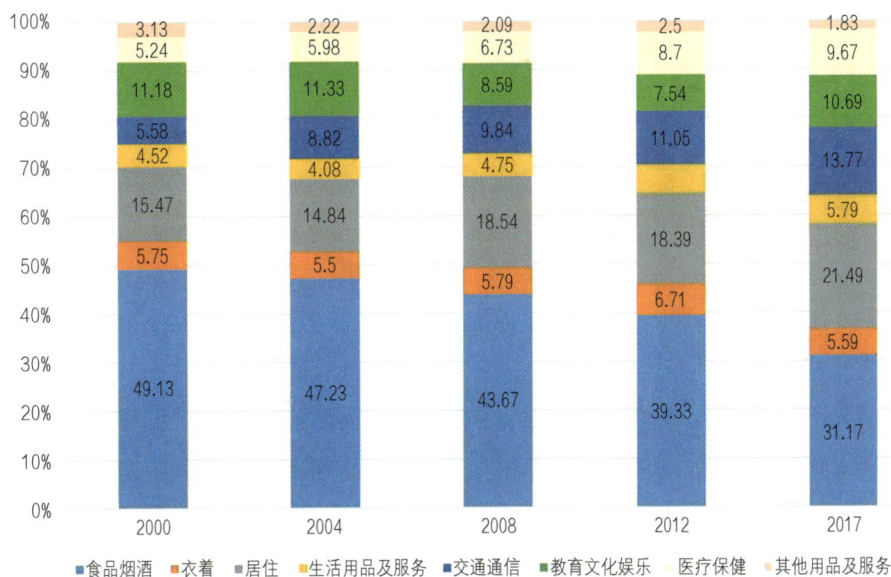

资料来源：苏宁金融研究院整理。

图3-8 农村居民人均消费支出结构

高附加值领域的消费支出趋于增加

在衡量居民消费结构时，还有一个很好的参考指标叫作恩格尔系数，具体是指食品支出总额占个人消费支出总额的比重。一般来讲，随着家庭收入的不断增加，总支出中用来购买食物的比例会趋于下降，而用于其他高附加值领域的消费支出比例会增加，这表现为恩格尔系数的降低，也侧面反映出居民消费结构的升级。

Wind数据显示，进入21世纪以来，我国城镇居民与农村居民的恩格尔系数在个别年份有所波动，但大体走势是下降的。尤其是自2012年起，城乡居民的恩格尔系数下降趋势更为明显。其中，城镇居民恩格尔系数由2012年的36.23%下降至2017年的28.60%，同期的农村居民恩格尔系数则由39.33%下降至31.20%（参见图3-9）。

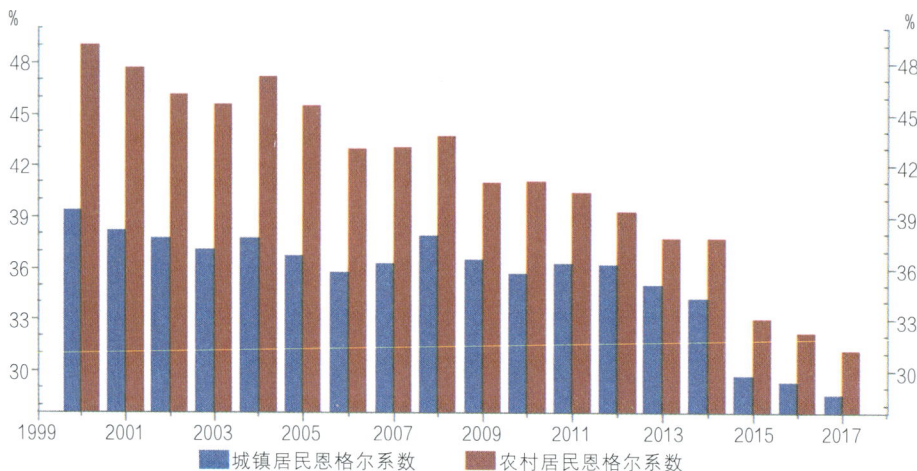

资料来源：Wind，苏宁金融研究院整理。

图3-9　城乡居民恩格尔系数

这便进一步佐证了图 3-7 与图 3-8 的结论，即随着国家经济的持续发展与人们收入水平的不断提高，我国居民的生活状况是在逐渐改善的，用于解决温饱、衣着的消费支出趋于减少，用于其他高附加值领域的消费支出趋于增加。

结语

通过以上 9 张图表，相信各位读者对我国居民消费的真实情况已经有了一个大致的判断，概括起来无非以下三句话：（1）无论城镇居民还是农村居民，消费结构都处在不断升级的通道上；（2）我国居民的生活水平不断提升，服务性消费占消费支出的比重正在增加；（3）可能是受高房价与高负债的影响，近年来，城镇居民的消费有趋于谨慎的态势，表现为人均消费支出占人均可支配收入的比重逐步降低。

当然，鉴于我国幅员辽阔、人口众多，经济发展的不平衡导致了不同地区与不同阶层的人群收入水平存在较大的差异，因而不同人群的消费状况也必然会不尽相同。

必须认清的是，居民消费的不断提升是扩大内需、持续推动 GDP 增长、保证国民经济稳定发展的关键所在，但我国大部分人的收入水平依旧较低。从长远考虑，国人的消费潜力亟待进一步释放，不过这需要以老百姓收入水平的普遍提高作为前提保障。

因此，我们需要在深化收入分配制度、缩小收入差距、深化税制改革、完善社会保障体系等方面不断发力，同时还应提高生产效率与商品供给质量，以此来提高国人的消费意愿，从而推动国民经济的健康可持续发展。

数据告诉你：中国人的收入 差距有多大？

付一夫

当前，中国居民消费正呈现出一种"分级"态势：一方面是高铁爆满、五星级酒店客房入住率上升、境外人均购物消费额领先全球的消费升级；另一面是能在家做饭绝不去下馆子、能骑自行车尽量不打车的追求高性价比的态势。

之所以会出现这种升降并存的现象，根源在于居民之间存在着较大的收入差距，进而造成了不同收入群体边际消费倾向的迥异。

那么，国人的收入差距到底有多大呢？读完此文，你会有一个相对直观的认识。

居民收入基尼系数已超警戒线

在衡量居民收入差距时，有一个国际通用的指标是基尼系数。

具体来说，基尼系数的数值介于 0~1 之间，如果基尼系数为 0，说明居民之间的收入分配为绝对平均，即人与人之间收入完全平等；如果基尼系数为 1，则说明居民之间的收入分配为绝对不平均，100% 的收入被一个单位的人完全占有了。换言之，基尼系数越小，表示收入分配越平均；而基尼系数越大，收入分配越不平均。国际上通常把 0.4 作为贫富差距的警戒线，倘若基尼系数大于这一数值，便有出现社会问题的潜在风险。

Wind 数据显示，我国居民收入的基尼系数自 2000 年首次超过警戒线 0.4 以来，总体呈现出先攀升后稳定的态势。但值得注意的是，2003年至今，基尼系数从未低于0.46，而最近三年，更是逐年增大，由2015年的0.462升至2017年的0.467（参见图3-10）。

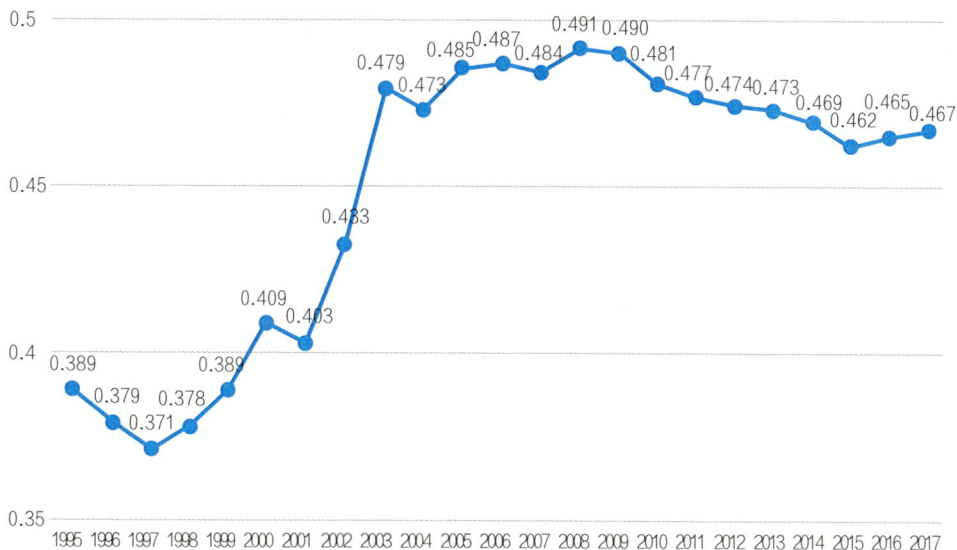

数据来源：Wind，苏宁金融研究院整理。

图3-10　我国居民收入基尼系数变化情况

在此基础上，我们可以按照《中国统计年鉴》的统计口径，依据收入水平的不同，将全国居民人数进行五等份分组来进一步加以考察。从图3-11可以清晰地看到，我国收入水平最高的前20%数量的居民，2016年的人均可支配收入为59 259.5元，遥遥领先其他80%的人群；即便是位于第二梯队的中等偏上收入群体，2016年的人均可支配收入也只有31 990.4元，刚刚超过高收入群体的一半；而收入最低的20%人群，2016年人均可支配收入仅仅为5 528.7元，不到高收入人群的1/10。

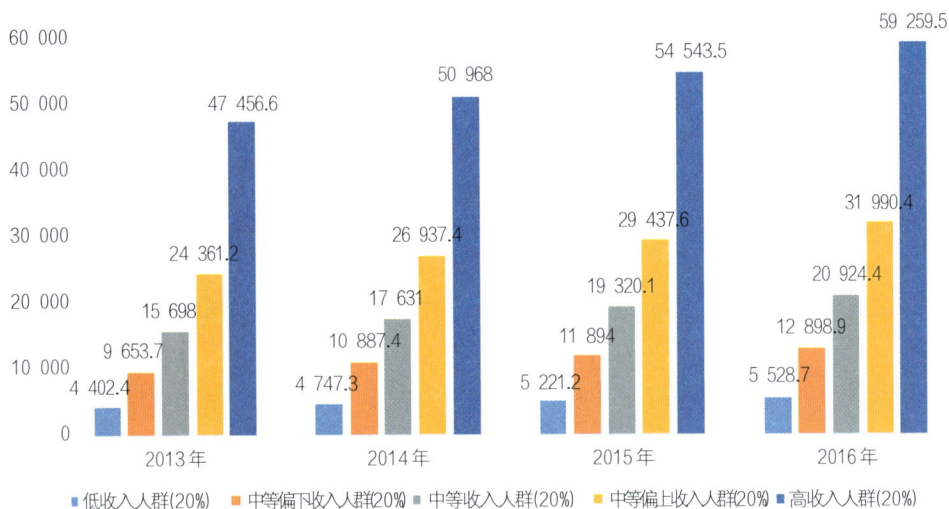

资料来源：苏宁金融研究院整理。

图 3-11　全国居民按收入五等份分组的人均可支配收入（元）

不同行业的工资收入差距较大

从国人工作所属行业来看，不同行业人群的收入差距较为悬殊。

鉴于工资是绝大多数人的主要收入来源，我们可以从各行业平均工资水平的变化情况来加以考察。按照《中国统计年鉴》中对行业的划分标准，可以清晰地看到，自改革开放以来，人均工资最高的行业包括电力煤气、采掘、金融、信息传输、计算机服务和软件业，而近些年又以金融业以及信息传输、计算机服务和软件业为主（参见表 3-1）。这些行业大体呈现出两个特征：一是属于知识与资本密集领域，二是带有垄断性和资源性。相比之下，农林牧渔业的平均工资几乎始终为所有行业中的最低，这可能与农产品的低附加值与劳动密集型特点有关。

从工资差距看，1978 年人均工资最高的电力煤气业与人均工资最低的社会服务业的工资差距仅为 458 元。然而，随着时间的推移，人均工资水平最高与最

表 3-1   1978—2017年按行业分城镇单位人均工资最高与最低统计

年份	人均工资最高行业及平均工资水平（元）		人均工资最低行业及平均工资水平（元）		差值（元）	比值
1978	电力煤气	850	社会服务	392	458	2.17
1990	采掘	2 718	农林牧渔	1 541	1 177	1.76
2000	金融保险	13 478	农林牧渔	5 184	8 294	2.60
2005	信息传输、计算机服务和软件业	38 799	农林牧渔	8 207	30 592	4.73
2010	金融业	70 146	农林牧渔	16 717	53 429	4.20
2017	信息传输、计算机服务和软件业	133 150	农林牧渔	36 504	96 646	3.65

资料来源：苏宁金融研究院整理。

低行业的差距越拉越大。到了2017年，人均工资水平最高的信息传输、计算机服务和软件业，比人均工资水平最低的农林牧渔业多出96 646元，这意味着一个拿着平均薪资的信息传输、计算机服务和软件业从业者，一年可以比一个农民多赚近10万元，而且这种差距还有继续加大的趋势。

不过从比值来看，自2005年开始，我国平均工资水平最高行业与最低行业的相对差距有逐渐缩小的趋势，2017年的比值为3.65，不过这一数值仍比2000年以前高出不少，反映出我国行业间的工资收入差距总体上仍在拉大。

城乡人均可支配收入差距渐增

国人的收入差距，还体现在城乡居民之间。

改革开放至今，我国无论是城镇居民还是农村居民，收入水平都有了较大幅度的提高，然而不容忽视的一点是，城乡居民的收入差距正在与日俱增。

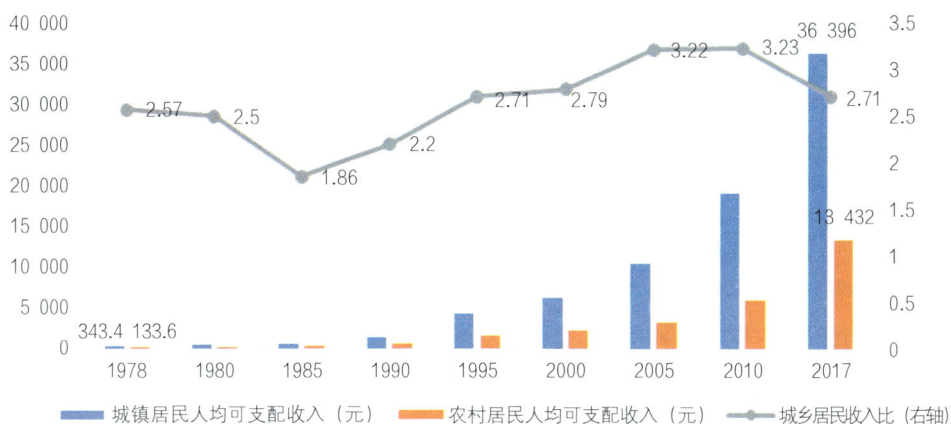

资料来源：苏宁金融研究院整理。

图 3-12　1978—2017年城乡居民人均可支配收入比较

从图3-12可以看到，1978年，我国城乡居民的人均可支配收入分别为343.4元和133.6元；到了2017年，城乡居民的人均可支配收入各自上涨至36 396元和13 432元，分别是1978年的106倍和100.5倍。从城乡居民历年可支配收入的差距来看，1978年为209.8元，到2017年已经攀升至22 964元。

不过，从城乡居民收入比来看，在经历了长期的攀升后，近些年开始有下降的趋势，2017年为2.71，这比2010年的3.23低了不少。这说明城乡居民收入的绝对差值虽然在增大，但相对差值却有所缓和。

总体上看，我国城乡发展仍旧不平衡，二元经济结构问题依然严峻，农村生产力水平长期低于城镇，且户籍制度对农村人口向城镇流动造成了制约；同时，受限于农业本身的特点，农产品附加值要低于工业与服务业产品附加值，致使农民增收相对缓慢。

不同地区的居民收入差距明显

从空间维度考虑，不同省、自治区、直辖市由于经济发展状况存在差异，居民收入也不尽相同。

　　国家统计局数据显示，2017年我国内地各地区居民人均可支配收入最高的前5个省市分别为上海、北京、浙江、天津和江苏，而最低的5个省市分别为西藏、甘肃、贵州、云南和青海。其中，人均可支配收入最高的上海为58 987.96元，最低的西藏仅为15 457.9元，仅比上海的1/4略高，收入差距可见一斑（参见图3-13）。

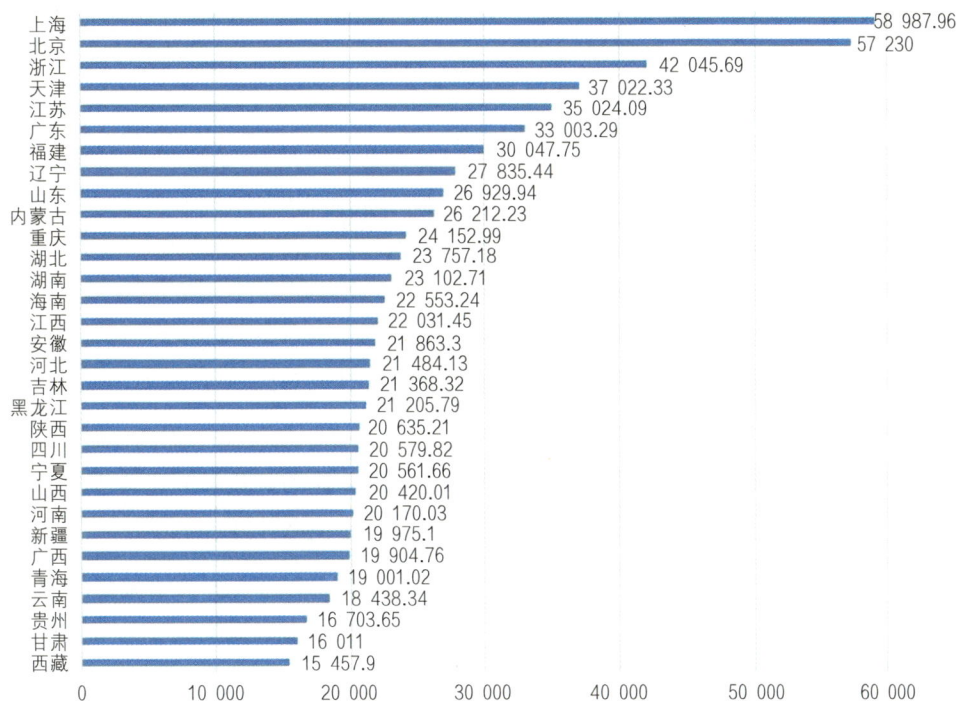

地区	人均可支配收入
上海	58 987.96
北京	57 230
浙江	42 045.69
天津	37 022.33
江苏	35 024.09
广东	33 003.29
福建	30 047.75
辽宁	27 835.44
山东	26 929.94
内蒙古	26 212.23
重庆	24 152.99
湖北	23 757.18
湖南	23 102.71
海南	22 553.24
江西	22 031.45
安徽	21 863.3
河北	21 484.13
吉林	21 368.32
黑龙江	21 205.79
陕西	20 635.21
四川	20 579.82
宁夏	20 561.66
山西	20 420.01
河南	20 170.03
新疆	19 975.1
广西	19 904.76
青海	19 001.02
云南	18 438.34
贵州	16 703.65
甘肃	16 011
西藏	15 457.9

资料来源：苏宁金融研究院整理。

图3-13　2017年我国内地各省、自治区、直辖市居民人均可支配收入（元）

　　从东、中、西部及东北地区的城乡居民收入水平比较来看，东部地区的居民收入水平大幅度高于中西部和东北地区。2016年的数据显示，从城镇居民人均可支配收入层面看，东部地区是西部地区的1.39倍；从农村居民人均可支配收入层面看，东部地区是西部地区的1.56倍。倘若对比东部城镇居民与西部农村居民的人均可支配收入，那么差距无疑是更大的，前者是后者的将近4倍（参见表3-2）。

表3-2　　　　　　　　2016年城乡居民人均可支配收入比较

	东部地区	中部地区	西部地区	东北地区
城镇居民人均可支配收入（元）	39 651	28 879.3	28 609.7	29 045.1
农村居民人均可支配收入（元）	15 498.3	11 794.3	9 918.4	12 274.6

资料来源：苏宁金融研究院整理。

是时候强化"民本"思维了

至此，通过以上几个维度的考察，相信你对国人的收入状况已经有了一个整体的把握。而无论从哪个方面分析，居民收入差距过大对国民经济的长期发展都是不利的，它不仅会造成内需不足，还可能影响经济结构的进一步优化。因此，我国有必要在调节国民收入分配方面再多下点功夫，比如优化再分配环节、合理运用财税工具、加快城镇化步伐、推进基本公共服务均等化等等。

另外，在国家物质财富日渐积累的今天，可以适当转变思路，将发展主题转向人民群众生活水平与质量的全面提升，即强化"民本"思维。这一点，不妨借鉴一下日本1960年推行并于十年后收获显著成效的"国民收入倍增计划"，其精髓在于用国民收入的增长来带动经济总量的增长，而不是用经济总量的增长来带动国民收入的增长。

对于我们自身来说，在正视居民收入差距的同时，还应通过合理配置自身资产、不断提升自身知识储备、业务水平与各方面能力等途径来实现自己与财富的增值，从而确保未来能够获得更多的收入报酬。

不同行业的收入差距为什么
如此之大？

付一夫

房租的话题火了，生育的话题也火了，可国人的热情却没火起来。原因很简单：收入增速越来越赶不上居住成本与养娃成本的一路高歌猛进；简言之，钱少压力大。

不过有句老话说得好，靠天靠地不如靠自己。与其望眼欲穿地翘首期盼老天爷来一场"甘霖"，还不如自己动手开井挖水来得实在。

比如说，找个收入高、潜力大、前景好的工作——即便进不去那些头部大公司，至少先努力入这个行业。

于是在近些年，有相当一部分人都想尽办法削尖脑壳往金融业与IT业里钻；而一提到金融民工与码农，人们常常会羡慕之情溢于言表。

话说回来，我们都知道国人收入差距大，而其中一个非常重要的表现就在于从事不同行业的人，收入状况可谓天壤之别。高收入行业从业者年薪动辄几十上百万元，低收入行业从业者很多只有年入三五万元的份儿。

问题来了：为什么不同行业的收入差距会如此之大？读完此文，或许你会找到答案。

不同行业收入差距究竟有多大？

在深入分析之前，有必要先通过数据了解一下不同行业的收入差距几何。

鉴于工资是绝大多数人的主要收入来源，故而我们用行业平均工资来加以度量。按照《中国统计年鉴》中对行业的划分标准，自改革开放以来，人均工资最高的行业包括电力煤气、采掘、金融、信息传输、计算机服务和软件业，而近些年又以金融业以及信息计算机软件业为主（详见表3-1）。

从不同行业平均工资的比值来看，自2005年开始，我国平均工资水平最高行业与最低行业的相对差距有逐渐缩小的趋势，2015年二者比值为3.59。不过这一数值仍比2000年以前高出不少，而且近期还有反弹的态势，2017年为3.65。总体上看，我国行业间的工资收入水平仍在不断拉大。

正因为如此，当前只要有条件或有能力，相信不少人都希望能改行从事平均收入最高的金融业或信息计算机软件业；倘若没有机会"华丽转身"，人们也会把希望寄托在还能选择的年轻人身上。

例如，笔者亲戚家的小孩刚高考完，在报志愿的过程中，笔者强烈呼吁他优先选择与大数据、人工智能相关的各类专业——因为就业前景广、收入高。

相信这不是个例。

那么，不同行业收入差距的逐日加剧，背后有哪些力量在推动呢？

我们不妨从劳动者个人因素与行业因素两个维度来加以分析。

劳动者个人因素——加剧不同行业收入差距的推手之一

劳动者是各行各业的核心要素，当然会直接影响到行业间的收入差距。从经济学的角度看，人力资本因素扮演着最为关键的角色。

所谓人力资本，是指依附人体体力和智力所具有的劳动（包括体力劳动和脑力劳动）价值总和。作为一种"活体资本"，人力资本具有比物质资本更大的增值潜力和空间，任何工作、任何科技创新、任何增加经济效益的行为，都需要人的参与。而凭借其独有的创新性与创造性，以及对生产要素的协调作用，人能够将等量的资源转化为更多的物质财富和精神财富。

可是对于个体来说，由于每个人能贡献的人力资本并不相同，因而会对工资收入水平与增速造成差异性的影响。这其中，又有两个影响路径：显性人力资本和隐形人力资本。

1.显性人力资本

显性人力资本主要是指劳动者的受教育程度，劳动者受教育程度不同，其教育回报率便会有所差异，进而导致工资收入差距的产生。

与此同时，由于在宏观经济发展过程中，不同行业的发展速度、利润积累以及在国民经济中的重要性不尽相同，而每个发展阶段的主导行业与新兴行业会获得更多的利润，因而有条件为该行业的劳动者支付更高的报酬。比如21世纪伊始的计算机行业，前些年的银行业，以及当前的互联网行业，都是真实的案例。

显然，这些"风口行业"对所有劳动者都有着巨大的吸引力，可往往只有那些受教育程度较高、综合素质较强的劳动者才更有可能进入到该行业中，这样便会在高收入行业中形成人力资本集聚。如此循环，也就出现了高人力资本劳动者进入高收入行业，高收入行业反过来继续吸引高人力资本劳动者的局面。

2.隐性人力资本

隐性人力资本指那些难以被测度，却在收入形成机制中起到重要作用的因素。其虽然不会直接在劳动者个人身上有所体现，但同样会带来收入水平的差异。

最典型的例子就是社会关系层面的人力资本。即使劳动者受教育程度相同，但是人们经常会发现，那些"有门路""家庭背景好"的劳动者更有机会进入高收入行业；哪怕受教育程度稍微逊色，但是拥有雄厚社会资本的劳动者也更有机会进入高收入行业。

当然，除了人力资本要素外，其他个人属性也都会或多或少地对不同劳动者的收入带来一定的影响，比如健康、婚姻状况、政治面貌、性格甚至颜值。这些个人属性都在行业招聘中具有一定的筛选价值，于是高收入行业必然会更多地集聚个人因素相对占优的劳动者，由此必然给行业发展带来更多贡献，形成行业发展的推动力，进一步提高该行业的利润和工资收入。

行业垄断因素——加剧不同行业收入差距的推手之二

除了劳动者个人因素外，行业本身的发展态势与获利能力同样会对行业间的收入差距产生重要影响。

而首要原因，便是垄断行业的存在。

众所周知的事实是，由于具备得天独厚的市场条件，因而垄断行业可以通过控制和影响产品价格获取超额垄断利润，从而成为行业高收入的直接推动力。这其中又可分为生产资源垄断与行政垄断。

生产资源垄断的企业对原材料具有控制权，其他厂商会因为过高的门槛难以进入该领域进行生产和竞争。于是，垄断企业便有了市场的产品话语权，独占的垄断利润也惠及业内的劳动者，再配合高素质人力资本的作用，久而久之便引发行业收入分化，形成马太效应。

对于行政垄断的企业来说，由于受到各种政策福利的倾斜，其他企业鲜有机会与之竞争，如此一来，该企业在掌握高质量的社会资源与其他各种机会中便占得先机，为高利润的获取打下基础。而这样的企业通常更容易吸引高社会资本的劳动者加盟，企业本身的社会资本与企业员工的社会资本叠加后，高收入便水到渠成。

此外，垄断行业在与政府、市场及其他企业的博弈中，往往具有优先决策的优势，这使其在市场中拥有资源分配和市场独占的权利和机会，造成了企业和政府间、各企业间的不公平局面，其他企业在垄断企业面前只有退出或者跟随，无法形成充分竞争和自由博弈的均衡结果。

总而言之，因生产资源垄断与行政垄断造成的行业收入差距既显著又不公平。因此，正确测度垄断对行业收入差距的贡献度，并基于此提出解决收入差距的思路，是国家调解收入差距中最应该解决的痛点。

行业非垄断因素——加剧不同行业收入差距的推手之三

在行业层面，除了垄断因素会造成较为明显的行业收入差距外，还有一些非垄断因素也会潜移默化地影响行业收入水平与分化程度。比如以下三点：

1.人力资本的外溢效应

前文说过，高收入行业容易集聚拥有较高人力资本的劳动者，而这些高人力资本劳动者在进入行业之后，会带来知识的外溢效应，为身边的人带来更多有利影响，进而引发企业内乃至整个行业内的学习效应，使得行业内的人力资本作用显然大于简单的劳动力加总，资源要素的整合效率大幅度提高，并提高行业的劳动生产率。于是，这种人力资本集聚和溢出效应就成为高利润与高收入的根源之一。

2.技术进步红利的行业分配不均衡

不可否认的是，技术进步在提高生产效率、推动经济发展上起到了至关重要的作用，但是新技术对不同群体的影响是不同的，因此即便总回报有所增加，也极有可能造成部分群体的利益受损。这便是所谓的技术进步红利的分配不均衡。

行业之间也是如此。在经济发展的各个阶段，往往高收入行业更容易成为技术进步的主要载体，进而持续成为经济发展和社会进步的主导。而与之相应的，便是技术进步红利会向高收入行业集中，就如当前的金融业与计算机软件业，无论是硬件创新还是软件创新都堪称日新月异，一天一个模样，行业收入水平自然也越来越高。

3.宏观政策倾斜的非均衡性

各个行业对宏观经济发展的贡献程度是不同的，通常是时下的主导行业贡献相对更高。而这些行业往往更受政府部门青睐，并优先获得更多更好的资源和政策，进而实现比其他行业更为快速的发展，由此形成一定的马太效应。不过从理论上讲，这种非均衡为阶段性特征，随着国民经济发展的逐渐趋向均衡，宏观经济政策也会随之向其他行业倾斜，行业收入差距便会慢慢缩小。

尾声

客观地讲，一定程度的行业收入差距是经济与社会发展的必然结果。不过，那些垄断等因素而致的行业收入差距增大却不利于国民经济的健康可持续发展。为此，我们还需要在完善税收调节机制、对行政垄断行业的收入分配做出长效监管等方面加以努力。

与此同时，我们还应进一步重视人力资本因素，着力缩小行业间的人力资本差异。具体来说，可以将加大教育投资力度、提高国人各个阶段的受教育机会、完善充分竞争的劳动力市场、破除行业间劳动力自由流动障碍等作为发力点。

当然，对于我们自己来说，最切实可行的方案还是在正视行业收入差距的同时，通过合理配置自身资产、不断提升自身知识储备、业务水平与各方面能力等途径来实现自己与财富的增值，进而确保未来能够获得更多的收入报酬，以便从容地应对眼前与未来的种种挑战。

拼多多崛起的真相

付一夫

2018年，拼多多申请赴美上市的新闻刷爆了朋友圈。这家成立于2015年的电商，仅仅用了3年时间便达到了其他许多竞争对手都不曾达到的一步。

究其原因，除了巧妙借助微信的巨大流量与社交红利，以及主打"团购+低价"的竞争策略之外，还有更为深层次的社会现实原因，而这需要从我国当前如火如荼的消费升级说起。

不是所有人都在消费升级

不可否认，我们国家的消费升级正在真真切切地发生着：

一来，从消费总量上看，居民消费支出占国民经济比重有了明显提高；

二来，从消费结构上看，我国居民衣食类消费比重持续降低，服务类消费比重在不断提升；

三来，高铁爆满、五星级酒店客房入住率上升、境外人均购物消费额领先全球等剧情，不断在我们身边上演。

然而，看似风光的消费升级背后，却有着不为人知的另一面。

消费升级的前提是收入攀升。虽然我国居民的整体收入水平一直稳步增长着，但是对于不同收入群体来说，其收入的提升幅度与速度却有明显差异，而"贫者更贫，富者更富"这一规律也如同自然法则一般客观存在。

这一点，从我国历年居民收入的基尼系数变化中可以窥见一斑。Wind数据显示，自2003年以来，我国居民收入的基尼系数始终不曾低于0.46，且一直高于国际上公认的贫富差距警戒线0.4。自2015年以来，基尼系数更是呈现出逐年增大的趋势（参见图3-14），这表明我国居民间的收入差距正在逐渐变大。

收入差距的日渐悬殊，造就了人们截然不同的购买力水平与消费意愿。而真正意义上的消费升级，恐怕只会发生在收入水平最高的20%人群身上——要知道，全国总人口的20%意味着这一群体的人口规模可以与美国总人口量级相当。从这个角度看，当我国拥有一个人口堪比美国的强购买力群体时，各种消费升级剧情的上演也就不足为奇了。

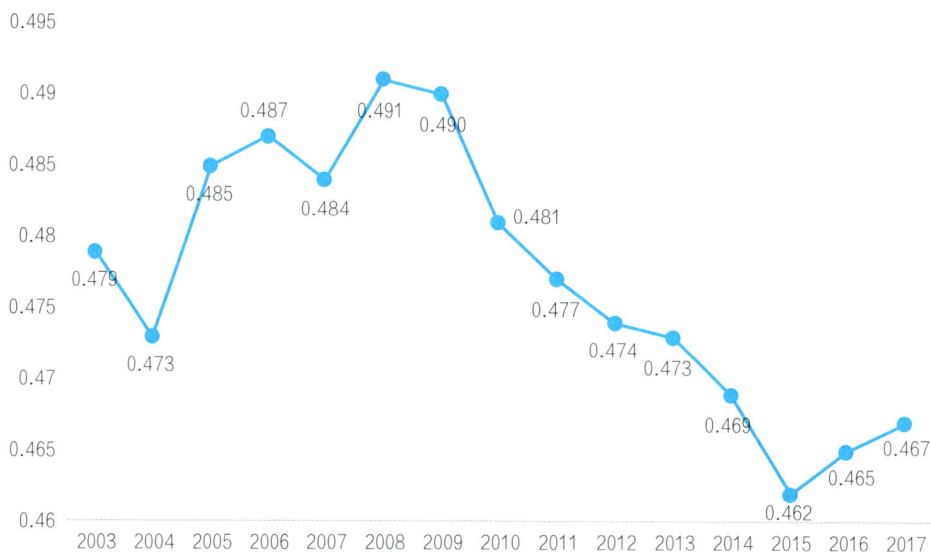

数据来源：wind，苏宁金融研究院整理。

图 3-14　我国居民收入基尼系数变化情况

大多数人都在追求高性价比

那么剩下的80%呢？这11亿人可能真的不想要有"品位"的包包、有"档次"的跑车、有"态度"的西装、有"情调"的红酒。在没有达到特别可观的收入水平时，他们的物质财富还不足以支撑太过于"高大上"的消费需求。

说得再细一点，对我国大多数家庭而言，所谓的生活常态应该是：能在家做饭绝不去下馆子，能自己打扫房间绝不花钱请钟点工，能骑自行车尽量不打车，拖鞋不穿坏就不买新的，为了十元的二十元的优惠券去下载各种App……

相对于前面所说的只属于小部分人的"消费升级"，我们可以将此理解为大部分人的"追求高性价比"：此时，价格成了人们最为看重的东西，即便商品再有品质和调性，消费体验再震撼、再新奇，消费者也不想花那么多钱来购买，他们既不会被高昂的价格绑架，也不会为商品多出来的溢价支付额外的"智商税"。

一言以蔽之，他们需要的只是高性价比。

也正因为如此，那些绝对低价的商品有着极为广阔的市场需求。根据长尾理论，对于商家来说，最赚钱的并不是服务那些身处头部地位的"高净值"消费者，而是那些占人口总规模比例极大的、相对普通的、收入水平一般的、能够带来巨大流量的人群。

拼多多的迅速崛起，关键在于敏锐地抓住了这一大部分"长尾用户"的需求。

根据我国目前的基本情况，人们的平均收入水平按一二三四五线城市大体上是逐级递减的，而拼多多的主要客户并非那些一二线城市的消费升级群体，而是三线以下城市较低收入人群的消费刚需。根据易观千帆的监测数据，拼多多近60%的用户均来自三线以下城市，这一比例显著高于其他传统电商平台（参见图3-15），而这部分人群多为低收入者。

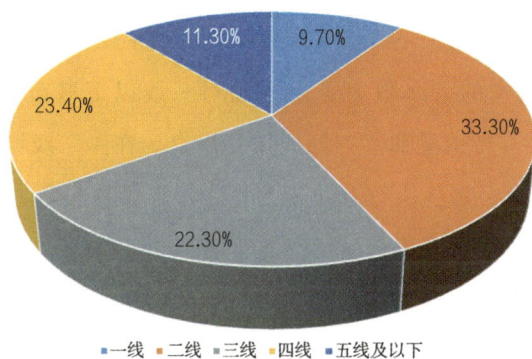

数据来源：易观千帆，苏宁金融研究院整理。

图3-15　拼多多用户按城市分布状况

此外，从年龄分布状况来看，拼多多有一半以上的用户都在30岁以下（参见图3-16），这个年龄段的群体往往收入水平相对有限，他们更倾向于追求低价实惠的商品，这便进一步成就了拼多多"农村包围城市"的快速发展之路。

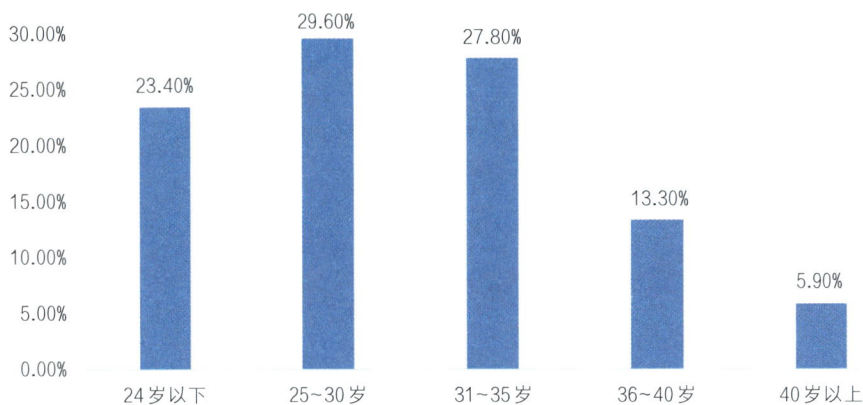

图3-16 拼多多用户按年龄分布状况

为什么拼多多在一二线城市火不起来？

话说回来，虽然我国一二线城市居民的收入水平往往较高，消费升级现象也更为明显，但他们中的大多数人，还要面对三线以下城市几乎无须考虑的难题——高企的房价。特别是那些三四线城市出身、在一二线城市奋斗的年轻人，他们刚参加工作不久，不少人只有几千元的月薪，却要承受动辄每平方米两三万元的房价，咬牙买了房就需要承受巨额的负债。

根据波士顿咨询的报告，从负债率这个变量来看，三线以下城市的中产负债率最低；二线城市的中产负债率其次，但负债率在较快地上升；一线城市的中产发生了显著的分化，资产差距迅速拉开：一方面是富裕和非常富裕阶层的出现，另一方面是"高负债中产"阶层的出现。

而不同的负债率导致了不同的可支配收入，这也让一二线城市的消费市场出现了"两极化"的特点：不仅有消费升级，还有追求高性价比。

既然一二线城市的大众也追求高性价比，为什么拼多多没有在一二线城市火起来呢？

究其原因，相比于一二线城市的居民，三四五线城市居民的闲暇时间相对较多。根据北京大学社会调查研究中心联合智联招聘推出的《中国职场人平衡指数调研报告》，31～40小时是三线以下城市居民一周工作时间占比最高的时间长度（占比35%），低于一线城市（56%）和二线城市（47%）；在工作时间大于41小时的区间，三线以下城市同样低于一二线城市；相反，三线以下城市居民工作时间在21~30小时的占比，高于一二线城市。

如此一来，相比一二线城市，大多数三线以下城市居民有充足的时间去砍价，当然也有足够的时间为了几块钱的差价而周旋。而拼多多的商业模式，恰恰是在时间维度上迎合了这部分人群的特点。

拼多多崛起带来的启示

当前，随着新零售的不断发展，"一切以消费者为中心"的理念也越来越深入人心。而不管是消费升级也好，追求高性价比也罢，都是以消费者需求为主导。同时也需注意到：虽然我国经济发展迅猛，但同样存在着发展的不均衡，消费需求的层次性与不均衡性依旧存在。

因此，作为商家应该充分意识到：我国居民的消费演进步伐并不一致，而针对不同阶层不同类型消费群体的消费习惯、心理偏好，商家需要进一步深刻洞察，并基于不同的打法来实现消费者的差异化满足。只有这样，方可从高手如云的竞争赛道中脱颖而出。

最后，不能不提的一点是：有相当一部分的三四五线城市拼多多用户，他们热衷于通过拼团方式购买的商品都是在当地难以买到的。以水果为例，越南进口高乐蜜芒果、四川眉山脐橙、陕西高原红富士苹果等，都是拼多多极其畅销的商品。

回到新零售本身来看，其发展趋势必然是从一二线城市向着三四五线城市下沉。倘若在不久的将来，越来越多物美价廉的商品陆续出现在三四五线城市居民身边，人们对品类日益丰富的高性价比商品触手可及之时，拼多多是否还会保持当前的增长势头呢？一切还有待时间去检验。

有多少中产已经陷入
"中等收入陷阱"？

黄志龙、付一夫

工作八九年的你，有没有这样一种体会：刚刚参加工作的三五年里，工资涨得还比较快，最近一两年，工资上涨的空间越来越小，有些人甚至已经好几年没涨工资了。与此同时，结婚生娃、小孩教育、父母养老等各方面生活成本却在一天天上涨……

如果你对此有切身体会，或许你已经和绝大多数中产家庭一样，陷入了"中等收入陷阱"。而要跨越这个陷阱，首先需要搞清楚它的来路。

来自宏观经济层面的压力

自 2010 年我国人均 GDP 迈过 4 000 美元，正式成为中等收入国家之后，短短几年时间就翻了一倍有余，2017 年我国人均 GDP 突破了 9 100 美元，基于当前的中国经济发展速度和内外条件，突破"中等收入陷阱"的上限 12 000 美元已成必然。

然而，回归到普通居民身上，情况却不是这般乐观。虽然人们的收入水平在不断提高，但是进度却赶不上人均 GDP 这一指标；而近年来的经济形势低迷与下行压力的与日俱增，也直接削弱了居民收入增长的势头。

从数据上看，从 2012 年"三期叠加"开始，我国城镇居民人均可支配收入的增速便进入下行通道，2016 年更是仅仅同比增长了 5.74%（参见图 3-17、图 3-18）。相信很多人都有切身感受，那便是钱越来越难赚了。

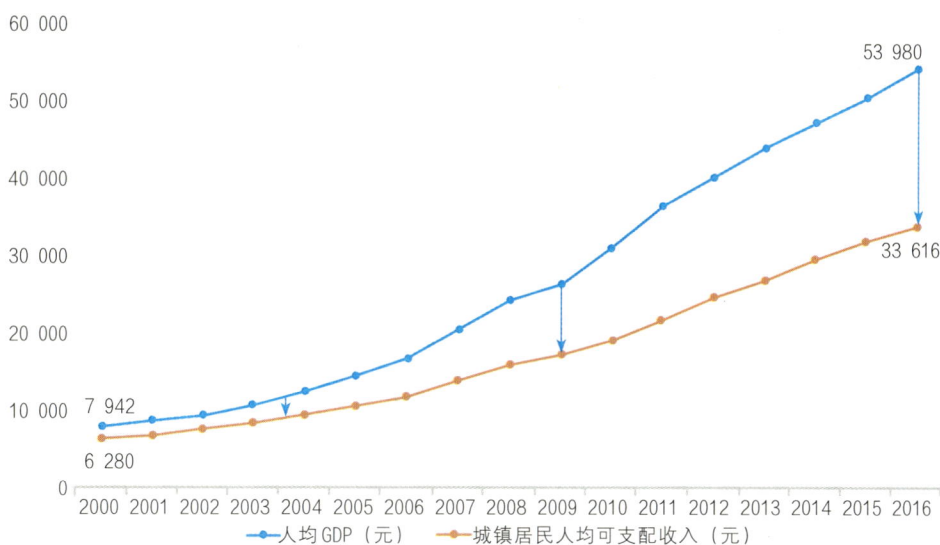

60 000

53 980

50 000

40 000

33 616

30 000

20 000

10 000
7 942

6 280

0
2000 2001 2002 2003 2004 2005 2006 2007 2008 2009 2010 2011 2012 2013 2014 2015 2016

—●— 人均GDP（元）　　—●— 城镇居民人均可支配收入（元）

数据来源：Wind，苏宁金融研究院整理。

图3-17　人均GDP与城镇居民人均可支配收入走势图

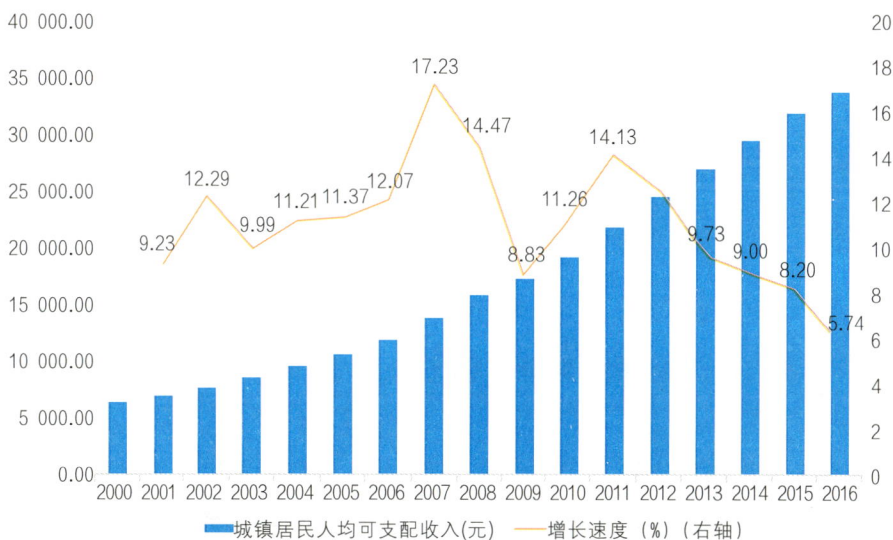

40 000.00　　　　　　　　　　　　　　　　　　　　　　　20

35 000.00　　　　　　　　　　17.23　　　　　　　　　　18

30 000.00　　　　　　　　　　　　14.47　　　　　　　　16

25 000.00　　　　12.29　　　11.21 11.37 12.07　　14.13　　14

20 000.00　　9.23　　9.99　　　　　　　11.26　9.73　　　12

15 000.00　　　　　　　　　　　　　8.83　　　9.00　　　10

10 000.00　　　　　　　　　　　　　　　　　8.20　5.74　8

5 000.00

0.00
2000 2001 2002 2003 2004 2005 2006 2007 2008 2009 2010 2011 2012 2013 2014 2015 2016

城镇居民人均可支配收入(元)　　　增长速度（%）（右轴）

数据来源：Wind，苏宁金融研究院整理。

图3-18　城镇居民人均可支配收入与增长率

此外，一直以来，金融、IT 和房地产业都是人们公认的高薪行业。从这三个行业从业者的平均工资变化来看，情况也不是想象中那般乐观（参见图 3-19）。特别是金融业的平均工资水平，近几年其增速持续大幅下滑，2016 年仅增长了 2.3%，这与"新常态"下宏观经济低迷以及行业监管趋严不无关系。对房地产来说，其"黄金时代"的过去已经成为既定事实，而最近的"房住不炒"理念持续发酵并深入人心，这在抑制行业中投机行为的同时，也间接注定了从业者平均工资再难有暴涨。再看 IT 行业，虽说整体上看平均工资增幅并无大幅度下跌迹象，但未来走势将如何，还有待进一步观察。

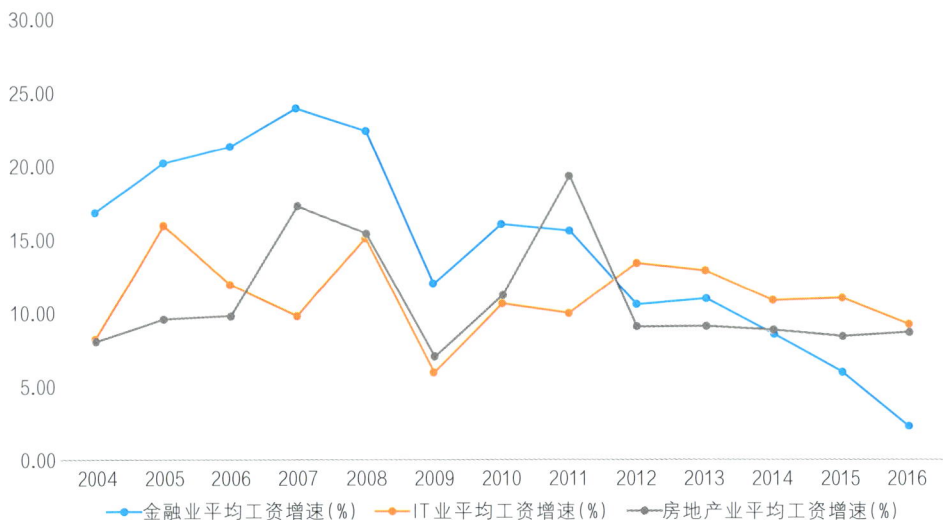

数据来源：苏宁金融研究院整理。

图 3-19　三大高薪行业的工资增长率

综合来看，国民经济下行压力的与日俱增，制约了居民收入水平的快速上涨。可以认为，来自宏观经济层面的压力，是给中产家庭挖下的"中等收入陷阱"的第一个坑。

每个家庭都有 "收入天花板"

在本部分讨论之前，先来分享一则真人真事：笔者有个朋友，研究生毕业已经近 10 年。刚开始工作时，较为出众的个人能力让他的收入上涨得很快，三年不到便从月薪 8 000 元涨至 15 000 元，平均每年能有 2 000 多元的涨幅，还算令人满意。但之后的几年里，他无奈地发现，自己的收入增长几乎陷入停滞，到今天也只有月薪 20 000 元，每年涨幅尚且不到 1 000 元。为此，朋友很是困惑与迷茫。

看完这个经历，相信很多人都会感到似曾相识——是的，这并不是特例，很多人都会碰到类似的问题。

为了深入分析这一现象，我们不妨将企业员工作为考虑对象，通过构建一个简单的数学模型来算一笔账：

假设一个公司，从最底层到最高层之间有 20 个等级，那么按照市场行情，每相邻两级之间大概相差 20% 的薪水（即如果一名员工从第 4 级升至第 5 级，那么理论上讲，他的薪资会上涨 20%）。一个刚毕业的大学生，入职该公司时为 25 岁，晋升频率为一年升一级，那么干到 45 岁时，他可以成为公司最高层领导。如果他入职时起薪为 8 000 元/月，他职业生涯薪水的变化应该如图 3-20 所示。

然而，有一点工作经验的人都会知道，这不可能是真实的情况。事实上，对于大多数人来说，往往工作前几年的涨薪会比较快。像前文的例子，刚毕业起薪为 8 000 元，只需提高 1 600 元就达到涨 20% 的幅度了。但是，倘若这个人月薪达到 30 000 元的时候，如果再涨 20%，就意味着要多付给他 6 000 元。这时，公司可能就会考虑了：这个人的市场价值是否真的足以覆盖其人力成本？

也正因为如此，工作年限越久，可能涨薪越慢，久而久之平均下来，每升一级的薪资涨幅可能会远低于 20%。再加上不同城市经济发达程度不同，不同行业

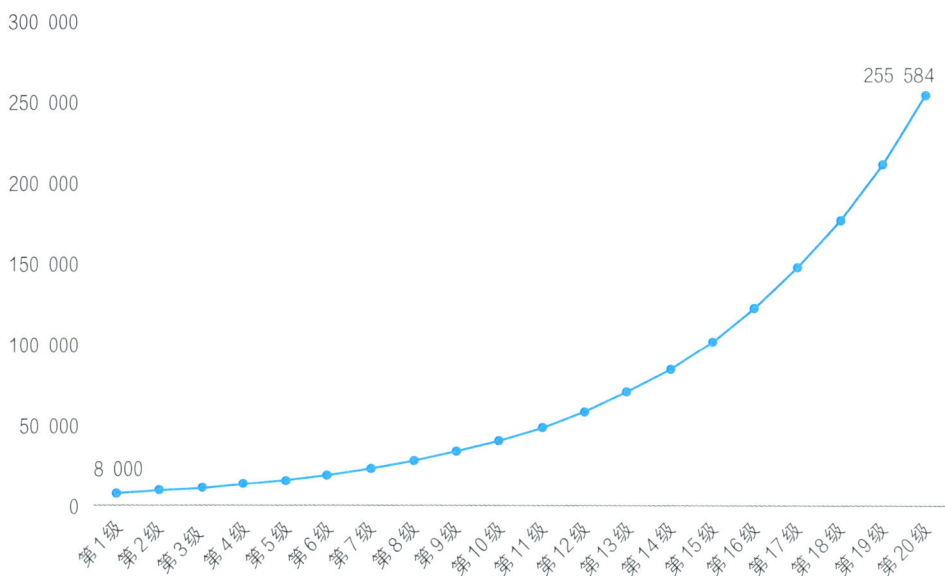

数据来源：苏宁金融研究院整理。

图3-20　基于理论假设的1—20级员工月薪变化走势（元）

的收入待遇有所差别，多重因素叠加必然导致人们收入差距的扩大。中低收入群体占大多数，真正步入中产阶级的家庭并不如预期的那么多，至于高收入群体，简直就是凤毛麟角。

至此，我们可以看到：不同群体对应的收入上限，便是他们头上的"收入天花板"。对于社会上的每个人来说，都有一条属于自己的向上通道，在这条通道上，薪资水平是随着职位层级的提高而不断上涨的。

然而，对于每个个体来说，很多人并未达到理论上的收入水平，因此也很难突破自己的收入瓶颈。同时，根据美国经济学者Amelia Josephson的统计，一般人在45岁时迈入收入水平的巅峰，而后的收入水平便趋于下降。这更加真切地体现出"收入天花板"的存在。

所以说，不可避免的"收入天花板"，是给人们挖的"中等收入陷阱"的第二个坑。

中产家庭焦虑的四座"大山"

除了前文所述的两方面因素外，日常开销同样也是非常重要的一环，毕竟，开销的多少决定了生活质量的高低，也直接影响着人们的财富积累速度。

对于大众来说，最不可避免的刚性支出包括四方面内容：房贷、子女教育、医疗和养老，这些也是让中产家庭焦虑不已的四座"大山"。

首先，房贷挤压消费与储蓄，且增加了财富缩水风险。

对于很多自诩"中产"的人来说，即便已经身为有房一族，但在高昂的负债面前，也会一声叹息。在每个月收入的一多半都用于还房贷之后，不少人的"中产梦"也会随之惊醒，因为再减去其他方面的日常开销，他们基本就攒不下什么钱了。

更为重要的是，中产家庭的房贷还款期限都是动辄长达30年，并且每月还款额都是参照职业黄金期的最高收入，这使得按揭贷款的后半程，中产家庭收入覆盖按揭贷款的难度可能越来越大。

此外，中国家庭金融调查与研究中心的数据显示，目前我国城市家庭住房资产占总资产比例约为七成，反映出房产在我国家庭财富中的重要性以及家庭对房产的依赖。但从资产配置的角度来说，这种现象其实是很不健康的，因为不动产的流动性差是众所周知的，当家庭出现大额资金需求时，很难在短时间内变现，快速解决资金需求。一旦经济出现危机，房产贬值，便会直接让家庭财富蒙受缩水的损失。

其次，不算留学和二胎，子女教育支出动辄几十万元甚至上百万元。

随着社会竞争的日益激烈，不少父母都会将"教育是最好的投资"这一理念奉为真理，也因此不遗余力地增加孩子教育方面的支出，这无形中抬高了子女的教育成本。孩子的教育总成本大概是多少，不少人都粗略地计算过。综合来看，从孩子学前班到大学毕业，花费三五十万元是比较普遍的，北上广深等一线城市甚至要突破百万元大关。这尚且没有将出国留学、择校（如购买学区房）以及二胎方面的费用计算在内。

而在中国绝大多数父母的眼里，与房贷还款、保险支出、投资理财及退休储备等财务需求相比，子女教育支出是最为刚性的。汇丰发布的全球调查报告《教育的价值：未来的基础》显示，中国内地父母对子女教育经费的重视程度名列全球第一。这也侧面证实子女教育方面的成本难有压缩空间，由此可以窥探到中产家庭的压力之大。

再次，医疗支出从来都是难以预估的。

"不敢生病"已经成为大多数中产人士的心声，因为目前的医疗支出费用高昂已经是不争的事实。尤其是大部分重大疾病的治疗费用从来都是难以预估的，动辄数万至数十万元，这尚且没包括因为患病而遭受的收入损失，以及求医、护理、康复等各环节相关费用。可以说，一旦家庭出现一位重病患者，很可能会重创整个家庭的经济状况，进而使其失去中产地位。

最后，人到暮年，养老或成压倒中产的最后一根稻草。

2016 年，我国 65 岁以上的老年人占据总人口数的 10.80%（参见图 3-21），日益严重的老龄化社会已经到来，而人们的预期寿命也在不断提高。目前的基本养老保险只能保障最基本的生活，这对生活品质有要求的中产人群来说是远远不够的。根据汇丰银行发布的一份全球退休生活调研报告，中国内地居民平均需要约 16.61 万元的年收入，才能确保舒适的退休生活，这意味着如果预期寿命为 74 岁，则共需要赚到大约 230 万元。而渣打银行对中国 177 位精英人士的调查表明，平均需要挣得 370 万美元（约 2 400 万元人民币）方可富足退休。可以说，即便事业上功成名就退隐江湖，中产人群也难保不会落入焦虑的怪圈。

如此看来，这四个方面的支出，加重了中产家庭的负担，也是新时代中产家庭掉入"中等收入陷阱"的四座大山。

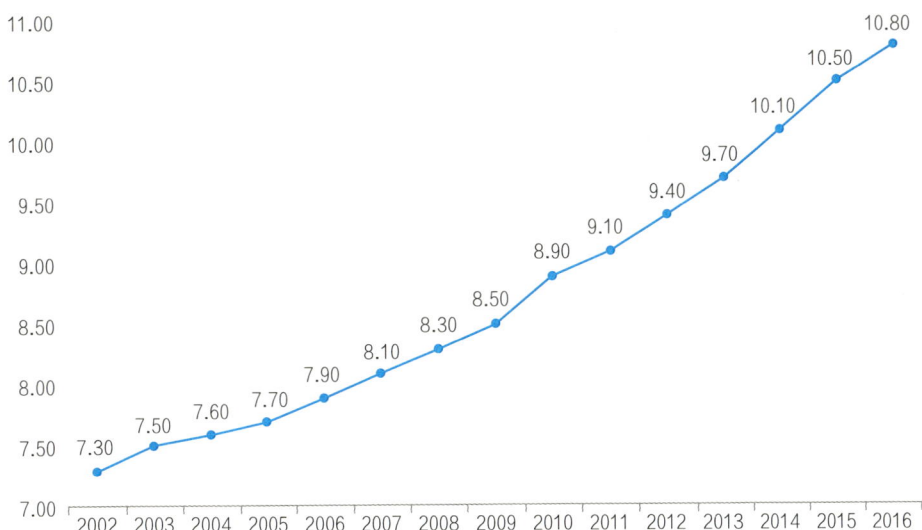

数据来源：Wind，苏宁金融研究院整理。

图3-21　中国65岁以上老年人占总人口数的比重（%）

如何跨越"中等收入陷阱"？

之所以会有"中等收入陷阱"一说，最根本的原因在于人们的收入往往只能徘徊在中等水平却无法跨越，倘若能够突破收入瓶颈，成功跻身高收入行列，那一切压力也就不再是压力。

那么问题来了：怎样才能跨越"中等收入陷阱"？

我们或许可以从经济学家们对国家层面中等收入陷阱的研究成果中寻找答案。

目前，学界公认的成功跨越"中等收入陷阱"的国家和地区，主要是日本和亚洲四小龙，具体来说，日本大约花了12年的时间完成跨越，韩国则用了8年；而阿根廷、智利等拉美国家，迄今还身处陷阱中难以自拔。

对比成功和失败的两类国家，经济学家们发现：对于一个国家来说，能否在中等收入阶段，通过技术创新等渠道，成功转换增长动力机制、调整发展结构，是跨越"中等收入陷阱"的关键。

之于国家是这个道理，之于身处职场的个人，其实同样适用：当你触及自己的收入天花板时，是否能够及时地调整自己的"增长方式"，即通过不断的学习，掌握新的能力，从而晋升至高收入区间。

每一层天花板的突破都需要相应的能力，但是一般认为，月薪5万元和月薪1万元的区别，主要在于以下三方面的能力：（1）思维高度相关的能力：需要把自己的思维视角，从一项任务、一个岗位，上升到一个团队、一个公司甚至一个行业；（2）抓关键的能力：需要从"很好地执行上级规定的每项工作""关注工作过程"，变成"直接承担最终责任、对结果负责，然后从结果来倒推自己和团队的工作优先级"；（3）知人善任、打造人才梯队的能力：需要从"自我管理"到"团队管理"，知道如何搭配团队、通过别人来工作。

其实这三点都是和思维密切相关的。换言之，机械地执行不足以让人实现跨越，沟通、协调、敏捷的思维，才是穿透天花板的核心能力。

对于我们来说，与其低效率地埋头苦干，还不如腾出一点时间冷静思考一下：我当下的天花板在哪里？我应该在哪些方面强化自己，找到突破这层天花板的驱动力？

末尾，强调一句：不要停止学习，更不要重复而无用地学习。

中国的居民消费疲软了吗？

黄志龙、付一夫

随着房租暴涨、为国生娃等话题持续发酵，人们越来越真切地感受到钱不够花的压力之大。

不仅老百姓感受如此，宏观经济数据也揭示了消费这驾被国人寄予厚望的"马车"表现得不尽如人意，甚至有学者用"消费异常疲软"加以描述，仿佛近些年如火如荼的"消费升级"正在降温。

那么，到底应该如何看待居民的消费情况？让我们从宏观经济数据的理性分析入手。

被低估的居民消费

先来看一下我国居民的消费景气状况。对此，业内一般用社会消费品零售总额的增长情况来刻画。

从数据上看，2018年7月当月，全国社会消费品零售总额同比增速为8.8%，为2018年以来次低水平；扣除物价上涨因素的实际增速为6.5%，创下了近年来新低（参见图3-22）。从1—7月累计增速看，名义与实际增幅分别为9.7%和8.06%，均为近年来的最低。

数据来源：Wind，苏宁金融研究院整理。

图3-22 社会消费品零售总额当月同比与实际当月同比

究其原因，短期外部因素冲击带来的影响，是社会消费品零售总额持续回落的重要因素。

最直接的便是 2018 年 5 月 22 日国家关税税则委员会宣布，从 2018 年 7 月 1 日起将大幅度下调汽车整车和零部件的关税税率。该政策的出台，对 5 月和 6 月的汽车销售造成了直接冲击，大多数高端进口车的潜在购买者把购车计划延后到 7 月之后，相应地，7 月份汽车类消费增速也创下新低，衰退幅度达到 7%。

市场原本寄希望于 2018 年 7 月份关税降低之后汽车消费能爆发，但是，在 2018 年 7 月份的中美贸易争端过程中，中国对美进口汽车大幅加征关税，使得 7 月社会消费品零售总额中汽车类消费仍维持低迷态势（参见图 3-23）。

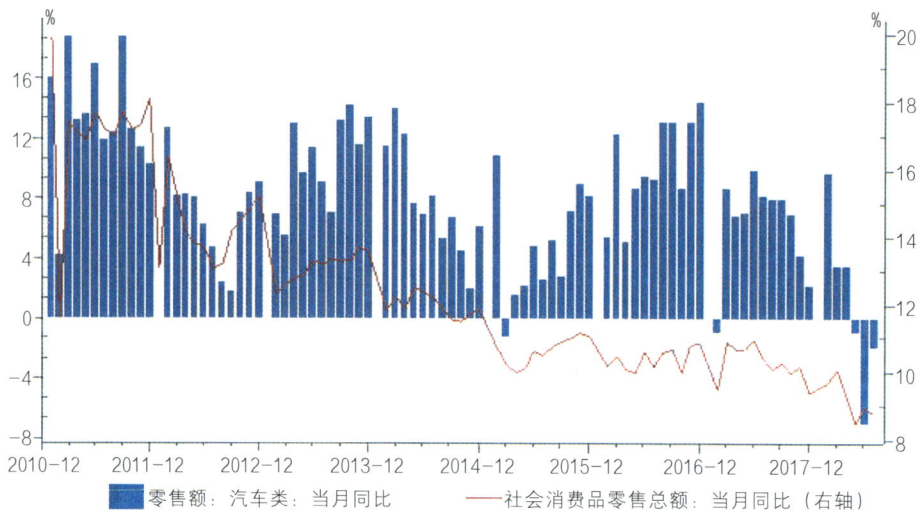

数据来源：Wind，苏宁金融研究院整理。

图 3-23　汽车类零售额与社会消费品零售总额当月同比

从数据上看，用社会消费品零售总额这一指标衡量的居民消费，确有持续低迷的态势，这也是不少人唱衰消费的强有力佐证。

不过，严格地说，该指标有着不可避免的局限性，并不能真实地反映居民消费情况，尤其是居民服务消费的增长情况。

按照国家统计局官方定义，社会消费品零售总额是指企业（单位、个体户）通过交易直接销售给个人、社会集团非生产、非经营用的实物商品金额，以及提供餐饮服务所取得的收入金额。按照这个定义，居民消费中除餐饮外的服务类消费都未在该指标统计之列，而这些消费（教育、医疗、文化、艺术、服务、金融中介、保险以及居民自有住房服务等）占居民消费总支出的比重正逐日增加。

举例来说，Wind数据显示，在线上消费中，服务消费的比重已由2015年初的17.05%上升至2018年7月的26.5%，且线上服务类消费的增速也始终高于线上消费的整体增速以及社会消费品零售总额的增速。这可以从侧面反映我国服务类消费的增长速度要快于实物类消费的增长速度，同时也与我国当前居民消费向服务类消费升级的大方向吻合。

居民消费增长仍有较大潜力

综合前文所述，在理性看待消费数据疲软态势的同时，我们也应意识到，国人消费仍有较大潜力可挖。理由如下：

一方面，居民消费比重偏低预示着上升空间较大。在2017年的GDP构成中，最终消费支出占比高达58.8%，为国民经济增长的首要动力。然而，最终消费支出同时包含了政府消费支出与居民消费支出。而2017年，我国居民消费支出占GDP的比重不到40%，这一数字不仅远低于美国（69.5%）的水平，也低于老龄化严重、消费增长低迷的日本（56.3%）和韩国（47.8%）的水平，还低于印度的居民消费支出水平（59.1%）（参见图3-24）。不过换个角度看，正因为我国居民消费在横向对比上低于其他国家，所以也预示着国人消费扩张的潜力仍然较大，前景可期。

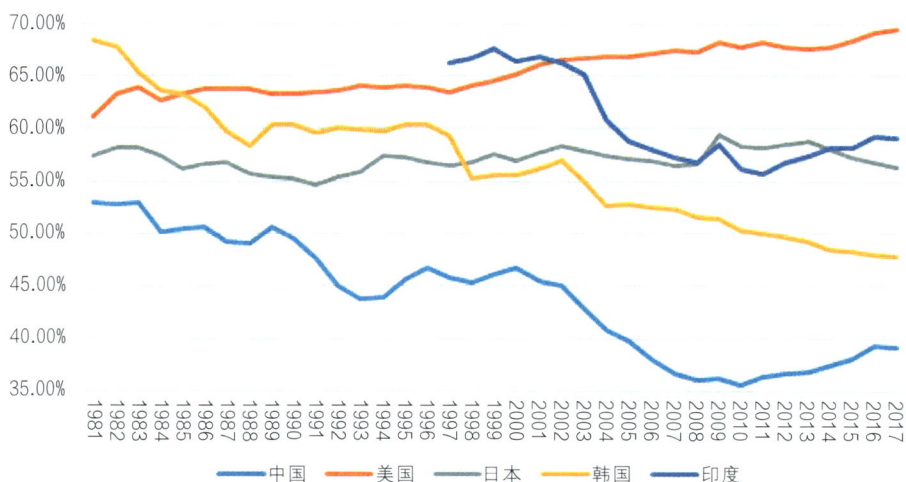

数据来源：Wind，苏宁金融研究院整理。

图3-24　支出法计算的居民消费支出占GDP比重

另一方面，居民服务性消费增长潜力巨大。根据世界各国的发展经验，居民消费升级最重要的特征之一是服务性消费逐渐取代商品性消费的主导地位。横向对比看，2017年中国居民服务性消费支出占居民消费总支出的比重为41.4%，不仅远低于同期美国（64.55%）、日本（59.98%）和韩国（56.45%）的服务性消费支出占比（参见图3-25），也大幅低于美国、日本和韩国在人均GDP 8 500美元（2017年中国人均GDP为8 836美元）时的居民服务消费水平，例如，韩国1993年人均GDP为8 740美元，服务消费占比高达53.8%。可见，我国居民服务性消费具有可观的增长潜力。

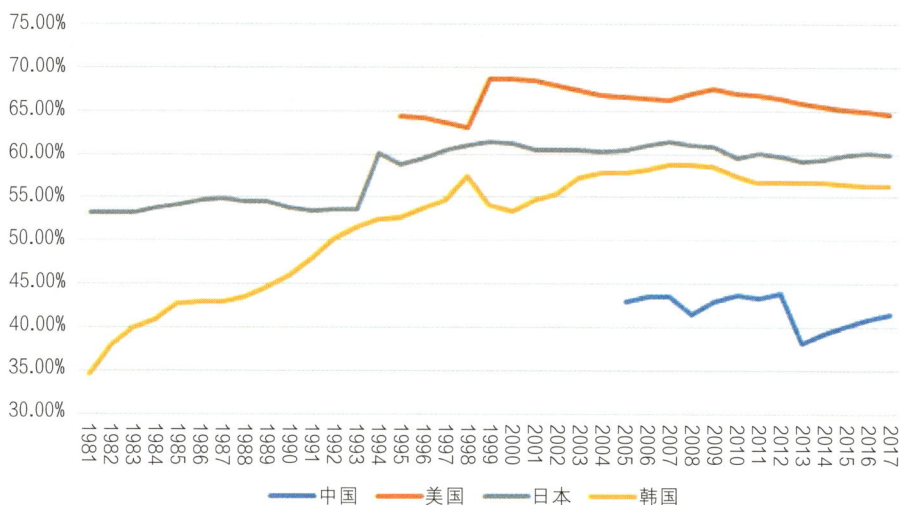

数据来源：Wind，苏宁金融研究院整理。

图3-25　居民服务性消费支出占比

居民消费扩张的三大掣肘性因素

潜力虽然有，但毕竟尚未成真。要想真正将居民潜在的消费能力与扩张空间释放出来，至少需要克服以下三点障碍。

第一，居高不下的居民杠杆率对消费造成挤压。虽然适度的负债可以在一定程度上促进消费与宏观经济的增长，但过高的负债显然会对居民消费空间造成挤压。

根据社科院的测算，我国居民部门杠杆率（居民债务占GDP比重）从2011年的28%快速上升到2017年的49%（参见图3-26）。其中，以个人购房贷款为主要力量的长期贷款成为居民部门债务增长的主要力量，特别是2014年下半年以来，新增购房贷款对新增居民负债的贡献率高达60%，这还不包括近年来大量居民短期信用贷款、消费贷款以"首付贷"的形式曲线进入房地产市场。

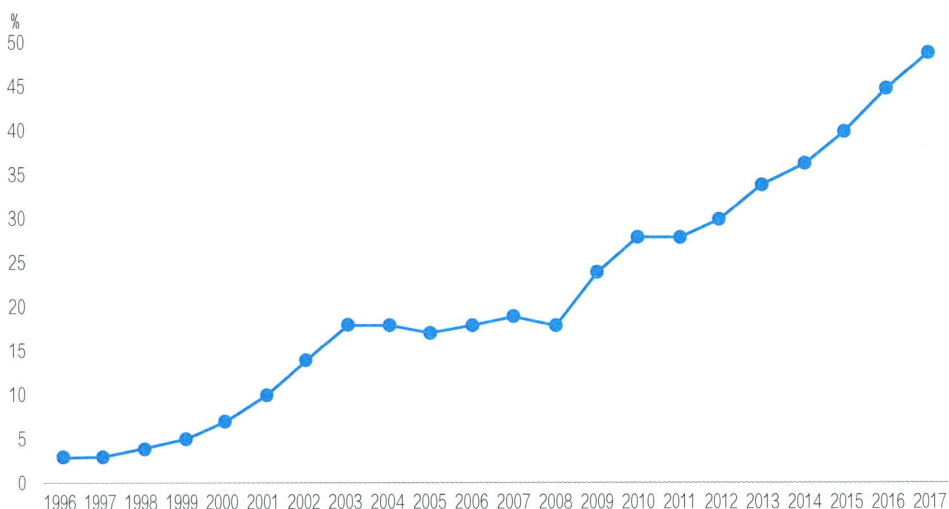

数据来源：Wind，苏宁金融研究院整理。

图3-26　我国居民杠杆率变化趋势

如此一来，居民债务压力要比数据所展示的更大，这也不可避免地会对居民消费增长带来"挤出效应"，并最终成为我国居民消费长期增长潜力的重要掣肘。

第二，收入差距加大制约中低端收入的消费潜力。Wind数据显示，我国居民收入的基尼系数自2000年首次超过警戒线0.4以来，总体呈现先攀升后稳定的态势。但值得注意的是，2003年至今，基尼系数从未低于0.46，而最近三年（2015—2017年）更是逐年增大，由2015年的0.462升至2017年的0.467，这充分证明我国居民收入差距已经到了相当严重的程度（参见图3-27）。

不仅仅是收入差距，居民财富差距也与日俱增。根据世界银行的统计，2016年中国人均财富基尼系数已高达0.789，明显高于日本、韩国、新加坡等经济转型较为成功的经济体。而在高于中国人均财富基尼系数的经济体中，巴西、俄罗斯、印度等金砖国家，长期面临收入差距过大影响经济增长潜力的困扰。美国虽然为全球第一大经济体，但其收入和财富分配差距过大（参见图3-28），也长期为社会各界所诟病。

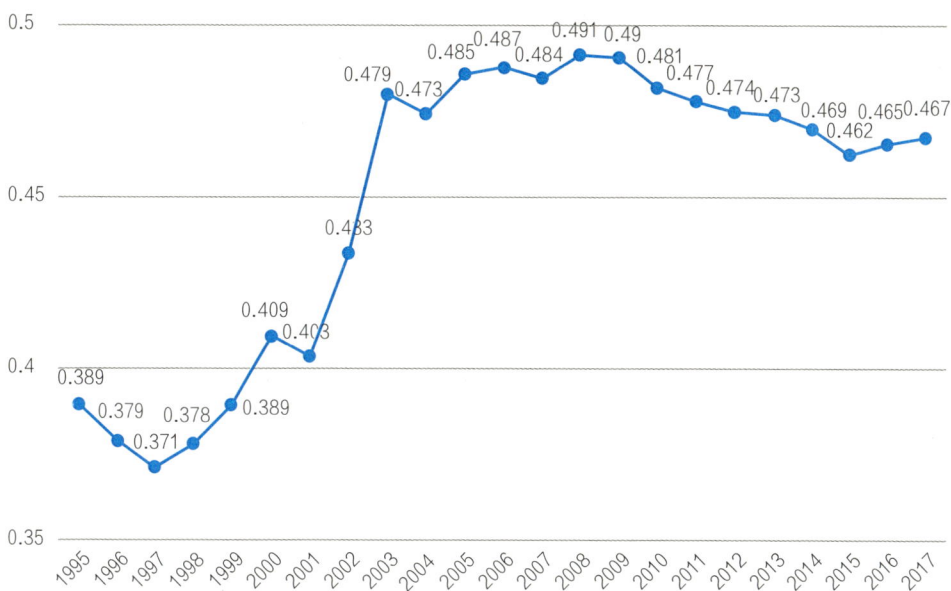

数据来源：Wind，苏宁金融研究院整理。

图3-27　1995—2017年我国基尼系数走势

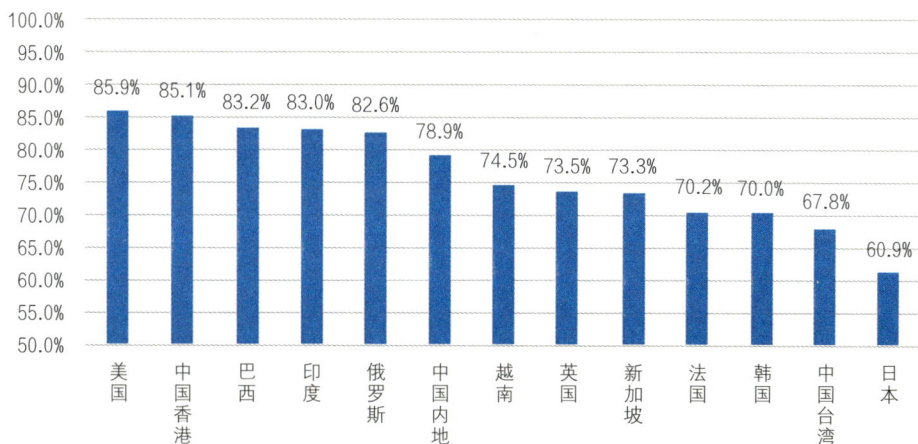

数据来源：Wind，苏宁金融研究院整理。

图3-28　2016年人均财富基尼系数

根据经济学有关理论，高收入者的边际消费倾向要低于中低收入者，而当过多财富掌握在较少人手中的状况愈演愈烈时，便会抑制整体居民的消费增加。虽然高收入者也在豪车、高端白酒等高层次消费领域有所贡献，但相比那些规模更加庞大的中低收入"长尾人群"，他们对于整体居民消费扩张的作用仍不足以抵消收入差距过大带来的负面影响。

第三，高品质商品和服务业有效供给相对不足。在高品质商品供应方面，虽然我国制造业数年前就提出了"品质革命"，也出现了小米、网易严选和苏宁极物等高品质商品供应商，但仍无法满足居民对高品质商品的需求。这使得我国居民消费出现了较为明显的"外流"趋势，最直接的例证便是我国跨境电商交易规模的激增——2010—2017年，我国跨境电商交易规模从1.3万亿元增长到7.6万亿元，增长了近5倍（参见图3-29）。另外，世界旅游组织发布的报告显示，2017年中国游客境外消费总额为2 580亿美元，位居全球榜首。这些现象的背后，是国民对境外高质量消费品的巨大需求。

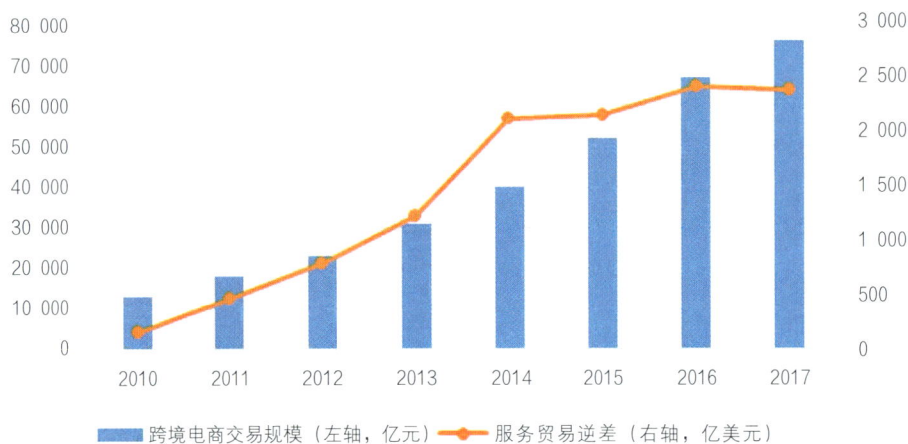

数据来源：艾瑞咨询，Wind，苏宁金融研究院整理。

图3-29 我国跨境电商和服务贸易逆差变化

在服务业有效供给方面，我国医疗、教育、文化娱乐等服务业的有效供应和竞争力不足，境外求医、境外求学、境外旅游娱乐已经进入了国内普通家庭，这使得在2010—2017年期间，我国服务贸易逆差从151亿美元快速增长到2 359亿美元（参见图3-30）。

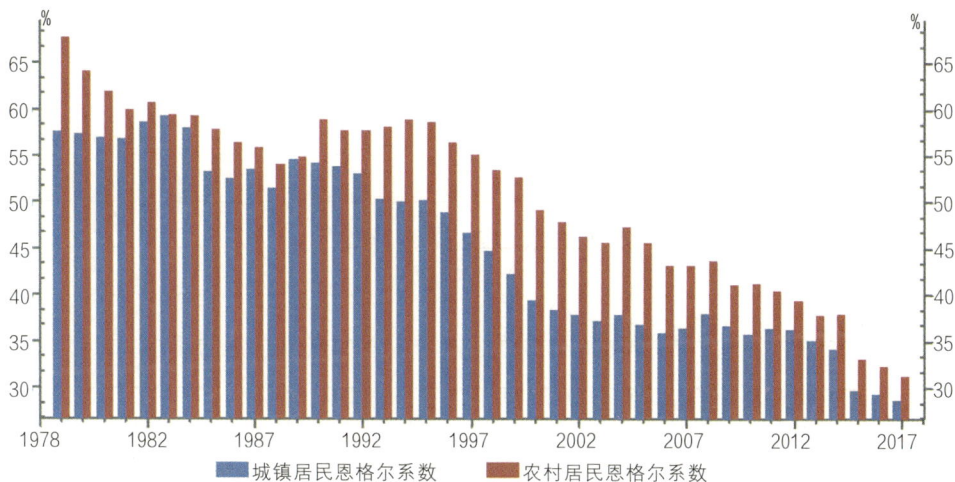

数据来源：Wind，苏宁金融研究院整理。

图3-30　1978—2017年我国城乡居民恩格尔系数

因此，为了刺激消费回流与潜力释放，必须继续贯彻"品质革命"，着力扩大高端优质商品的供给量，方能提高国民在国内消费的意愿。

恩格尔系数降低，我们的生活就一定更好吗？

付一夫

先来问一个问题：正在读文章的你，每个月花在吃喝上的钱，是多了还是少了？

可能大多数人的答案是后者。随着收入的不断增加，除了基本的饮食消费外，人们比以往有了更多其他领域的消费选择，这是国人生活质量提升的结果。然而，2017年榨菜、二锅头们的亮眼业绩似乎在提醒人们：饮食消费的减小或许另有他因。

虽说上述情况不同，但在经济学中，都可以表征为"恩格尔系数的降低"。那么问题来了：恩格尔系数降低，我们的生活就一定能变得更好吗？在此，我们不妨追本溯源，从恩格尔系数的诞生说起。

恩格尔系数及其"悖论"

所谓恩格尔系数，是指食品支出总额占个人消费支出总额的比重，其计算公式为"恩格尔系数=食品支出金额/消费性总支出金额×100%"。

该观点由德国统计学家恩斯特·恩格尔在对153户比利时家庭的家庭预算和支出做了详细分析后，于1857年提出。

按照恩格尔的观点，"越是贫穷的家庭，其消费支出中的食品开支比重就越大"，这一规律也被后人命名为恩格尔定律。此后，许多学者做了大量的统计和研究工作，并大都认为恩格尔定律具有普适性。

到了20世纪70年代中期，联合国粮农组织提出了恩格尔系数的数量界限，并规定60%以上为绝对贫困，50%～60%为勉强度日，40%～50%为小康，30%～40%为富裕，低于30%为最富裕。如此一来，恩格尔系数成为了衡量一个国家或地区居民生活水平的重要评价指标，而其数值大小往往也被人们作为判断居民生活水平的重要依据。

就我国而言，自改革开放以来，无论是城镇居民还是农村居民，恩格尔系数大体均呈现出极为明显的下降态势。Wind数据显示，我国城镇居民的恩格尔系数由1978年的57.5%降至2017年的28.6%，而同期农村居民的恩格尔系数也由67.7%降至31.2%（参见图3-30）。这表明了国民经济的持续发展与人们收入水平及生活质量在不断提高，相信那些经历过苦日子的"60后"与"70后们对此一定颇有感触。

值得注意的是，倘若按照联合国粮农组织的说法，改革开放至今，我国城乡居民已分别经历了"由勉强度日到最富裕"与"由绝对贫困到富裕"的过程。而根据国家统计局公布的2017年居民整体的恩格尔系数（29.3%），我国已然迈入"最富裕"的行列之中。

事实真的如此吗？相信对于这一判断，绝大多数人是不会认可的，这便引出了恩格尔系数与现实的一个"悖论"——而问题，恰恰出在恩格尔系数这一指标身上。

恩格尔系数的三大局限

由于与生俱来的种种局限性，让基于恩格尔系数得出的些许结论显得言过其实。具体表现为以下三个方面：

局限性之一：难以度量小康社会以后的生活状况

根据发展经济学有关理论，人类社会按照生活水平的演进与发展，大体可以划分为四个阶段：贫困阶段、温饱阶段、小康阶段和富裕阶段。在前两个阶段，全社会范围内的物质财富较为匮乏，百姓收入水平也相对较低。如此一来，人们对于消费的次序安排势必要从生活的最基本需求开始，"吃"自然排在首位。这时，食物的边际效用无疑是极大的，食物支出所占份额也能最为直接清晰地反映一个地区经济发展、居民收入与生活水平的真实情况。

恩格尔所处的时代，正与上述种种相吻合，而恩格尔系数在当时也是颇具积极意义的。然而，今时不同往日。在社会物产极大丰富的今天，人们已经逐步过渡到小康和富裕阶段，收入早已不再停留于满足食物等生活最基本需求的层面，因此对于消费的选择也不会遵循过去的需求次序，生活习惯的不同、消费偏好的差异等因素都会在一定程度上影响恩格尔系数的大小。

最直观的反映便是1978年至今，我国城乡居民人均可支配收入几乎始终都在稳步攀升，然而各自的恩格尔系数却呈现出上下波动的态势，甚至还在不少年份出现了反弹（参见图3-31、图3-32）。究其原因，在于反弹年份的食品CPI的同比增速皆出现了较大幅度的上涨，由此增加了老百姓（尤其是收入水平相对较低的农村居民）在食品方面的支出（参见图3-33）。

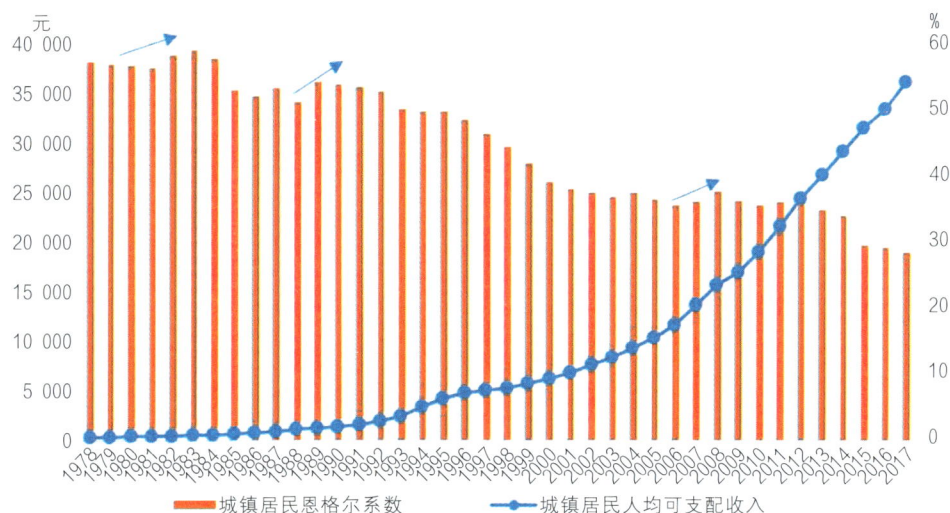

数据来源：Wind，苏宁金融研究院整理。

图3-31　城镇居民人均可支配收入与恩格尔系数

这就足以证明，恩格尔系数并非随着国人收入的不断提高而稳步下降。换言之，收入水平的高低绝不是影响恩格尔系数大小的唯一因素。在某种程度上也可以认为，恩格尔系数的衡量标准在今天已经表现出"失灵"的一面。

局限性之二：恩格尔系数不具有横向可比性

根据恩格尔定律，一个家庭收入越少，其总支出中食物占比就越大，而随着家庭收入的增加，该比重会不断下降。那么将此定律进行延展，大体可以认为：

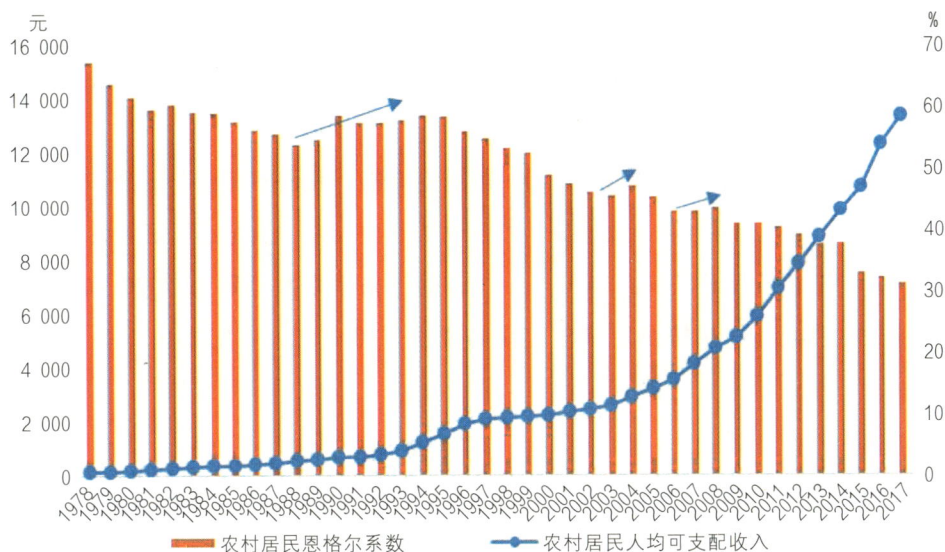

数据来源：Wind，苏宁金融研究院整理。

图3-32　农村居民人均可支配收入与恩格尔系数

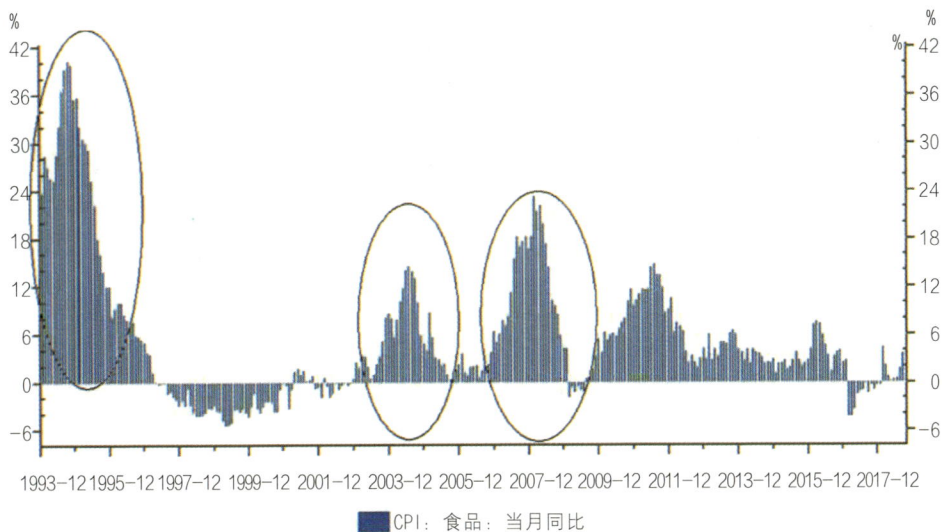

数据来源：Wind，苏宁金融研究院整理。

图3-33　食品CPI同比增速走势图

一个国家或地区越穷，人们平均支出中用于食物支出的比例就越高，恩格尔系数就越大。这也是不少人用恩格尔系数来衡量居民生活水平变化与该国家或地区富裕程度的根本原因。

真的是某地恩格尔系数越低，居民就越富有吗？我们不妨做个比较。

以黑龙江和广东为例，数据显示，自改革开放以来，黑龙江城镇居民的恩格尔系数几乎始终低于广东。2016年，二者的恩格尔系数分别为27.7%和32.9%（参见图3-34）。如果按照恩格尔定律的说法，黑龙江人一定要比广东人富裕不少。

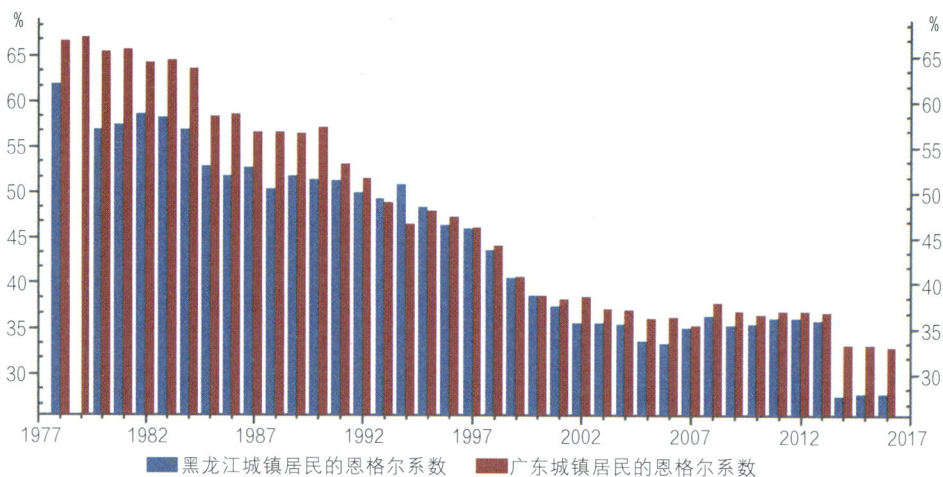

数据来源：Wind，苏宁金融研究院整理。

图3-34　黑龙江和广东城镇居民恩格尔系数

然而，想必人人都清楚，事实绝非如此，深陷发展困境的黑龙江与经济头号大省广东不仅经济体量无法相提并论，前者的人均可支配收入与后者也相去甚远（参见图3-35）。

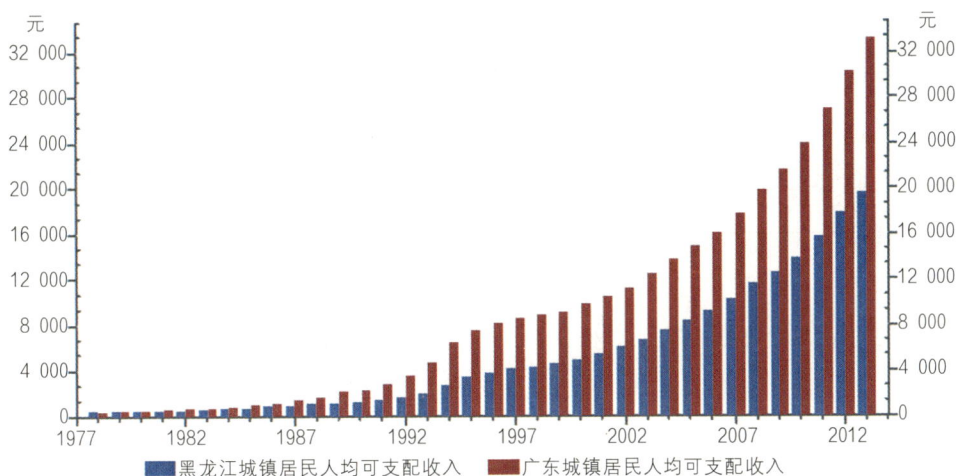

数据来源：Wind，苏宁金融研究院整理。

图 3-35　黑龙江与广东城镇居民人均可支配收入（元）

问题同样出在恩格尔系数身上，其计算方法是食物支出占总支出的比重，但是不同地区传统观念与生活习惯的不同，导致恩格尔系数在横向上不具有可比性。仍以黑龙江和广东为例，广东人比黑龙江人在吃上更讲究，对于吃的需求已经远远超越了填饱肚子的范畴，而且更加注重饮食的营养与休闲属性，比如购买高档食品或是在外面的饭店消费等，但这些，绝对不是广东人生活水平不如黑龙江人的体现。

这也恰恰反映出，恩格尔系数对于食品类支出的模糊性定义，并未考虑到饮食结构的升级，从而造成了不同省份之间横向比较的失真。

除此之外，恩格尔系数还受不同地区产品价格结构与政策实施的影响。例如，一个农业地区，果蔬等食品价格相对低廉，而工业品价格相对较高，这使得当地恩格尔系数的真实意义不同以往。

所以说，仅凭恩格尔系数大小去断定一个地区的富裕程度，难免偏颇。

局限性之三：注重结果却无视原因

直观地看，恩格尔系数的降低是由于食物消费支出占比减小，不过这当中却不曾解释食物消费支出占比减小的原因是什么。可能不少人想当然地认为，人们收入增加了，生活富足了，自然愿意在食物以外的其他领域增加消费，这理应是一种好的现象。殊不知，生活负担的加重同样会导致恩格尔系数降低。

我们不妨从数据中求证。根据图3-36所示的数据，对比2006年与2017年的城镇居民家庭人均消费支出结构，可以看出，"食品烟酒"支出占比从2006年的35.78%降至2017年的28.64%（即恩格尔系数从35.78%降至28.64%）。表面上看，人们的生活状况有了明显的改善，然而，城镇居民在"居住"这一项上的支出占比从2006年的10.4%大幅度增至2017年的22.75%。这说明，人们花在住房上的钱比2006年多了不少。

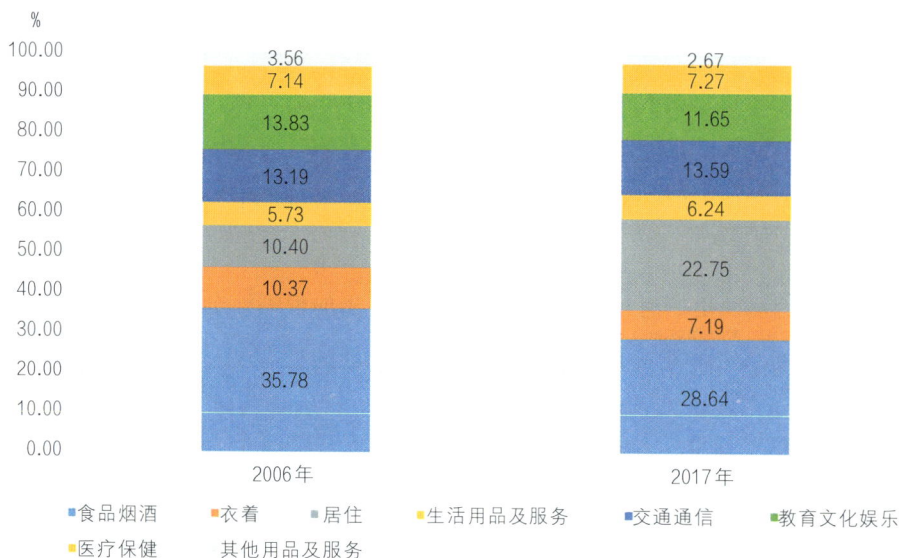

数据来源：苏宁金融研究院整理。

图3-36　2006年与2017年城镇居民人均消费支出结构

这种情况是否也彰显了国人生活质量的提升与改善？为了回答这一问题，我们可以进一步挖掘。从居民杠杆率上看，2006—2017年间，其数值由18%暴涨至49%，10年间增加了超过30个百分点（参见图3-37），而美国的居民杠杆率从20%升至50%用了接近40年的时间。这也充分反映出国人背负的债务正在急剧增加。

与此同时，从增速上看，自2010年以来，我国居民购房贷款的同比增速均保持在高位，近三年（2015—2017年）的增速分别高达23.2%、35%和22.2%。然而，我国城乡居民人均可支配收入的同期增速却远远不及购房贷款（参见图3-38）。

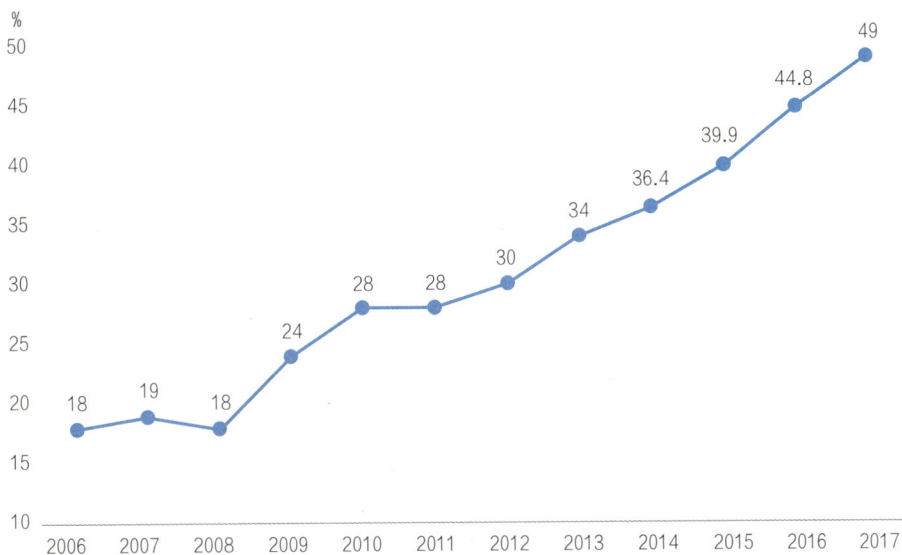

数据来源：Wind，苏宁金融研究院整理。

图3-37　2006—2017年居民杠杆率

以上种种均说明，近些年我国居民的恩格尔系数虽然有所降低，但其原因却在于暴涨的房价让绝大多数人为了买房而背上了长期债务。当然，还有医疗、教

数据来源：Wind，苏宁金融研究院整理。

图3-38 居民购房贷款增速与城乡居民人均可支配收入增速对比

育、养老等其他方面的大额支出。受这些影响，相当一部分人的日常消费被严重挤压，从而很可能被迫省吃俭用。这时，恩格尔系数的降低更多是由于生活负担的加重所致，并不能反映居民生活质量的提高——而这，也再度印证了恩格尔系数的"失灵"。

结语

尽管在全球经济发展过程中，恩格尔系数起到了非常重要的参考作用，但是随着时空的转换与环境的变化，恩格尔系数在今天已经不可避免地显现出种种局限性，而其数值的降低，也早已不再必然反映人们生活质量的改善与提高。

因此，要洞悉一个国家或地区的经济发展状况与居民生活水平，有必要跳出恩格尔系数的局限，充分结合价格指数、人均可支配收入水平、消费结构、基尼系数等其他统计指标综合分析，并将各地的政策环境与居民生活习惯等数据无法反映的因素纳入考虑范围，如此才能得到真实且可靠的答案。

居民消费还有多大潜力？它能否支撑中国经济高速增长？ | 黄志龙

国家统计局新公布的数据显示，2018年上半年，中国经济增速再度回落，其中固定资产投资增速创历史新低，出口也因中美贸易争端蒙上了阴影，唯一被寄予厚望的居民消费仍保持了相对平稳的增长。

然而，居民消费的潜力和前景究竟还有多大？制约居民消费进一步扩张的障碍又有哪些？这些都值得深入分析与探讨。

我国居民消费增长还有多少潜力？

虽然上半年居民消费有所回落，但从横向对比来看，我国居民消费扩张和消费升级的潜力依然较大，主要表现在以下几个方面：

首先，最终消费对经济增长的贡献创新高。从数据上看，2018年上半年我国GDP增速为6.7%，其中最终消费对经济增长的贡献率达到78.5%，创下历史新高，但其主要原因不是消费增速的加快，而是投资和资本形成的持续下滑和出口形势的明显恶化，其中固定资产投资增长上半年增速创历史新低6%，资本形成对经济增长的贡献率降至31.4%，净出口对经济增长的贡献率低至-9.9%（参见图3-39）。由此可见，消费对经济增长的贡献率保持高位，并不意味着消费增长的空间下降，相反，消费增长的潜力依然较大。

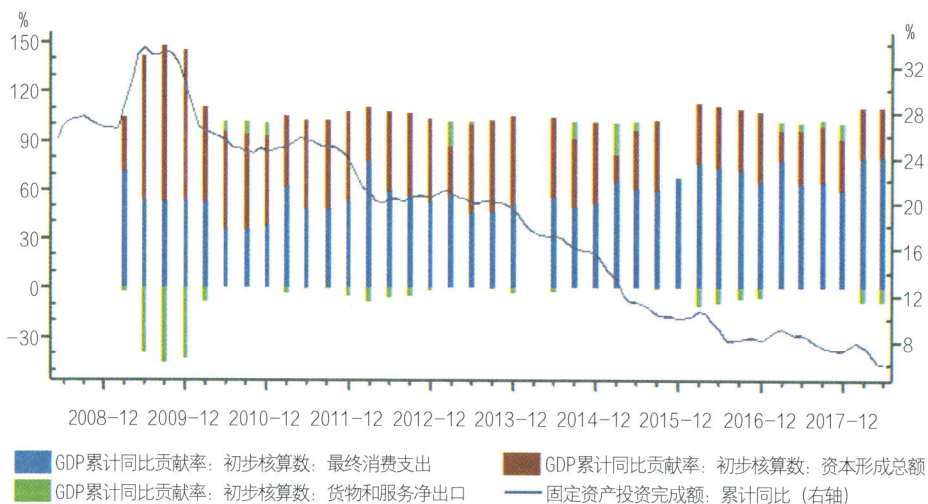

数据来源：Wind，苏宁金融研究院整理。

图3-39　最终消费支出、资本形成总额、货物和服务净出口和固定资产
投资完成额的GDP贡献率

其次，消费高增长掩盖了居民消费偏低的真相。2017年，虽然最终消费支出成为国民经济增长的第一动力。但是，仅就居民消费支出而言，2017年占GDP的比重为39.1%，不仅远低于美国（69.5%）的比重，也低于老龄化严重、消费增长低迷的日本（56.3%）和韩国（47.8%）的水平，还低于印度的居民消费支出水平（59.1%）（参见图3-24），相反，政府消费的支出占GDP的比重则持续攀升到14.5%。由此可见，最终消费支出高增长，掩盖了居民消费低迷的真相。因此，横向对比来看，我国居民消费扩张的前景仍然可以期待。

最后，居民服务性消费增长潜力巨大。在任何国家，居民消费升级最重要的特征之一是服务性消费逐渐取代商品性消费的主导地位。横向对比看，2017年中国居民服务性消费支出占居民消费总支出的比重为41.4%，低于很多发达国家和地区的占比，但也说明我国服务消费具有可观的增长潜力。

制约居民消费扩张的三大障碍

尽管我国居民消费仍具有较大的潜力，但这一潜力要变成现实，还需要克服以下一系列障碍和挑战。

首先，收入分配差距不断扩大。经济学理论告诉我们，高收入者的边际消费倾向要低于中低收入者。因此，收入差距扩大对消费扩张的影响是负面的。虽然高收入者收入增长有利于汽车等高端消费的增长（例如2017年豪华汽车旺销、高端白酒脱销现象），但中低端乘用车增长接近于零，其他日用消费品增速放缓现象也不鲜见。麦肯锡《2017中国奢侈品报告》显示，中国消费者撑起了全球奢侈品消费的1/3，其中很大一部分奢侈品消费在境外购买，对国内消费增长作用有限，甚至还会产生替代效应。从收入分配差距数据看，居民收入的基尼系数在经历近十年持续下降后，2015年以来连续三年攀升（参见图3-40），2017年达到0.467，长期在联合国确定的警戒线（0.4）之上。

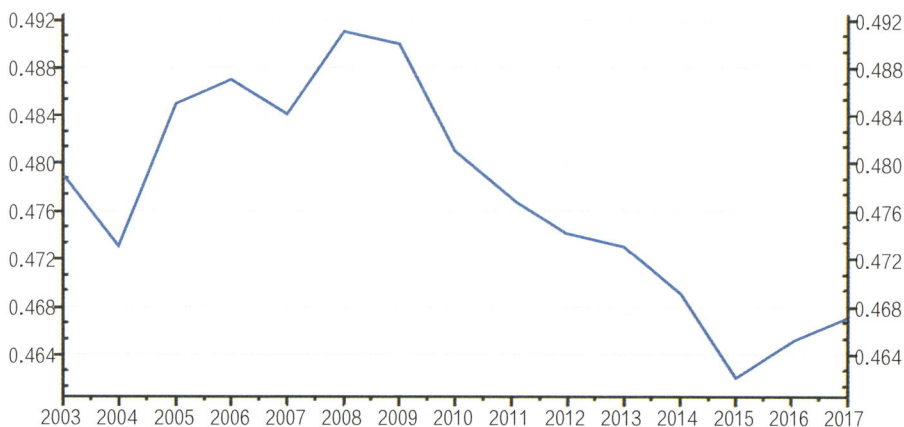

数据来源：Wind，苏宁金融研究院整理。

图3-40　全国居民收入基尼系数

其次，高品质商品和服务业有效供给相对不足。 这在前文已有详述，不再赘述。

在我国，个人按揭贷款普遍为"有追索权抵押贷款"，即便出现断供，居民债务也难以核销。由此可见，大量的房贷，必然会对居住类以外的其他消费产生挤出效应，并最终成为我国居民消费长期增长潜力的重要掣肘。

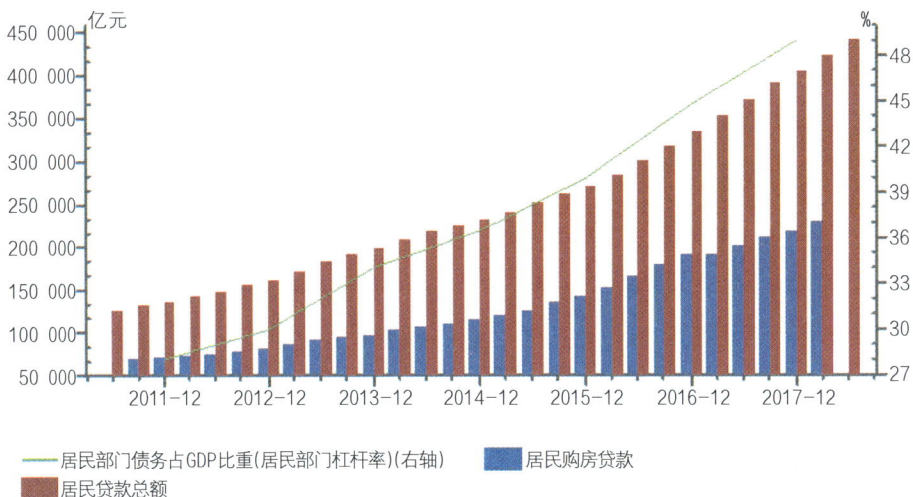

数据来源：Wind，苏宁金融研究院整理。

图3-41　居民部门杠杆率、居民购房贷款和居民贷款总额

第 4 章

新一轮消费升级的点点滴滴

消费升级是经济稳定器，长期动力来自这四驾马车

黄志龙

一般而言，讨论中国经济形势或前景，大都涉及固定资产投资、房地产市场、工业增加值、信贷规模等经济金融指标和财政货币政策的取向，而对消费则给予较少的关注。

殊不知，中国经济增长结构正在不知不觉中发生着根本性转变——消费已经取代投资成为中国经济增长的第一驱动力。数据显示，2016年最终消费支出对GDP增长贡献率高达64.6%，创下历史新高，接近发达国家70%的平均水平。

2016年3月5日李克强总理在《政府工作报告》中也指出，"消费在经济增长中发挥主要拉动作用"。可以预见，随着居民收入的持续增长，消费结构不断升级，居民消费还将继续发挥中国经济增长稳定器的作用。

下面问题来了：中国消费升级的长期动力来自哪里？谁能抓住这个风口机遇期呢？

苏宁金融研究院认为，中国消费升级的长期动力主要来自于下述四个方面：

第一，城乡居民的收入长期高于GDP增速

居民消费升级和消费支出的持续增长，首要条件无疑是居民可支配收入的增速不低于整体经济的增速。

从实际变化趋势看，自2010年以来，城镇居民人均可支配收入增速，始终显著高于GDP增速，而住户部门在国民收入分配中的比重，自2012年后连续三年保持在60%以上（参见图4-1）。随着降低社保缴费等政策的继续推行，预计这一趋势还将得以延续。

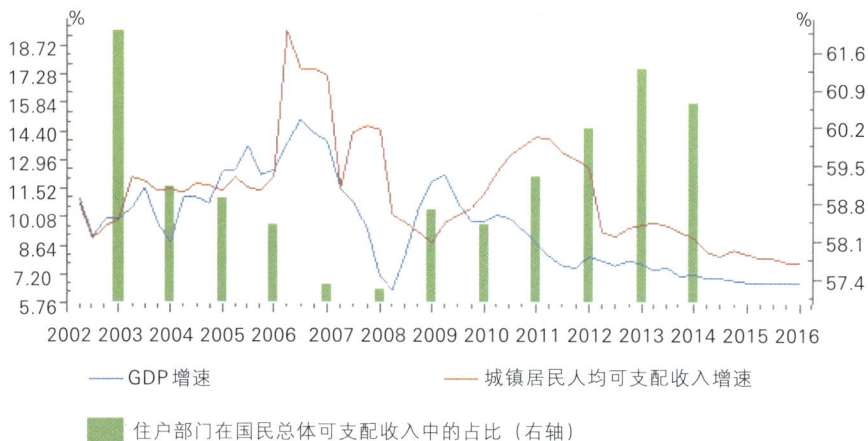

数据来源：Wind，苏宁金融研究院整理。

图4-1 GDP增速、城镇居民人均可支配收入增速与住户部门可支配收入增速

第二，居民服务性消费增长潜力巨大

近年来，我国居民消费处于商品消费向服务消费转变的上升期，居民用于服务性消费的支出大幅增加，而商品消费增长相对缓慢。

2014—2016年，城镇居民用于医疗、教育、娱乐、旅游、交通等服务性消费的支出占比由35.7%上升到41%，上升了5.3个百分点，用于居住的支出占比也上升了1个百分点，而用于商品消费（食品、衣着）的支出占比由43.2%下降到36.8%，下降了6.4个百分点（参见图4-2）。

从另一个衡量消费升级的关键指标恩格尔系数（食品支出占总支出比例）的变化来看，2016年城镇居民恩格尔系已从2013年的35%大幅下降至29.3%。可以预见，居民服务性消费不断上升的趋势还将持续。

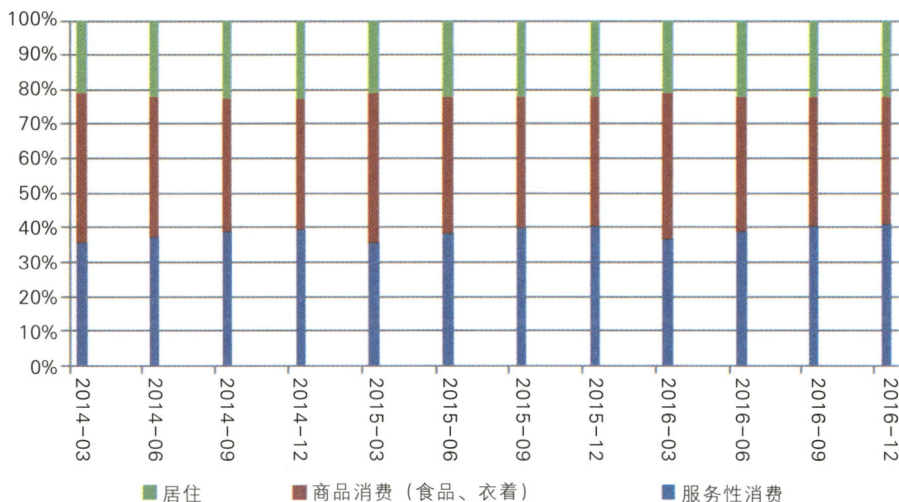

数据来源：Wind，苏宁金融研究院整理。

图4-2 居民消费结构

第三，商品消费向品质消费升级

近年来，老百姓前往日本疯狂购买马桶盖、电饭煲成为中国制造的心头痛，这是我国居民商品消费升级的缩影。

以生活电器的消费升级为例。居民品质消费趋势表现为：更加注重技术革新所带来的生活智能化，如智能电视终端渗透率已达80%以上；更加注重技术革新带来的品质提升与营养价值提升，如曲面电视成为客厅的新宠，电磁加热电饭煲深受消费者追捧；更加注重健康与卫生，如空气净化器、净水设备、按摩椅、扫地机器人、除螨仪、吸尘器等，频频出现市场爆款；更加注重节能环保，如居民在购买空调、冰箱和洗衣机时，首要考虑的因素是节水、节电等功能；更加注重生活品位与艺术，如一体化的生活家电，智能手机的时尚、美感、颜色已经成为必不可少的元素。

再以食品消费为例。近年来，我国方便面、碳酸饮料不但价格长期保持不变，销售也十分疲软，这从另一个侧面反映出国内消费者对食品饮料的需求正在改变，他们不再满足于低层次需求，而是向营养、健康、新潮等高层次需求进阶。举例来说，在饮料领域，根据尼尔森监测数据，功能饮料和果汁饮料的销售增速最快，传统的碳酸饮料则快速下滑。由此可以预见，居民的商品消费将越来越注重产品的品质、健康、环保和体验等因素。

第四，我国区域间梯次消费升级趋势明显

中国消费升级还表现在居民消费能力从一二线城市向三四线城市转移、发达地区向落后地区转移的过程。在可预见的将来，这一趋势可从以下几方面数据得到支持：

一是近年来外出农民工增速大幅放缓，本地农民工增速开始反弹。特别是房地产投资增速和制造业增速趋势性放缓，使得一二线城市对于中低端就业人口的吸纳能力下降，部分产业大范围转移到三四线城市和中西部地区，相应也带来了本地化就业机会。从数据看，2010年外出农民工增速达到5.5%的高点，2016年增速仅为0.3%；与此同时，本地农民工数量则维持相对较高速的增长，2016年达到3.4%。

二是春运峰值已经跨过拐点，可能会出现趋势性下降。2017年春运铁路、公路、水路、民航发送旅客为27亿人次，较2016年的29.1亿人次下降近9%。

三是滴滴出行发布的2016年智能出行大数据报告显示，三四线城市交通拥堵程度在上升。虽然这一现象与本地交通承载能力、汽车保有量等因素有关，但

本地化人口回流带来的消费能力上升是一个关键原因。

四是三四线城市的人均GDP已普遍跨过3 000美元，进入消费升级的加速期。国内一二线城市的经验表明，人均GDP达到3 000～5 000美元的区间是消费升级的关键收入门槛值。与我国经济发展模式较为接近的韩国、日本，也曾在相似发展阶段经历消费快速升级。

日本人均GDP在1972年达到3 000美元，1974年跨过4 000美元，1976年进一步跨过5 000美元，在此期间（1972—1976年）日本消费年均增速为17.3%，为日本消费增长最快的阶段。

韩国人均GDP和居民消费增长的变化也佐证了这一趋势。1987—1995年，韩国人均GDP从3 000美元上升至10 000美元，同期韩国居民消费支出平均增速高达8.2%，在多数年份都高于同期GDP的增速（参见图4-3），成为经济增长的主要驱动力。当前，我国人均GDP大约为8 000美元，消费增长潜力巨大，正处于消费升级加速期。

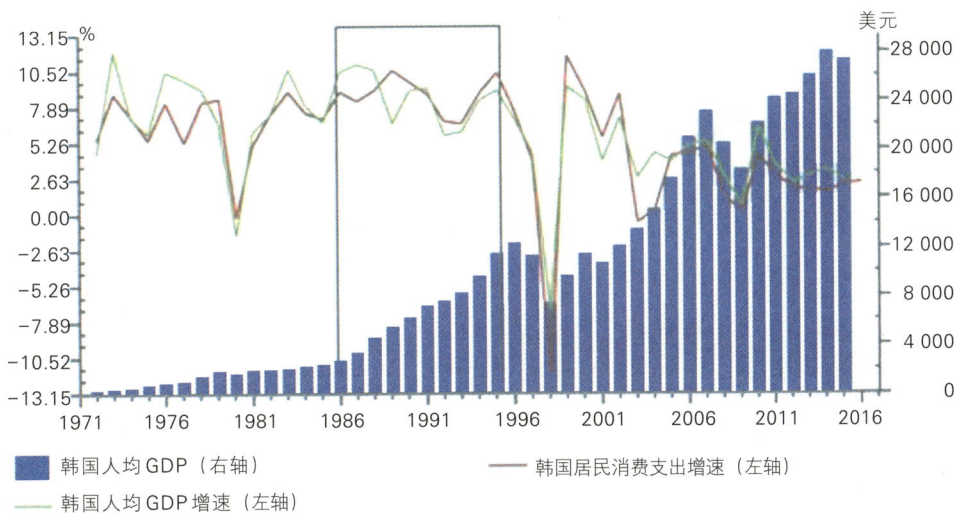

数据来源：Wind，苏宁金融研究院整理。

图4-3　韩国人均GDP及增速和居民消费支出增速

综合来看，在房地产调控收紧、逆全球化趋势抬头的国内外经济环境下，政府工作报告仍然确定了"国内生产总值增长6.5%左右，在实际工作中争取更好结果"的增长目标，这说明决策层对中国经济增长的潜力和韧性，信心十足。

信心来自于哪里？可能正是来自国内经济持续不断的消费升级带来的强大增长潜力。为此，政府工作报告也提出了"实施促进消费升级措施""加快发展服务消费，推动实体店销售和网购融合发展，增加高品质产品消费"，在此过程中，苏宁控股提出的"引领产业生态，共创品质生活"以及近年来持续推进的O2O战略，无疑十分契合大消费时代的发展方向。

消费的确在升级，但中国离消费主导型还很远 ｜ 付一夫

随着中国经济的不断发展进步，老百姓越来越富裕。2011年，我国人均GDP首次迈过5 000美元，短短4年之后的2015年便突破8 000美元大关，而《2017年国民经济和社会发展统计公报》显示，2017年我国人均GDP已经达到8 836美元，距离"中等收入陷阱"上限（人均GDP为12 000美元）越来越近，而这也让国民具备了足够的消费底气。

受时下盛行的"消费主义"浪潮影响，人们的消费意愿越来越强烈。这在宏观数据上似乎也得到了印证：自2014年第二季度起，消费对于GDP增长的贡献率超过投资，此后便一直居高不下，已然成为拉动国民经济增长的绝对主力（参见图4-4）。因此，有人认为我国经济增长的动力转换已经完成，消费主导的时代来临。

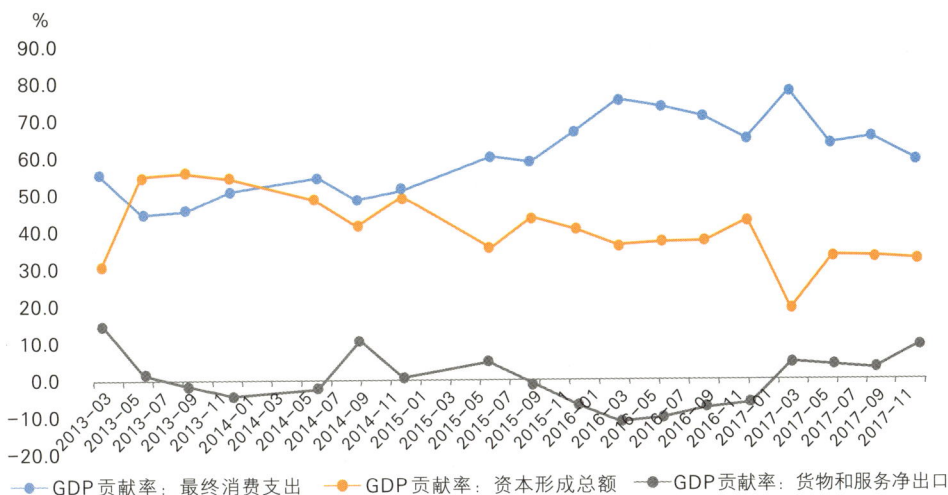

数据来源：Wind，苏宁金融研究院整理。

图4-4　近年来我国GDP中消费、投资、净出口贡献率

然而，事实可能并没那么理想。虽说数据不会说谎，但会让人误解，只因其中包含的信息，我们不一定能够真正看透。

中国人的消费水平被严重低估了？

众所周知，投资、消费与出口是拉动国民经济增长的"三驾马车"。业内公认的一个事实是：自改革开放以来，投资一直都是我国经济增长的首要驱动力，这使得国内"消费疲软、内需不足"这一特征备受诟病。

诚然，这与中国人"量入为出"的传统与热衷存钱的习惯不无关系，但更直接的原因恐怕是老百姓收入水平的增长缓慢——毕竟，从数据上看，城乡居民的人均可支配收入在2000年之后才真正进入增长快车道，2000年以前的收入水平大体上没有明显提升，而这也无形中巩固了人们省钱与存钱的观念，不爱花钱的惯性一时间难以改变（参见图4-5）。

元

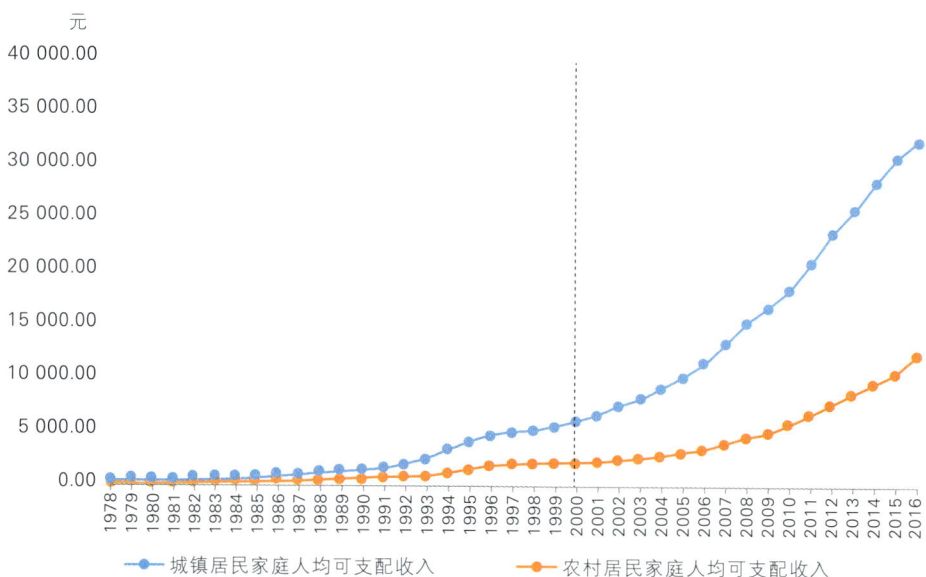

数据来源：Wind，苏宁金融研究院整理。

图4-5　1978—2016年城乡居民人均可支配收入走势图

　　为此，我国始终将"扩大内需"作为一项长期的基本国策，其目的就是要通过积极的政策手段来开启国内消费市场，刺激居民消费，从而确保国民经济增长的韧性与稳定性。而今，我们对GDP进行解构，发现消费已经正式取代投资成为国民经济增长的第一驱动力时，相信不少人内心是欣慰的：多年的夙愿已然成真，未来中国经济增长前景将会一片光明……

　　且慢，现在高兴未免太早了。不信，我们拉长历史再看"三驾马车"对GDP的贡献变化，绝对是别有洞天。

　　从图4-6可以发现：改革开放至今的40年时间里，消费对GDP的平均贡献为58.04%，而这一数字在美国大约是六成，可见我国经济的消费贡献已经可以同美国媲美。此外，大多数时候"最终消费支出"占GDP的比重都高于"资本形成总额"，而前者比后者低的年份只有12年而已。即便是国民经济不景气的1989年、1990年和1999年，消费对GDP的贡献也分别高达81.2%、91.7%和88.1%，

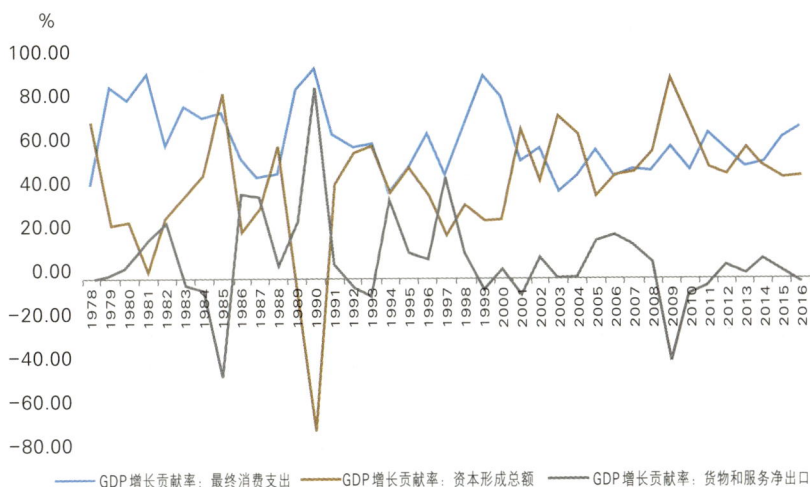

%

数据来源：Wind，苏宁金融研究院整理。

图4-6 1978—2016年"三驾马车"对GDP贡献变化

这固然有当时特定历史背景下，投资受经济低迷与金融危机等因素影响出现大幅下滑的影响，但是，从整体上看，消费足以堪称我国经济增长最稳定的拉动力量。

这究竟是怎么回事？说好的投资驱动呢？难道国人的消费水平被严重低估了？

不，消费对GDP的贡献被高估了

需要注意的是，在解构GDP时，表征消费的指标叫作"最终消费支出"，而不是"居民消费"；换句话说，不是老百姓的消费水平被低估，而是人们将"最终消费支出"和"居民消费"混淆了。

根据官方定义，所谓最终消费支出，是指由购买者向出售者购买货物和服务所支付的价值。从国家层面来看，最终消费支出又包括两方面内容，即居民消费支出与公共消费支出。前者是指核算期内由居民个人直接购买消费性货物和服务的支出，这才真正代表了老百姓的日常花销；至于后者，是指财政为满足社会公共需要用于提供公共消费性商品和劳务的支出，其范围涵盖了教育、卫生保健、社会保险和福利、体育和娱乐、文化等方面，而这些支出的付账人主要是政府部门，与老百姓关系不大。

明确了"居民消费只是最终消费的一部分"后，我们可以进一步对最终消费支出的构成加以考察。不难发现，改革开放至今，居民消费支出与公共消费支出均呈现不同程度的上升趋势，而居民消费支出占最终消费支出的比重一直稳定在70%～80%这一区间内（参见图4-7、图4-8）。

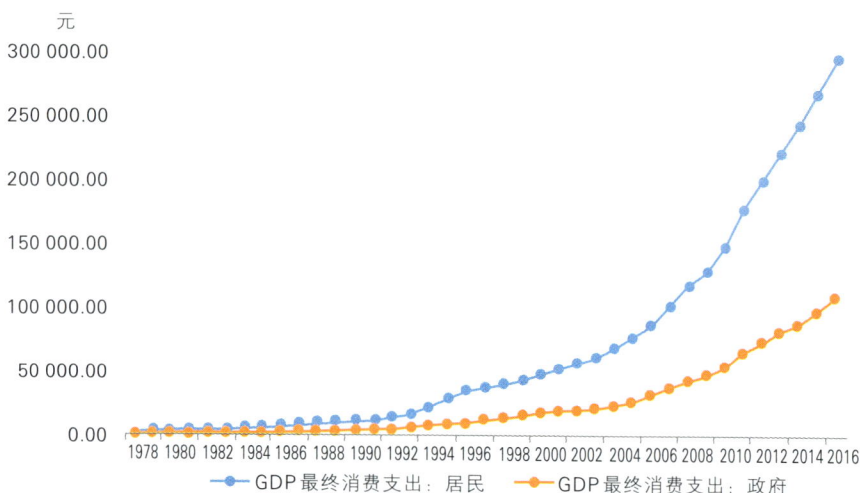

数据来源：Wind，苏宁金融研究院整理。

图4-7　居民消费支出与公共消费支出

在此基础上，我们可以结合前文的分析，将居民消费支出从最终消费支出中剥离出来，进而分别算出历年的居民消费对GDP的贡献程度，再加以平均，便可得到1978—2016年期间我国居民消费对国民经济的整体贡献，这一结果约为44%，比同期最终消费支出占比低了14个百分点。即便在消费主义盛行的近些年，来自居民部门的消费对GDP的贡献也没有人们想象得那么高，2015年与2016年，居民消费占比分别仅比投资高出2个百分点和5个百分点。

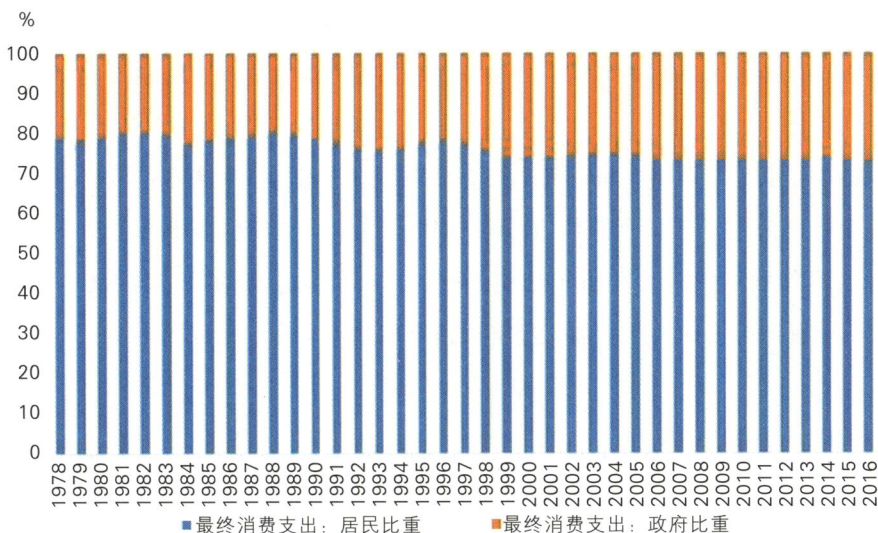

%

最终消费支出：居民比重 ■   最终消费支出：政府比重 ■

数据来源：Wind，苏宁金融研究院整理。

图4-8　最终消费支出的构成

投资占GDP的比重其实一直不低

分析完消费，我们再来看投资。

在GDP的解构中，表征投资的指标叫作"资本形成总额"。近些年，资本形成总额占GDP的比重呈现出逐年回落趋势，且总体上低于最终消费支出占比。

那么，从国际上比较，我国资本形成总额占GDP的比重大概处于什么水平呢？

以2014年为例。世界银行数据显示，当年中国的资本形成总额占GDP的比重是46%（Wind数据为46.9%），同期的美国为19%、德国为19%、日本为21%、韩国为29%、俄罗斯为20%、印度为32%、巴西为20%。由此可见，我国的投资占比大体上超过发达国家1倍，同时也远远高于绝大部分发展中国家。中泰证券的研究显示，在全球126个有效样本的统计数据中，2011—2015年，资本形成总额对 GDP 的平均贡献为 22.2%，而我国的这一占比是全球平均值的 2 倍。

有没有国家比我们更高呢？当然有。它们是赤道几内亚、阿尔及利亚、莫桑比克和不丹。

换个思维，如果将"固定资产投资总额"这一指标纳入考察范围，我们会发现，全社会固定资产投资总额占 GDP 的比重整体上呈现稳步攀升态势——1981年该比重为 19.47%，到 2016 年是 81.56%。需要特别注意的是，自 2008 年以来，随着固定资产投资的不断增加，经济增速反而趋于下降（参见图 4-9）。

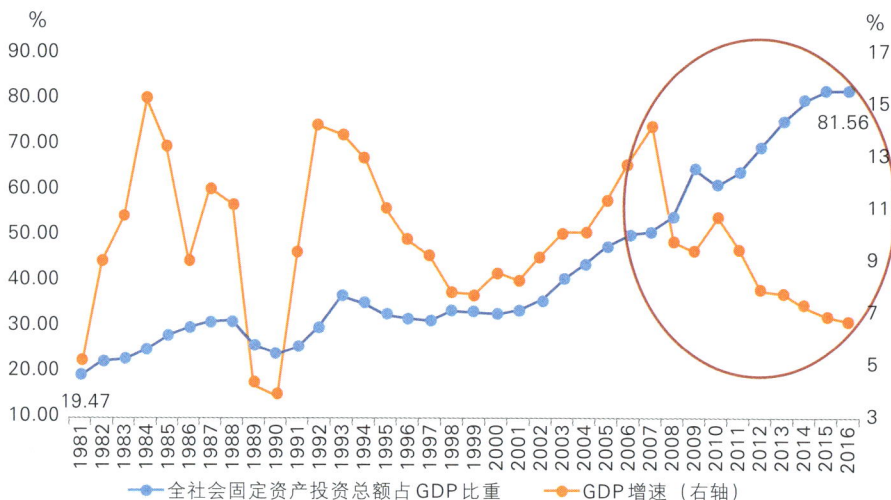

数据来源：Wind，苏宁金融研究院整理。

图 4-9　全社会固定资产投资总额占 GDP 比重与 GDP 增速

还有一点不得不提，那就是"固定资产投资总额"与"资本形成总额"绝不表示同一个概念。在此，我们可以通过数据来直观地看出二者的差别。从图 4-10 中可以看出，近年来，资本形成总额与全社会固定资产投资总额之间的差距越来越大。到了 2016 年，我国全社会固定资产投资总额超过 60 万亿元，而资本形成总额却只有 33 万亿元，也就是说，我国的投资规模占 GDP 的比重接近资本形成占比的2倍。

亿元

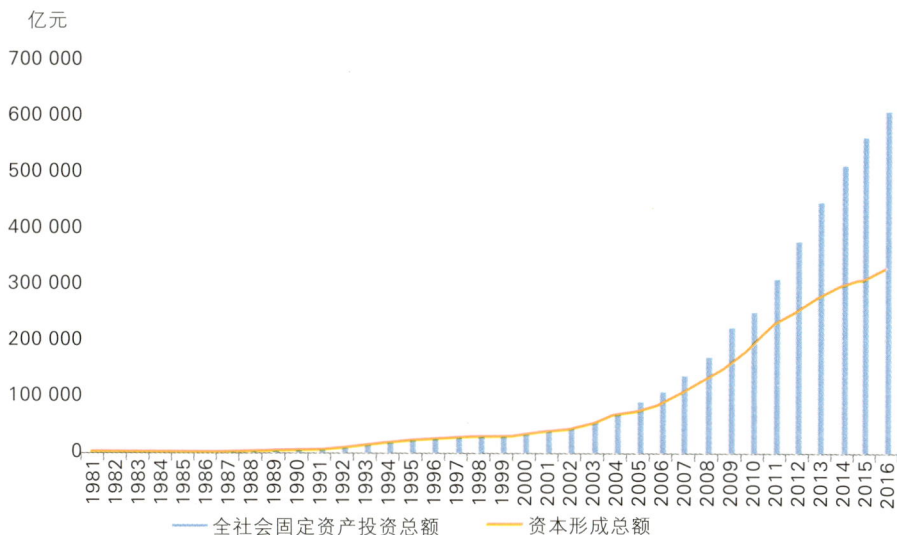

数据来源：Wind，苏宁金融研究院整理。

图4-10　全社会固定资产投资总额与资本形成总额

　　这一现象并不难理解。根据经济学"边际报酬递减"的有关理论，在国民经济劳动力供给不变的前提下，不断扩大投资，一定程度之后，资本的边际报酬就会呈现递减趋势，即投入等量的资本，从中能够获得的回报却越来越少。

　　我国前些年之所以没有出现资本报酬递减，主要原因在于劳动力的持续增加，而如今，"刘易斯拐点"已至，劳动力无限供给的格局彻底改变，资本报酬的递减与投资效率的走低也成为必然。

　　根据清华大学白重恩等人的研究成果（参见图4-11），我国近些年的资本回报率在快速下降，而资本形成总额与固定资产投资差距的增大，也进一步印证了这一点。

　　不管效率如何，固定资产投资这笔钱确实是花出去了，但其中真正体现在GDP核算中的却只有一半。从这个意义上讲，不能因为投资效率的下降导致了消费占比的提升，就认为我国经济已经成为消费主导型；倘若将全部投资都计入GDP核算，那么消费所占比重势必会骤减，这也说明我国投资驱动的粗放增长模式并未发生根本性改变。

内容提要　本文估计了1978—2013年中国的总体资本回报率，并且基于中国省际面板数据，回归识别了资本回报率变动的相关影响因素及其影响幅度，之后对2008年全球金融危机以来中国资本回报率变动的成因进行了分解。研究发现：（1）资本回报率呈现非常明显的惯性特征；（2）政府干预的影响显著为负；（3）投资率对资本回报率存在统计显著的负向影响；（4）第二产业和第三产业比重对资本回报率有显著的正向影响。投资率大幅攀升和政府规模持续扩大是2008年以来中国资本回报率大幅下降较为重要的影响因素。

关键词　资本回报率　技术效率　要素有效使用　要素配置效率

资料来源：白重恩，张琼. 中国的资本回报率及其影响因素分析［J］. 世界经济，2014（10）.

图4-11　《中国的资本回报率及其影响因素分析》论文摘要

消费升级的真相：只属于少部分人

即便如此，我们国家的消费升级还是在真真切切地发生着：一来，从消费总量上看，居民消费支出占国民经济比重有了明显提高；二来，从消费结构上看，我国居民衣食类消费比重持续减少，服务类消费比重在不断提升。

不过，看似风光无限的消费升级，背后却有着不为人知的另一面。

我国居民的整体收入水平一直稳步提升，但是对于不同收入群体来说，其收入的提升幅度与速度却有明显差异，而"贫者更贫，富者更富"这一规律也如同自然法则一般客观存在着。

根据《中国统计年鉴》中的划分方式与统计数据，占全国人口80%的中低收入者，2016年的人均可支配收入为17 836元，这一数字尚且不如占全国人口20%的高收入群体2006年的水平（19 730元），而2016年高收入群体的人均可支配收入已经高达59 259元。收入差距的日渐悬殊，造就了人们截然不同的购买力水平与消费意愿。

全国人口的20%是什么概念？直白一点说，这是一个与美国总人口量级相当的规模。从这个角度来看，当我国拥有一个人口堪比美国的强购买力群体时，国内消费升级的如火如荼就很容易解释，因为他们才是高铁头等舱爆满、五星级酒店客房入住率上升、境外人均购物消费额领先全球的主力军。而剩下那80%的中低收入群体，可能还不具备拥抱消费升级时代的能力。

我国距离"消费主导型"还很远

综上所述，尽管消费占GDP的比重在上升，但却不能证明我国经济的成功转型。迄今为止，我国经济增长仍然无法摆脱投资驱动的粗放模式，扩大内需与刺激消费之路道阻且长。

要想真正让消费成为拉动国民经济增长的首要力量，还需要从以下三方面重点推进：

第一，降低投资增速，提高投资质量。我国投资增速近些年出现了较为明显的回落态势，这是一个好苗头，对于提高国民经济运行质量意义重大。但不可否认的是，低效的投资依然存在，供给侧去产能任重道远；同时，资金不能及时流入高生产率行业，进而造成了生产要素错配现象。因此，投资质量也有待于进一步加强。

第二，要改变热点城市房价"只涨不跌""长期上涨"的预期。近些年房价的多番暴涨，让不少人因投身于买房大业而身背巨额负债，进而对消费造成了严重挤压。因此，我们要坚持"房住不炒"的理念，稳住调控力度不放松，同时也应尽快推出长效机制，打破"政策一松绑、房价即反弹"的楼市不良循环。这样，既有助于减少居民部门的可支配收入中用于购房的花销，又可以增加其消费支出。

第三，通过相应的政策调控来尽量缩小贫困差距。一方面，可以借助财政转移支付和"精准赋税"等手段，增加中低收入群体的收入，进而提高其消费能力；另一方面，适当地提高对高收入人群在财产性收入方面的税负，从而助力国民经济向消费主导转型。

除此之外，说到底，我国经济要想完成从投资驱动向消费驱动的转型，其根本还是在于广大老百姓消费意愿的进一步强化，而这需要以人们收入的不断增加作为支撑。

之于我们自身，还需多多思考：如何能够通过不断提升知识储备和业务能力来提高自己的收入水平，并且通过合理的资产配置来实现财富的增值。待到经济基础愈加夯实的那一天，人们自然就更愿意通过增加消费来追求和享受更高品质的生活了。

毕竟，只有自己才最靠得住——你若盛开，蝴蝶自来。

从消费升级演变的内在逻辑看下一个产业风口

付一夫

当前，新一轮消费升级正在神州大地上如火如荼地进行着，这和国民经济发展与老百姓收入提高有着直接关系。特别是2015年，我国人均GDP历史性地突破8 000美元，这直接引来了一股"消费主义"热潮，而高品质消费与个性化消费成为消费升级的大趋势。

当越来越多的消费者跨入中产阶层，并愿意为个性和品质埋单，消费升级所潜藏的商机也呈排山倒海之势，滚滚而来。

那么，下一个潜在的产业风口会是什么呢？让我们从解剖消费升级说起。

消费升级演变的内在逻辑

为了寻找消费升级可能的下一个风口，我们需要弄懂消费升级演变背后的内在逻辑。

进一步分析历次消费升级的不同之处可以发现，随着经济的不断发展，每次消费升级对应的重点消费品，同样经历了一个由低级向高级转变的过程。鉴于消费的主体是人，那么消费品的变迁反映的是人们需求层次的变化。于是，我们认为，消费升级的根本逻辑正是"马斯洛需求层次理论"的一种外在表现（参见图4-12）。

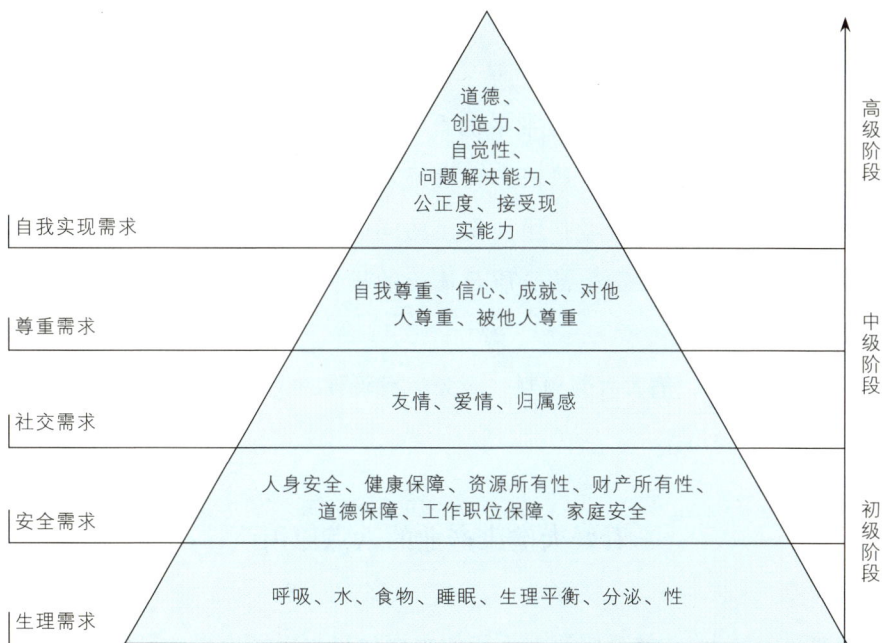

数据来源：Wind，苏宁金融研究院整理。

图4-12 马斯洛需求层次理论

马斯洛需求层次理论由美国心理学家亚伯拉罕·马斯洛提出，其主要内容是将人类需求像阶梯一样从低到高按层次分为五种，分别是：生理需求、安全需求、社交需求、尊重需求和自我实现需求。这些需求从低级向高级发展的过程，在某种程度上符合人类需要发展的一般规律。

反观消费升级，恰好迎合了这一逻辑。如果说，在过去，人们消费是为了解决温饱与基本生活问题（对应马斯洛需求层次中的"初级阶段"），前十年出现的"名牌购物潮"，很多时候是为了引起他人的羡慕眼光（对应马斯洛需求层次中的"中级阶段"），那么到现在，人们就慢慢进入到"为了自己的快乐"这一阶段（对应马斯洛需求层次中的"高级阶段"），即由生理需求转向精神层面的需求。

于是，相比传统的实物性消费，当前服务领域的消费无疑更受欢迎，它既满足了人们生活质量改善的需求，又有利于人力资本积累和社会创造力增强的服务消费的迅速增长。

同时，新兴科技给消费者带来的升级体验也使得电子产品、智能家居、互联网娱乐等消费板块持续热销。麦肯锡发布的《2016年中国消费者的现代化之路》指出，国内消费者在增加支出的同时，消费形态也在悄然变化，具体表现为消费者更加注重生活品质及体验的提升，诸如文化、旅游和休闲娱乐的支出增多。

基于上述考虑，笔者大胆预判，服务消费领域的大健康产业，有望成为消费升级时代的下一个风口。

看好大健康产业的六点原因

所谓"大健康"，就是围绕着人们的衣食住行与生老病死，对生命实施全过程、全方位、全要素的呵护，其中不仅包括对身体健康的关注，还包括对心理和精神健康的重视，涵盖了从家庭到社会各个方面的健康问题。

大健康产业主要涉及两个维度：一是指与人体健康相关的产品领域，例如保健食品、药妆等；二是指包括体检、疾病康复等在内的医疗服务领域，即疾病预防、健康咨询、养生保健、护肤美容等。

笔者之所以看好大健康产业，主要有以下六点原因：

（1）世界卫生组织的一项全球性健康调查显示：只有5%的被调查者身体状况真正符合健康的标准，被医院确诊患各类病症的人群比例高达20%，而剩余的75%则处于亚健康状态。

（2）大健康产业正在成为带动经济增长的重要动力。就世界贸易来看，在15类国际化产业中，医药保健是世界贸易增长最快的五大产业之一，其中，保健食品以年均超过13%的速度大幅增长。而大健康产业的股票市值占全球股票市值的近15%。

（3）就中国而言，老龄化社会的进程正在持续深入，2016年全国65岁以上老人数量占总人口的比重达到10.8%，老人数量越多，对于健康的需求、关注与迫切程度也就越高。

（4）由慢性病引起的疾病负担占到中国全部疾病负担的70%，而这些慢性病是由于人们不健康的生活方式导致的，并非不可控或不可预防。

（5）就对GDP增长的贡献来说，美国大健康产业在国民经济中的占比为17.8%，加拿大、日本等国家也超过了10%，而这一数值在中国还不到美国的1/4。

（6）从大健康产业结构来看，目前我国仍以对疾病的治疗为主，而美国的大健康产业，不但重视疾病的治疗，而且重视疾病的预防、健康促进、慢性病管理等健康风险管理工作，范围涵盖家庭及社区保健服务、医院医疗服务、医疗商品、健康风险管理服务、长期护理服务等多个领域。

这些不仅充分反映了大健康产业的无穷潜力，更从侧面佐证了当前发展大健康产业正当其时——除了有利于提高人们的健康水平和生活质量，还能助力国民经济产业结构的调整，并推动经济社会可持续发展。

为此，党的十九大报告中明确重申了**"实施健康中国战略，发展健康产业"**的号召，不仅将"健康"这一概念提升到新的战略高度，更是为未来我国大健康产业的兴起提供了难得的政策利好与发展环境。可以预见的是，随着消费升级的不断加快，人们对生活质量与身体健康的日益重视，大健康产业将迎来极为广阔的发展前景。

有远见的人总在未雨绸缪

事实上，从我国居民人均消费支出结构来看，用于医疗保健领域的消费所占比重在近几年与日俱增（参见图4-13）。另外，根据中泰证券首席经济学家李迅雷等人的研究成果，综合过去10年股票二级市场39个行业的股价指数，医药生物行业的累计涨幅排名第一，这表明大健康产业已经得到了资本市场的肯定与青睐。

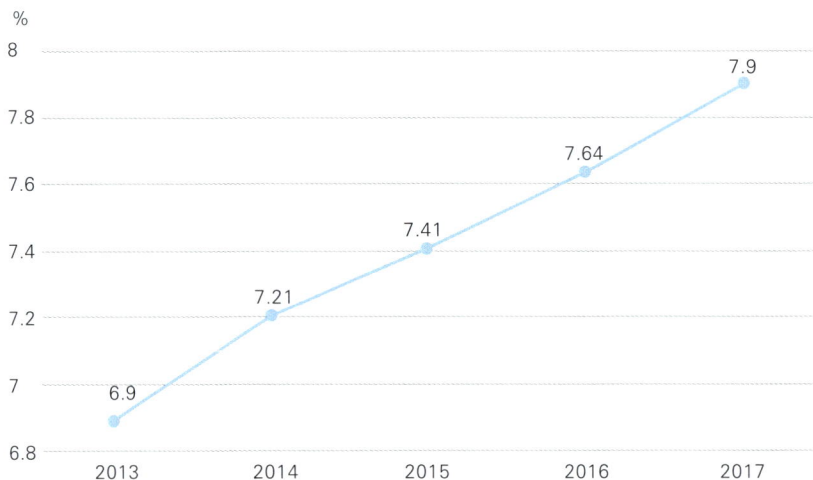

数据来源：苏宁金融研究院整理。

图4-13　用于健康医疗的消费占人均支出的比重

而今，蓄势待发的大健康产业已引来不少跨界巨头的竞相布局，包括互联网系的百度、阿里、苏宁、腾讯，以及地产系的万达、华润、恒大、万科等。

　　同时，这也给了诸多上市公司弯道超车的机会。例如，汤臣倍健联合上市公司东方网力、京山轻机，共同创建了万象人工智能研究院，将系统性引入和参与开发具有医疗健康应用价值的前沿科技，并将人工智能落地于医疗健康产业实践，结合公司中长期发展战略进行布局，剑指大健康产业。而江苏三友、双箭股份、开能环保、百大集团等上市公司也都有相关的举动。

　　机遇就在那里，有远见的人总是未雨绸缪，而不是守株待兔。等到不久的将来，我国的大健康产业实现崛起和腾飞，并给各路玩家带来了可观的回报，请不要惊讶、沮丧、懊悔。

新一轮扩大进口，将如何赋能居民消费升级？

付一夫

　　2018 年 11 月 5 日，首届中国国际进口博览会在上海开幕，向世人传递着我国进一步扩大进口的决心。对于老百姓来说，扩大进口意味着可以越来越多地享受到全球各地的优质商品与服务，而居民消费结构与潜力也势必会因此得到更深层次的优化与释放。

　　事实上，扩大进口能够有效促进国内的居民消费升级，这已经得到了历史一次又一次印证，我们不妨由此作为话题。

历次消费升级都与扩大进口高度相关

所谓消费升级，理应包括"量"与"质"两方面内容。前者表示消费规模的扩张，后者体现消费结构的演进。二者相互辉映，共同反映了国人消费水平的提升与生活质量的改善。

改革开放至今，我国大体经历了四次消费升级浪潮，每一次消费升级背后都有着进口扩大的身影。

1978 年开始的第一次消费升级，主要表现为食品消费比重的下降与轻工业产品比重的上升。 其中，对外开放的伟大举措促使越来越多的国外消费品涌入国门，我国居民长期被压抑的消费需求逐渐释放，直接表现便是家中的耐用消费品普遍实现了由"老三件"向"新三件"的转变。

1992 年至 1998 年的第二次消费升级使人们的消费结构进一步得到优化。 除了彩电、冰箱、洗衣机之外，录像机、大尺寸彩电、冷暖空调以及台式电脑等进口商品也开始陆续进入百姓生活。其间，我国进口金额的当月同比数值在大部分时间段里均为正，1996 年 1 月甚至达到了 55.7%；相应地，1992—1998 年，我国消费规模庞大，对 GDP 的平均贡献率高达 51.87%。

1998 年以后，车子和房子日益成为我国居民第三轮消费升级的主要载体。 进口车消费扮演了举足轻重的角色。随着品牌与款式的增加，人们在进口汽车上的消费也快速增长。《中国汽车市场年鉴》的数据显示，2006—2011 年，我国进口汽车上牌数量从 11.9 万辆上升到 82.4 万辆，短短 5 年时间增幅近 7 倍（参见图 4-14）。

自 2012 年起，新一轮消费升级浪潮席卷而至，主要表现在两方面：从消费结构上看，我国居民的服务类消费增长迅速，占比不断提高；从消费偏好上看，人们更加注重商品的质量与消费体验，对于知名品牌的消费逐步回归理性。此

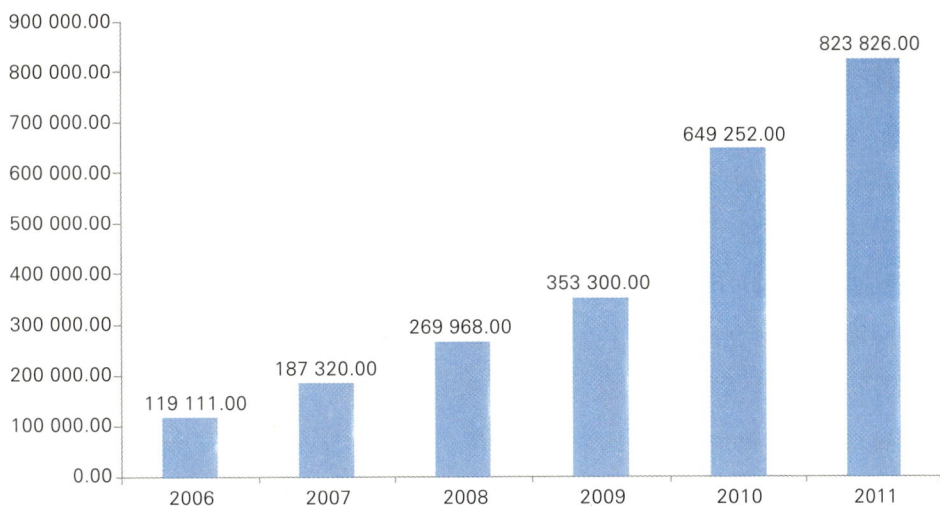

数据来源：苏宁金融研究院整理。

图 4-14　我国进口汽车上牌数量（辆）

时，随着进口的持续扩大，高质量的休闲食品、保健品、化妆品等开始备受国内消费者追捧，这也进一步推动了国人的消费升级。

从改革开放至今消费升级的变迁历程来看，我国居民的消费状况普遍发生了从有到精的改善性升级，而扩大进口的积极作用也是显而易见的，不仅在诸多方面激发了人们的消费意识觉醒，还大大助力了消费规模的增加与消费结构的升级，并为国民经济增长注入了强劲动力。

扩大进口从三方面为消费升级赋能

那么，扩大进口如何赋能国内居民消费升级呢？在笔者看来，主要从以下三方面体现。

第一，正向的技术外溢促进国内产业优化升级。

高质量进口商品自带正向的技术外溢效应，相当于将国外先进的研发与生产成果分享至国内，由此可供国内厂商与劳动力学习参考，进而降低我国产品研发的风险，让相关产业更快地达到技术进步与转型升级的目的，这在经济学上被称为"后发优势"。

以彩电行业为例，早在20世纪70年代，我国就已经生产了第一代彩色电视机，然而苦于产量、质量、性能等方面的落后，迟迟未能打开局面。在对外开放与扩大进口的带动下，我国彩电行业得以凭借后发优势快速发展，并在全球市场牢牢占据了一席之地。而这也在很大程度上助力了我国居民彩电消费规模的扩张。

第二，加剧竞争，倒逼国内产业转型。

进口商品的大规模涌入，不可避免地引发国内市场更加激烈的竞争，短期来看很可能会给部分国内企业带来较大压力。不过，这也可以产生一种"倒逼效应"，进一步增强本土企业研发投入、技术改进与创新的积极性，使自身竞争力得以提升，并在国际市场上占据一席之地。

汽车行业便是典型例证。一直以来，我国通过汽车进口、合资办厂等方式来引进国外先进产品与技术，然而激烈的竞争并没有让本土车企没落，相反，一批本土车企还因此加大了研发投入与经营改善力度，不少汽车品牌已经走向世界。而我国广大居民自然也是本土车企崛起的主要受益者。

第三，更大程度地满足国内消费者的消费需求。

在国际贸易理论中，提升消费者福利的重要途径之一就是进口本国不能生产或生产不具备成本优势的产品，扩大消费者可选择的商品范围，满足多样化多层次的消费需求，降低消费品价格，从而增加消费者效用。这在我国现实情况中也是适用的。

当前，我国居民消费正在向个性化与多样化方向转变，对于健康饮食、医疗康复、信息通信、文化创意等领域优质特色商品和服务的消费需求更是持续高速增长。但国内企业在技术、创意、营销模式等方面仍与国外有一定差距，相当一部分商品和服务不具备比较优势。例如在高端药品、高品质保健品、文化体育、旅游住宿等领域，我国与美国、德国、日本等发达国家差距较大。此时，持续扩大进口势必可以在很大程度上对国内消费市场起到补充作用，进而满足我国居民不断增长的消费需求，为百姓生活增添福祉。

综上可见，扩大进口能推动我国产业转型与居民消费升级，并进一步挖掘内需的潜力。

除了扩大进口，还应该做哪些工作？

就当前国民经济的"三驾马车"（即投资、出口和消费）而言，消费对我国经济保持平稳运行的"稳定器"和"压舱石"作用日渐凸显，但就目前来看，国内的消费潜能依然没有得到完全发挥，消费外流现象颇为显著。

根据中国电子商务研究中心发布的数据，2012—2017年，我国跨境电商交易规模由2.1万亿元增加到8.06万亿元，年均增速始终高于20%（参见图4-15）。

数据来源：苏宁金融研究院根据中国电子商务研究中心《2017年度中国电子商务市场数据监测报告》整理。

图4-15　我国跨境电商交易规模与增速

世界旅游组织发布的报告同样说明，2017 年我国游客境外消费总额为 2 580 亿美元，位居全球榜首。由此可见，我国相当一部分消费者并不是没有消费意愿和消费能力，而是基于价差、品牌信任差异等原因，在可选择的情况下，倾向于在境内挣钱，在境外花钱。这无形中也制约了国内消费升级的步伐。

究其原因，在于我国商品与服务供给体系不够完善。虽然扩大进口可以在一定程度上解决此问题，但除此之外，还需要尽可能健全消费市场的供给端，而提高商品质量自然是第一要务。为此，我们需要着力推动技术进步与生产效率提高，以此来实现商品质量更加优化与商品品类愈加丰富，并且通过减少生产成本来带动商品价格的不断降低，从而让国人能够提高自身的边际消费倾向，激发消费潜力。

此外，政府部门还应着力构建公平竞争的营商环境，推进国内消费品与国际标准对标，在支持企业培育新品牌等方面落实政策，强化监管，完善知识产权保护措施，严厉打击假冒伪劣等。

哪些因素在拖消费
升级的后腿？

付一夫

改革开放以来的 40 年里，居民消费一直处在升级通道，不过，每个阶段的升级速度并非一成不变，主要推动力也不尽相同。

眼下，国人的新一轮消费升级正如火如荼地开展着，那么此轮消费升级的步伐是快还是慢？又有哪些因素在背后起作用？且看下文分析。

城乡居民消费升级速度衡量

由于消费升级的重要标志之一是消费结构的优化提升，业内通常采用居民消费结构的变动度来表征居民消费升级的速度。

这里的消费结构变动度，是指平均每年消费结构的变动程度，消费结构变动度越大，表明居民消费升级速度越快，反之则越慢。该指标可以用如下公式加以计算：

$$V = \frac{K}{t} = \left(\sum \left| q_{i,t+j} - q_{i,j} \right| \right) / t$$

其中，V、K和t分别是消费结构变动度、消费结构变动值和所要测算的时间距离，$q_{i,j}$为第j年第i项消费支出在总消费支出中所占的比重。

基于这一算法，可以采用历年《中国统计年鉴》中的有关数据，对我国城乡居民的消费结构变动情况做一个测算。为了更加精确地反映不同阶段居民消费升级速度的差异，我们大体以5年为一个短周期，按照时间顺序进行分段考察（参见图4-16）。

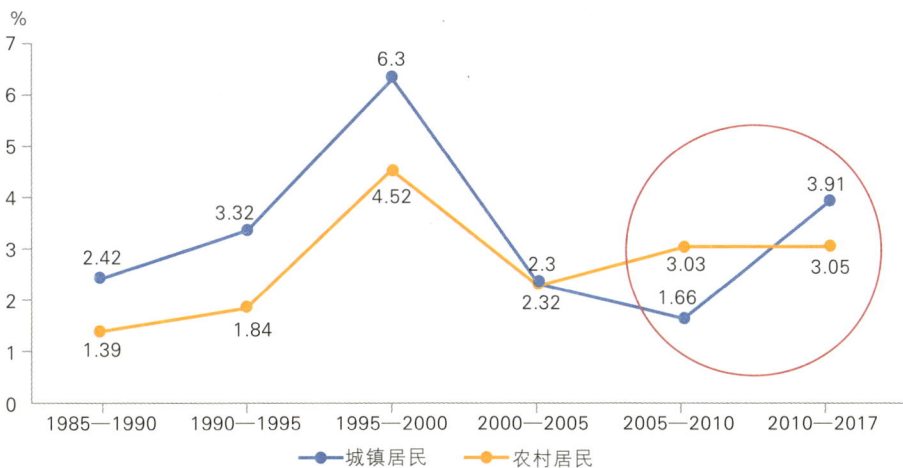

数据来源：苏宁金融研究院计算制图。

图4-16　各阶段城乡居民消费结构变动度走势图

从图 4-16 可以看到，在 2000 年以前，我国城镇居民消费结构的变动度大体上是逐个阶段上升的，尤其是在 1995—2000 年期间达到历史上的最高点，为 6.3%；而后的 10 年里，消费结构变动度由高点依次下降。**值得注意的是，2010 年以后，城镇居民消费结构变动度再次有所回升，由前一阶段的 1.66% 上升至 3.91%，为 1985 年至今的第二高点。**

与此同时，我国农村居民消费结构的变动走势同城镇居民大体上是一致的，都是在 1995—2000 年期间达到数值上的最高点，此后出现下降态势。不过在 2005 年以后，农村居民消费结构变动度开始出现反弹，并稳中有升，从 2005—2010 年的 3.03% 升至 2010—2017 年的 3.05%。

用通俗一点的话来说，自 1985 年至今，随着经济社会的快速发展与国人收入的持续攀升，我国城乡居民的消费升级速度大体上经历了一个从加速到趋缓再到"提速"的变化过程。而 2010 年以后的"提速"，在一定程度上印证了当前正在发生的全民消费升级热潮。

居民消费升级的主力随时代变迁

不过，看似消费升级提速的近些年，其背后或许另有他因。

我们依然可以从数据中洞悉。基于前文的测算，进一步分析不同阶段城乡居民消费结构的变动，究竟是由哪些支出的变化所引起，这可以通过不同支出项目对消费结构变动的贡献率来衡量。按照《中国统计年鉴》的统计口径，居民消费支出项目主要包括食品烟酒、衣着、居住、交通通信等八大领域。

总体上看，国人在不同阶段的不同支出项目对消费结构变动度的贡献呈现出较大的差异，不过无论是城镇居民还是农村居民，其消费结构的演变趋势大体上都表现为相同的趋势，即 2000 年之前，食品烟酒类消费支出比重的变化对消费结构的变动有着决定性影响，而 2000 年以后则是交通通信、教育文化娱乐与医疗保健等服务类消费领域开始发挥重要作用（参见表 4-1、表 4-2）。

表4-1　　　　城镇居民各项支出对消费结构变动的贡献程度（%）

项目	1985—1990	1991—1995	1996—2000	2001—2005	2006—2010	2011—2017
食品烟酒	7.67	26.02	33.25	23.91	12.29	25.71
衣着	16.34	1.14	11.23	0.61	7.71	12.91
居住	17.66	8.67	13.45	9.83	3.49	47.07
生活用品及服务	7.43	21.93	2.86	16.26	13.49	1.83
交通通信	6.93	16.45	11.77	34.87	26.27	4.17
教育文化娱乐	9.32	2.05	14.47	3.65	21.08	1.57
医疗保健	10.31	6.69	10.31	10.43	13.13	2.93
其他商品及服务	23.34	17.05	2.66	0.43	2.53	3.80

数据来源：苏宁金融研究院根据历年《中国统计年鉴》整理测算。

表4-2　　　　农村居民各项支出对消费结构变动的贡献程度（%）

项目	1985—1990	1991—1995	1996—2000	2001—2005	2006—2010	2011—2017
食品烟酒	14.60	1.90	41.99	31.47	28.96	46.44
衣着	28.13	10.00	4.88	0.52	1.45	2.11
居住	13.01	37.82	6.92	8.45	30.15	11.34
生活用品及服务	2.40	0.65	3.12	1.38	6.46	2.11
交通通信	4.13	12.35	13.28	34.57	6.13	15.28
教育文化娱乐	20.85	26.59	14.84	3.36	21.04	10.87
医疗保健	12.17	0.12	8.84	11.55	5.67	10.40
其他商品及服务	4.74	11.06	6.10	8.71	0.13	1.45

数据来源：苏宁金融研究院根据历年《中国统计年鉴》整理测算。

这与改革开放至今居民消费内容的变迁基本上吻合，即从解决温饱到家庭耐用消费品，再到汽车与服务消费的演进。而近些年，居民在食品方面的支出占比有抬头趋势，或许反映了国人饮食消费结构的升级，即对于更为健康、优质以及能够带来愉快体验的饮食有了更高层次的需求。

值得注意的是：2010—2017年，在城镇居民消费结构变动度的变化中，有47.07%是由居住消费支出贡献的，而前一阶段的2005—2010年，居住支出对城镇居民消费结构变动的贡献仅为3.49%。考虑到2010—2017年的城镇居民消费升级明显"提速"，我们可以得出这样的结论：2010年以后，城镇居民消费结构的剧烈变动，最主要的影响因素是——在居住方面的支出较过去有了一个大幅度的增加。

相比之下，2010—2017年，城镇居民在交通通信、教育文化娱乐、医疗保健等服务消费领域的支出对城镇居民消费结构变动度的贡献较2005—2010年均有大幅度的下滑，分别从26.27%、21.08%和13.13%降至4.17%、1.57%和2.93%。这在一定程度上反映出，2010年以后，城镇居民在服务领域的消费升级步伐大幅减缓，原因大致有二：一，可能是由于居民消费结构在既有需求层次上继续提升的空间越发有限；二，人们的服务性消费被其他领域消费的增加所挤压。

现象背后的深意，值得我们思考。

需警惕高房价对居民消费升级的制约

其实，居住消费支出的增加是居民消费升级的重要表现之一。国际经验表明，当居民收入提高并达到一定程度时，满足和改善居住的需求开始凸显，此时居住支出的比重也会相应提高。根据世界银行的研究，人均GDP在1 000～4 000美元时，房地产进入高速发展期，住房消费成为大众消费的主要内容；而人均GDP进入4 000～8 000美元时，房地产进入稳定快速增长期。

就我国而言，2001年人均GDP首次突破1 000美元，此后便一直处于增长状态，这让国人拥有了相当规模的储蓄，能够为购买住房提供必要的资金支撑。此外，住房制度改革从根本上改变了人们对于居住需求的满足方式，这便在短期内释放出大量的住房消费需求，进而带动了国人的消费升级。

从数据上看，我国城镇居民人均住宅建筑面积从1998年的18.66平方米上升到2016年36.6平方米（参见图4-17），接近翻一番，城乡居民的居住消费支出占总支出的比重，则由1998年的9.43%和15.07%上升至2017年的22.76%和21.48%。

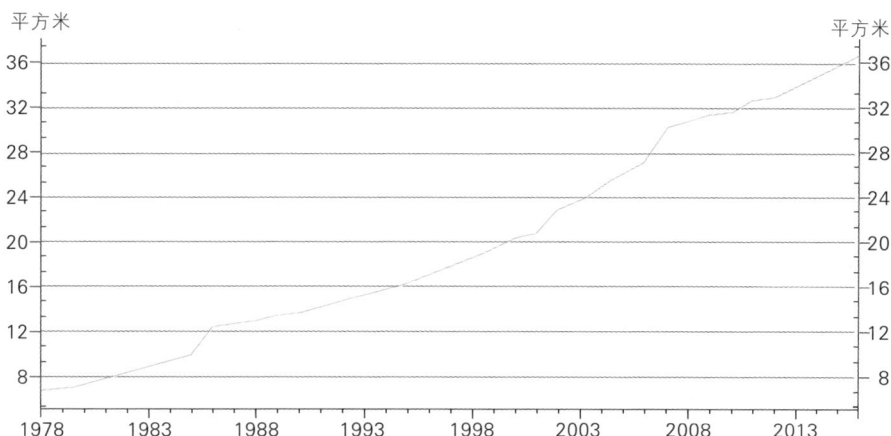

数据来源：Wind，苏宁金融研究院整理。

图4-17　中国城镇居民人均住宅建筑面积

然而，虽说居住需求的改善是全社会范围内普遍且重要的消费升级方向，但这其中隐含了一个前提假设——居住价格（包括购买价格和租赁价格）的变化相对稳定且可以预期。事实上，近些年全国范围内的房价轮番上涨，以及一线城市房租不同程度的上涨，大大抬高了国人的居住成本，进而对其他方面的消费造成了"挤出效应"，2010—2017年城镇居民的服务性消费支出对消费结构变动度的贡献大幅度下降可以印证这一点。

面对住房领域高企不下的大额刚性支出压力（比如房贷、租金等），人们势必要在其他消费项目上节流，这便制约了居民消费升级的步伐。数据显示，中国居民杠杆率（居民债务占 GDP 比重）从 2008 年的 18% 上升到 2017 年的 49%，与之形成对比的是居民人均消费支出增速的回落（参见图4-18）。

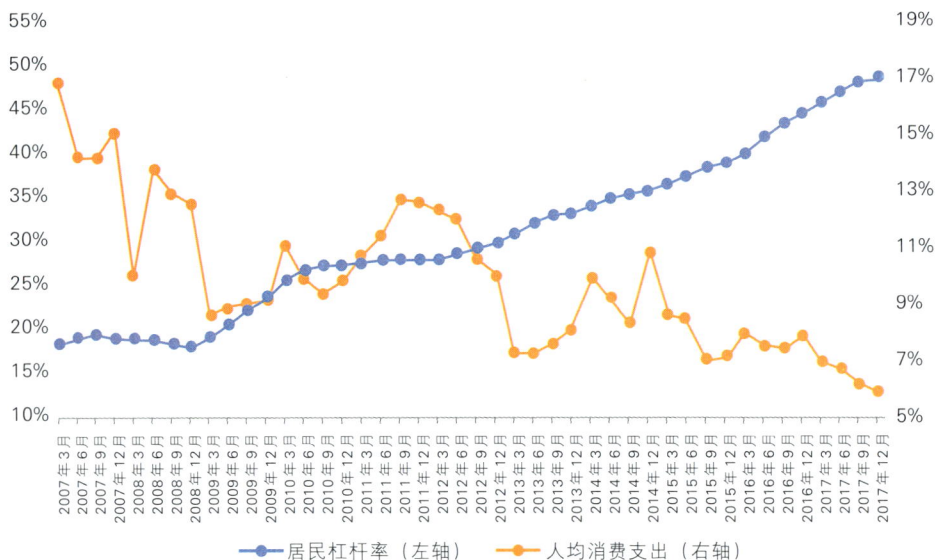

数据来源：Wind，苏宁金融研究院整理。

图4-18　中国居民杠杆率与人均消费支出增速

由居住支出的激增导致的城镇居民消费结构大幅度变动，在某种程度上可以理解为是一种"不健康"的消费升级。因为按照发达国家的经验，服务性消费逐渐取代商品性消费的主导地位，几乎是居民消费升级的必然趋势。可近些年来，服务性消费的引领性作用似乎正在减弱。不过，随着全国范围内的楼市调控效果显现，不少城市的房价正在向理性范围回归，未来人们或许会有更多的"活钱"用以追求高质量的商品和服务，居民整体消费升级的步伐亦会继续下去。

榨菜方便面业绩向好，
传递了什么信号？

付一夫

"榨菜泡面二锅头，骑上摩拜遛一遛"。这是时下很多年轻人的日常消费生活缩影。

随着各大上市公司2018年上半年财务报表的陆续披露，涪陵榨菜、康师傅方便面的业绩颇为亮眼。对此，不少人感叹居民又开始过苦日子了。

殊不知，他们只看到了现象的表面。要知道，畅销的榨菜，早已不是记忆中的榨菜，走俏的泡面，也不是当初那个泡面了，而这背后暗含的，是居民消费升级的走势。我们不妨从宏观数据开始分析。

最终消费支出对GDP的贡献在上升

在刻画居民消费景气状况上，有个常用的指标是社会消费品零售总额。从这个指标上看，2018年以来我国居民消费态势并不理想。

2018年7月，全国社会消费品零售总额同比增速为8.8%，为2018年以来次低水平，扣除物价上涨因素的实际增速为6.5%，创下了近年来新低（参见图4-19）。从1—7月累计增速看，名义与实际增幅分别为9.7%和8.06%，几乎都是近年来的最低。而这也被很多人视作消费不景气的一个重要论据。

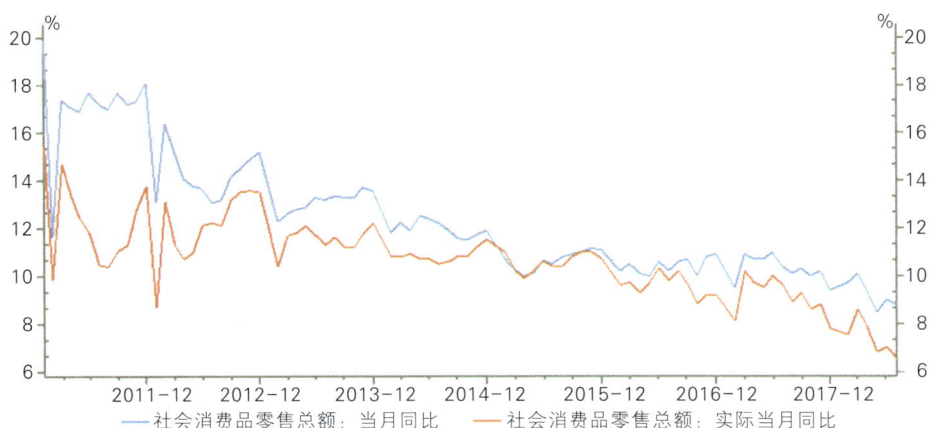

数据来源：Wind，苏宁金融研究院整理。

图4-19 社会消费品零售总额同比增速

　　然而，根据官方标准，该指标的统计过程并没有涵盖教育、医疗、文化、艺术、金融等服务性消费，故不可避免地低估了居民消费的真实状况。于是，我们需要换个思路，从"最终消费支出"这一指标来追根溯源。

　　根据Wind数据，近年来的GDP构成中，最终消费支出的贡献程度始终居于"三驾马车"（指消费、投资、出口）之首。而进入2018年以来，最终消费支出对GDP的贡献不降反升（参见图4-20），第二季度的贡献程度甚至高达78.5%。诚然，这与另外"两驾马车"乏力有一定关系，但也不能否认消费仍旧是宏观经济增长的头号动力。

　　进一步分析，考虑到最终消费支出包括政府消费支出与居民消费支出两部分，故仅凭上述论证就定论稍显片面。我们可以将最终消费支出加以解构。可以看到，2008—2017年，我国居民最终消费支出占全部消费的比重始终在73%左右，虽然2017年略有下降，为72.91%，但比重的绝对数值仍然极高（参见图4-21）。这就意味着我国居民消费动力仍然强劲。

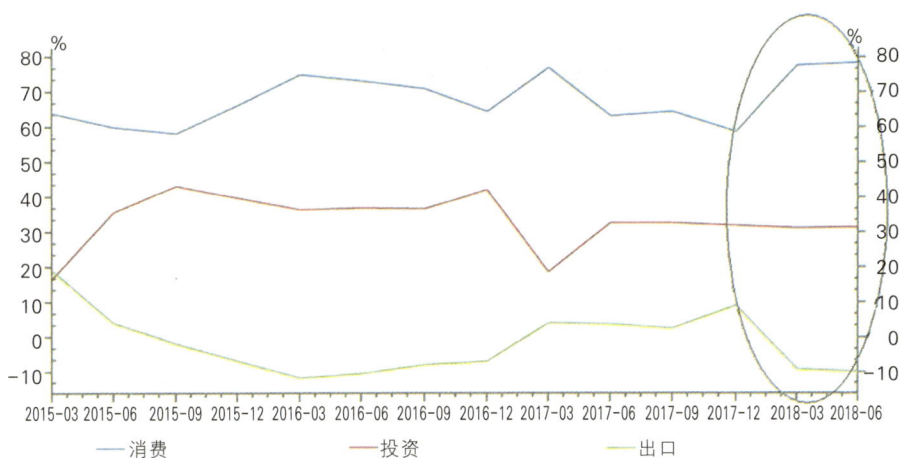

数据来源：Wind，苏宁金融研究院整理。

图4-20 "三驾马车"对GDP的贡献

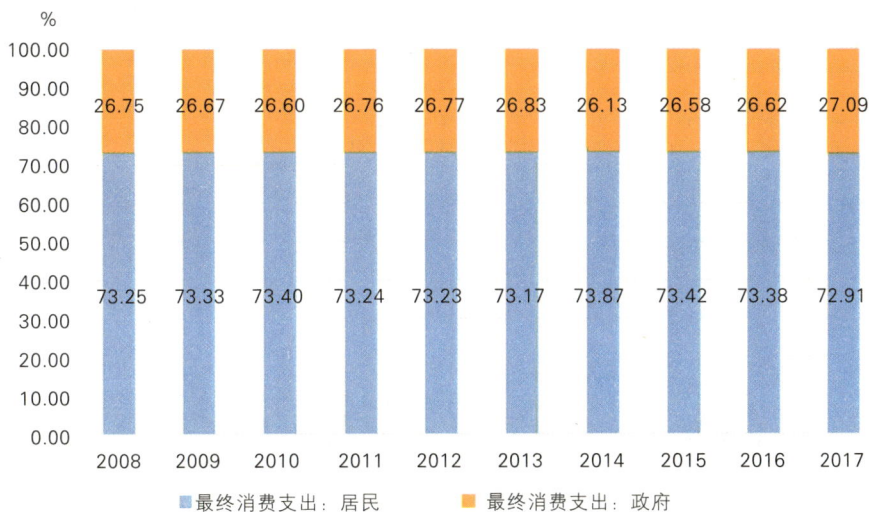

数据来源：Wind，苏宁金融研究院整理。

图4-21 最终消费支出结构

居民消费结构始终在升级

考察完"量"的维度，我们再来看"质"。

判断居民消费结构是否升级，有个很好的参考指标叫作恩格尔系数，具体是指食品支出总额占个人消费支出总额的比重。一般来讲，随着家庭收入的不断增加，总支出中用来购买食物的比例会趋于下降，而用于其他高附加值领域的消费支出比例会增加，这表现为恩格尔系数的降低，也从侧面反映出居民的消费升级。

Wind数据显示，进入21世纪以来，我国城镇居民与农村居民的恩格尔系数在个别年份有所波动，但大体走势是下降的。尤其是自2012年起，城乡居民的恩格尔系数下降趋势更为明显。其中，城镇居民的恩格尔系数由2012年的36.23%下降至2017年的28.6%，同期的农村居民的恩格尔系数则由39.33%下降至31.2%（参见图4-22）。

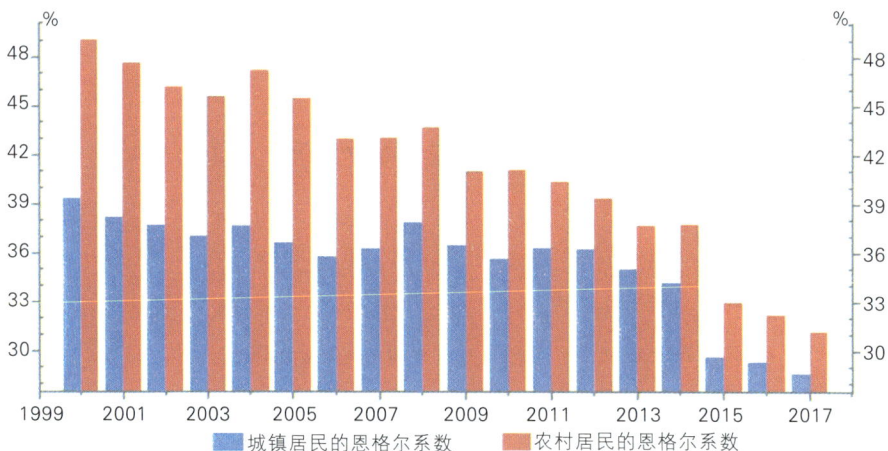

数据来源：Wind，苏宁金融研究院整理。

图4-22 城乡居民的恩格尔系数

此外，我们还可以通过直接挖掘居民人均消费支出结构来予以判断。从图4-23与图4-24中可以看到，人们在食品烟酒、衣着等附加值相对较低的领域，所花的钱越来越少，而在教育文化娱乐、交通通信等附加值相对较高的领域，花费越来越多。这表明我国居民的消费结构在不断升级的趋势之中。

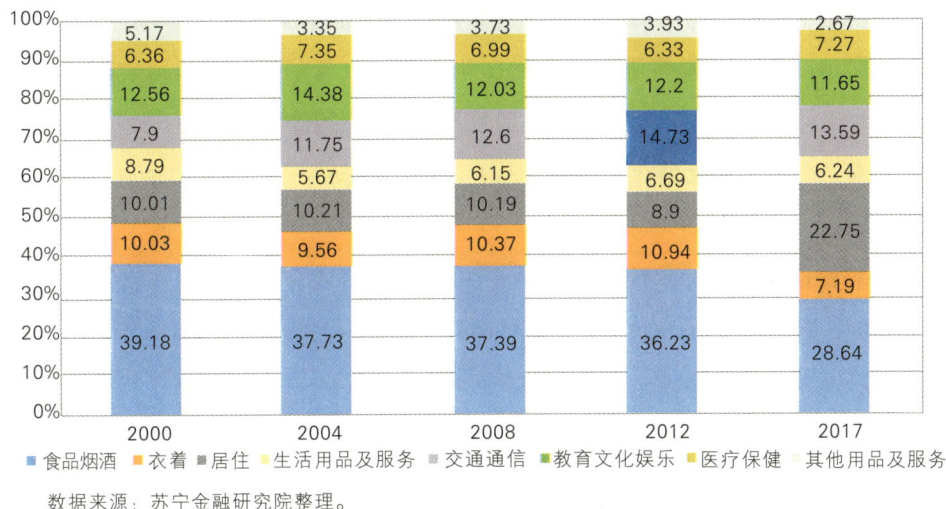

数据来源：苏宁金融研究院整理。

图4-23 城镇居民人均消费支出结构

数据来源：苏宁金融研究院整理。

图4-24 农村居民人均消费支出结构

榨菜泡面业绩向好背后的消费升级

即便有上述种种证据，消费市场上一股"另类"的趋势还是刷新了人们的认知，那便是不少廉价商品的生意变得越来越好了，比如榨菜和方便面。

根据涪陵榨菜和康师傅控股的2018半年报，二者的销售额纷纷实现大幅度增长。基于此，不少人开始对居民消费景气状况持不乐观态度。

其实完全不必如此。在这两种食品业绩向好的背后，隐藏着的是居民消费的升级。

先来看备受瞩目的涪陵榨菜。早在2016年，涪陵榨菜就曾宣布对主力产品进行涨价，2017年更是一口气将9个单品提价15%～17%，到了2018年，涪陵榨菜索性以缩减包装的形式，变相提价9%（参见表4-3）。不过，由于榨菜产品集中度高、异质性强，定价能力也不弱，近年来，作为龙头企业的涪陵榨菜，对产品的提价并未给销量带来影响。这或许从侧面反映出居民的消费仍在升级。

表4-3　　　　　　　　　　　涪陵榨菜提价历程

年份	提价形式	提价幅度
2018年	包装缩减	约9%
2017年	9个单品提价	提价15%~17%
2016年	11个单品提价	提价8%~12%

数据来源：青山资本，苏宁金融研究院整理。

再来看方便面。一直以来，康师傅控股的业绩主要依赖方便面与饮品业务。其公司财报显示，2018年上半年，方便面业务占康师傅控股总营业收入的36%，方便面及饮品业务收益分别增长8.4%及9.19%。与此同时，方便食品、其他业务同比下滑3.2%、9.03%。而方便面业务的整体增长，归根结底要得益于容器面与高价袋面销售的增长（参见表4-4）。这在某种程度上说明，康师傅方便面业务的营业收入和净利润见底回升，缘自过去几年其方便面品类全面升级。而老百姓的买账，也证明了所谓便宜货受欢迎，实际上却是另一种"升级"的体现。

表4-4 康师傅控股的方便面业务收益及变化

品种	2018年上半年 （百万元）	2017年上半年 （百万元）	变化幅度
容器面	5 570	5 205	7.01%
高价袋装面	4 313	3 756	14.83%
中价袋装面	1 148	1 176	−2.38%
干脆面及其他	103	135	−23.70%
合计	11 134	10 272	8.40%

数据来源：青山资本，苏宁金融研究院整理。

几个需要正视的问题

虽说上述数据佐证了我国居民消费的升级，但仍然有几个指标的变化情况需要正视：

第一，居民杠杆率。从图4-25可知，1996年我国居民杠杆率只有3%，2008年也仅为18%，但是自2008年以来，居民杠杆率开始呈现迅速增长态势，短短6年间翻了一倍，达到36.4%，到了2017年已经高达49%，较之2008年激增了近30个百分点，也高于国际上大多数新兴市场国家的平均水平。而来自国家金融与发展实验室的最新数据显示，2018年年初，我国居民杠杆率正式迈进50%的关卡。

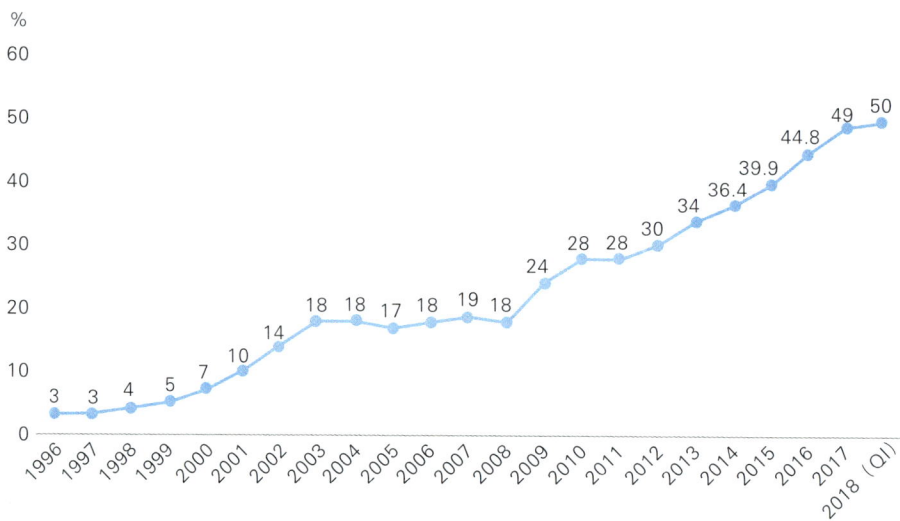

数据来源：Wind，苏宁金融研究院整理。

图4-25　我国居民部门杠杆率

值得一提的是，美国居民部门杠杆率从20%上升到50%以上用了接近40年时间，而我国只用了不到10年。

第二，劳动者报酬占GDP比重。这是一个初次分配中的衡量指标，用以表征居民部门的收入状况。数据显示，自1990年以来，我国劳动者报酬占GDP的比重从来没有高于52%，2000—2012年期间更是低于50%（参见图4-26）；而这一数字在日本与美国，则常年保持在55%的高位上。

第三，基尼系数。我国居民收入的基尼系数自2000年首次超过警戒线0.4以来，总体上呈现先攀升后稳定的态势。但值得注意的是，2003年至今，基尼系数从未低于0.46，而最近几年，更是逐年增大（参见图4-27）。

第四，需要注意的是，倘若上述三个指标不能得到很好的控制与改善，那么将会对人们消费支出的意愿造成抑制，国人消费升级的步伐也会因此而延缓。

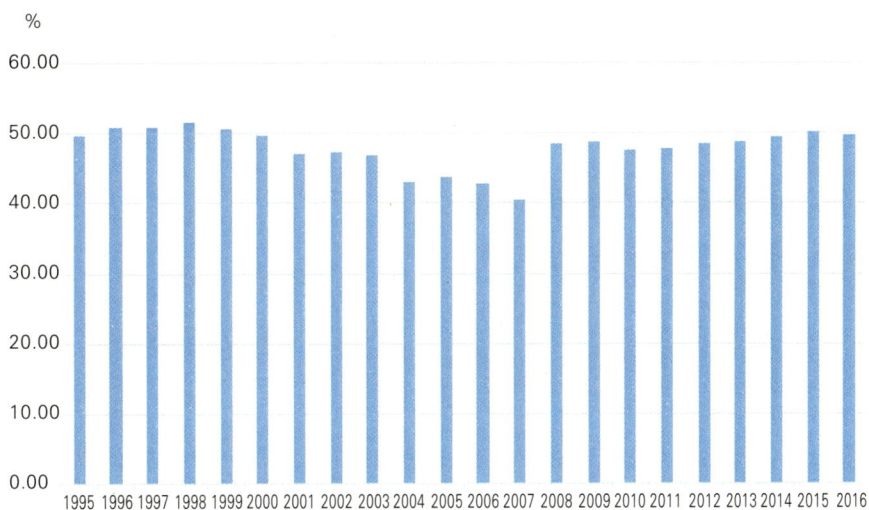

数据来源：Wind，苏宁金融研究院整理。

图4-26　我国劳动者报酬占GDP比重

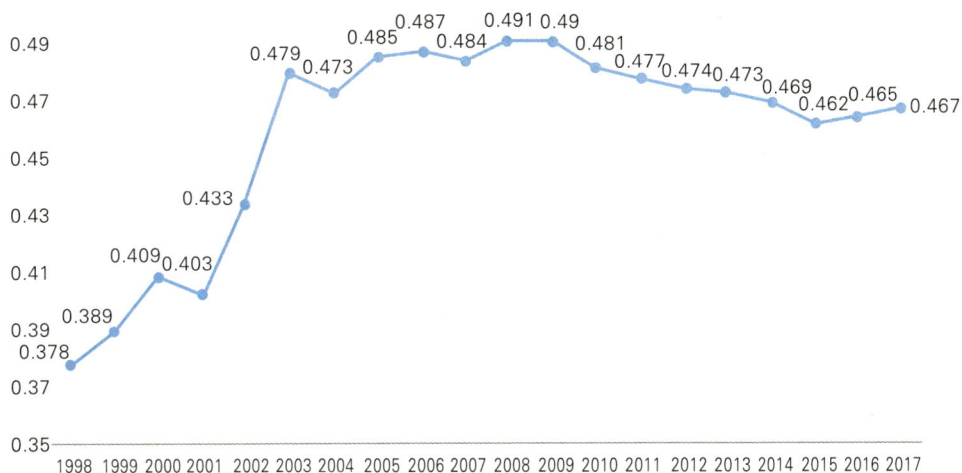

数据来源：Wind，苏宁金融研究院整理。

图4-27　我国居民收入基尼系数走势

服务消费新时代：我们应该
关注的早已不是食品消费 | 付一夫

在开始本文的分析之前，我先来问一个问题：是不是一个地区的恩格尔系数越低，居民就越富裕？

我们不妨从数据中寻找答案：2016年，黑龙江与广东的恩格尔系数分别为27.7%和32.9%，而两个省份无论是经济发展状况还是人均收入水平，都相差甚远。

现象的背后是恩格尔系数的局限性正日渐凸显，而我们也有必要转换思路，找到一个能够超越恩格尔系数的新指标来度量居民的生活水平，于是便有了此文。

恩格尔系数的局限

按照恩格尔的观点，"越是贫穷的家庭，其消费支出中的食品开支比重就越大"，这一规律也被后人命名为恩格尔定律。基于此，恩格尔系数的大小便被人们作为判断居民生活水平的重要依据。后来，许多学者做了大量的统计和研究工作，并大都认为恩格尔定律具有普适性。

就我国而言，改革开放至今，无论是城镇居民还是农村居民，恩格尔系数均呈现出极为明显的下降态势。Wind数据显示，我国城镇居民的恩格尔系数由1978年的57.5%降至2017年的28.6%，而同期农村居民的恩格尔系数也由67.7%降至31.2%（参见图3-31）。2017年，我国国民整体恩格尔系数为29.3%，理论上已进入富裕国家行列。

然而，自2017年以来，从社零增速下降到榨菜泡面业绩亮眼，再到汽车市场"金九银十"的惯例被打破，无一不在提醒着：全国范围内的大部分人，还称不上富裕。也正因为如此，恩格尔系数指标的局限得以显现。

这其中，最大的问题便体现在食品支出占比的下降，并不必然反映居民生活质量的提高。具体而言，恩格尔系数的算法之中并未解释食物消费支出占比减小的原因是什么。倘若出于某种原因，让人们节衣缩食，从而能够省出钱来应付一些必要的大额刚性支出，那么从这个角度看，恩格尔系数的减小很可能反映的是居民生活质量的降低。

最明显的例子就是近些年房价的大幅上涨，让不少人在收入增幅赶不上房价之时，为了买房而背负上房贷（参见图4-28）。鉴于人们每个月的收入当中，有相当一部分要用于偿还房贷，那么在饮食方面就会减少开支，这便造成了恩格尔系数下降的"表象"。当然，日渐增长的医疗、教育、养老等方面的支出同样会产生类似的效果。

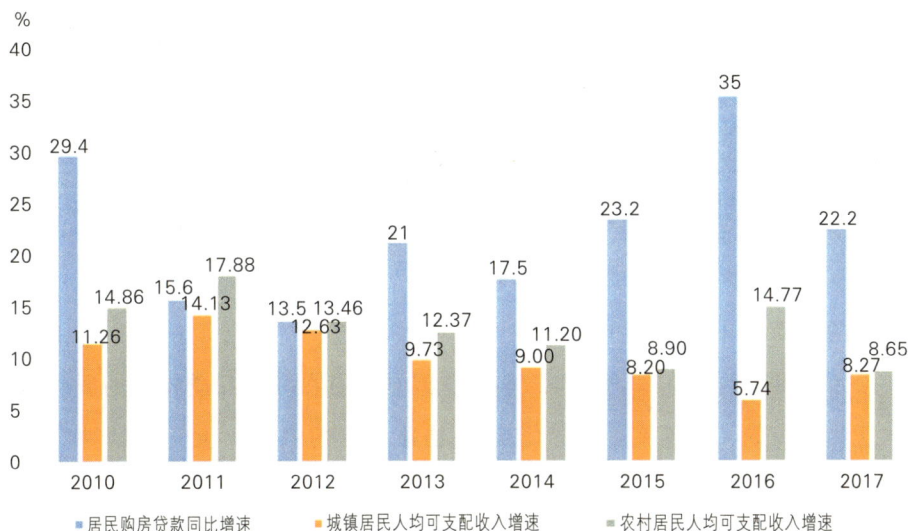

数据来源：Wind，苏宁金融研究院整理。

图4-28 居民购房贷款增速与城乡居民人均可支配收入增速对比

此外，除了收入，食品价格指数、文化传统、生活习惯乃至政府推行的各种政策，都是影响食品消费支出占比高低的关键因素。所以，恩格尔系数的下降只能说是居民生活水平提高的必要条件，却不是充分条件。

恩格尔系数局限性的根源是什么？

事出必有因，恩格尔系数的局限也必然能够找到合理的解释，而这要追本溯源，从恩格尔为什么要将食品支出所占比重作为衡量标准说起。

在恩格尔所处的年代，全社会范围内的物质财富较为匮乏，居民收入水平也相对低下。如此一来，人们对于消费的次序安排势必要从生活的最基本需求开始，"吃"自然是排在第一位的，这是因为食品消费是最基本、最基础的消费，所有个人的学习、创造和社会集体活动，都必须以生命状态及其活动能力的保持为前提。此时，食物的边际效用无疑是极大的，而同其他奢侈品相比，其弹性也是较低的。故用食物支出所占消费总支出的比重能最为直接清晰地反映一个地区经济发展、居民收入与生活水平的真实情况。

倘若食品的定义具有"维持生命"与"享受生活"的双重属性，那么按照恩格尔的本意，食品应是"维持生命"所需，且是一种生活必需品。然而，随着经济社会的持续发展与居民收入水平的不断提高，今天的人们对于食品消费的要求也有所变化，不再满足于"维持生命"的层面，而是需要升级到"享受生活"的境界之中。举例来说，现今不少人在饮食方面已颇具健康与休闲意识，比如热衷于购买进口奶粉与橄榄油，或是愿意在环境品质较好的餐厅消费等，这些也反映出，人们的消费已经由物质层面的满足，上升至精神层面的享受。

如果说"总体达到小康"表明的是人们彻底解决温饱问题，那么"全面建成小康"则应是包含物质与精神在内的全方位的生活质量提高。因此，在更加关注精神层面消费需求的现阶段，恩格尔系数显然已经不能适应当下的形势，我们有必要寻找一个新的指标来加以诠释。

超越恩格尔系数的“新恩格尔系数”

相比于传统的实物性消费，眼下服务领域的消费无疑更受人们青睐：它既满足了人们在精神上对于生活质量改善的需求，又有利于人力资本积累和社会创造力增强的服务消费的迅速增长。根据麦肯锡发布的《2016年中国消费者的现代化之路》，国内消费者在增加支出的同时，消费形态也在悄然变化，具体表现为消费者更加注重生活品质及体验的提升，诸如文化、旅游和休闲娱乐的支出增多。

如果把消费分为生存型消费、发展型消费和享受型消费三大类，那么服务性消费属于精神层面的发展型消费和享受型消费，而食品消费则应归于实物层面的生存型消费。此外，服务性消费还不包括人们的刚性支出——房贷，故更能直观地反映人们的消费升级与生活改善状况。而世界各国的发展经验同样表明，居民消费升级与生活质量改善最重要的特征之一，便是服务性消费逐渐取代商品性消费的主导地位。

于是，在笔者看来，用居民服务性消费占消费总支出的比重作为衡量当前居民消费升级与生活水平的判定标准，显然要比恩格尔系数更加适合，我们不妨将其称为“新恩格尔系数”。与恩格尔系数相反，“新恩格尔系数”越大，表明居民生活质量越高。

我们可以看一下不同国家的“新恩格尔系数”变化情况。Wind数据显示，自1981年以来，美国的“新恩格尔系数”长期保持在60%以上，日本也处于55%左右的高位，这便充分反映出美国与日本居民的精神消费需求正在日益得到满足（参见图4-29）。我国自1995年至今，“新恩格尔系数”实现了从21.07%到41.42%的跃迁，但是与同期的美国和日本相比仍存在较大差距。

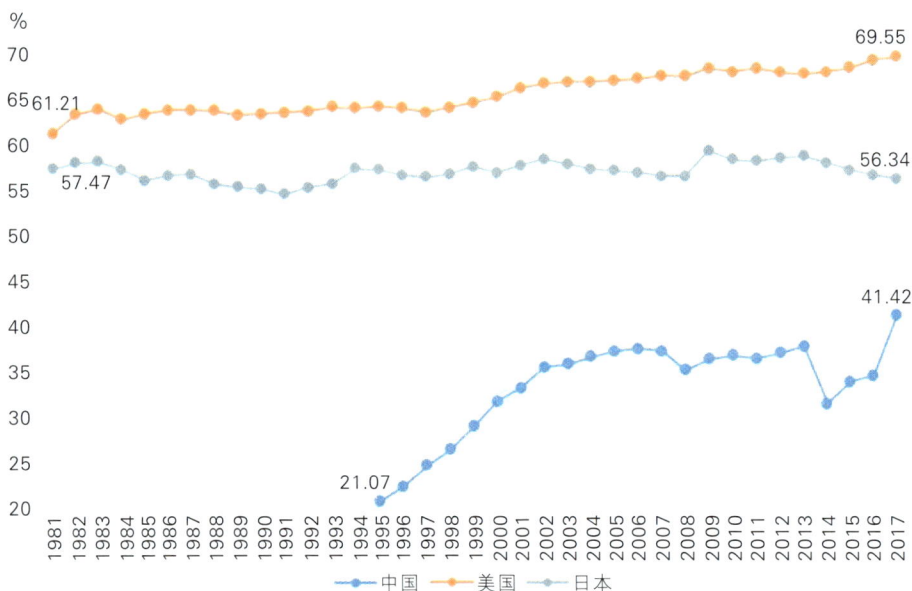

数据来源：Wind，苏宁金融研究院整理。

图4-29　中国、美国、日本居民的"新恩格尔系数"变化情况

　　因此，在精神消费需求日益增长的今天，如何以"新恩格尔系数"为参考、完善居民服务消费市场的供给端将是未来我国推动居民消费升级的重要抓手。

　　具体而言，我们需要着力推动技术进步、生产效率改进以及服务产品质量的提升，以此来提高国人自身的边际消费倾向，在发展型和享受型消费得到满足的同时，消费潜力也能得以释放。同时，还应在提升消费市场软实力方面多做文章，比如构建公平竞争的营商环境，推进国内消费品与国际标准对标；在支持企业培育新品牌等方面落实政策，强化监管，完善知识产权保护措施，严厉打击假冒伪劣等等。

　　当然，同恩格尔系数相类似的是，"新恩格尔系数"同样也会因消费习惯、文化传统与政策环境等因素的影响而有所差异，从这个角度看，该指标也并非尽

善尽美。因此，在衡量一个国家或地区的经济发展状况与居民生活水平时，还是应该充分结合人均可支配收入水平、基尼系数等其他统计指标来加以综合分析，并将各地的政策环境与居民生活习惯等数据无法反映的因素纳入考虑范围，如此方可得到真实可靠的答案。

第 5 章

新消费有哪些经济风口？

"她经济"

付一夫

每逢电商搞促销，这个笑话就会在朋友圈流传："各位已婚男士请注意，购物节当天起床首先要做的，一定是打开老婆的支付软件和网银，连续输入三次错误密码再去上班。切记，不要问我是谁，我的名字是雷锋。"

笑话背后，折射出女性消费能力的"恐怖"。再往深处挖，便是"她经济"的悄然崛起。伴随而来的，是一些潜在经济风口的兴起。本文将逐一进行分析。

"她经济"的前世今生

"一个不喷香水的女人是没有未来的。"这句话出自可可·香奈儿之口，算是对"她经济"最早的宣言。

香奈儿之所以能够在商业上获得巨大成功，正是因为她把握住了女性力量崛起的时代机遇。

在第一次世界大战爆发期间，大量男子卷入战争，女子被迫更加独立，而战后经济的萧条，更让大部分妇女走出家庭开始工作。同一时期，美国国会正式批准宪法第十九条修正案，确定妇女拥有投票权，从而全世界范围的女权运动逐步掀起，女性的独立意识前所未有地增强。

这一背景为接下来的女装大变革提供了契机，香奈儿则成了时代的弄潮儿，她设计的女装简洁端庄，摒除繁杂：没有繁缛装饰的帽子戴起来更加方便，经典的细链条手袋解放了女性拿包的双手……

在我国，近年来国民收入水平的持续提高带来了"消费升级"的热潮。对于新时代的中国女性来说，她们财务更加独立，经济地位大幅度提升，也越来越愿意为自己的需求埋单。女性已经成为国民经济与消费市场中一股不容忽视的力量。

为此，经济学家史清琪提出了"她经济"的概念，用以表征围绕女性消费、女性理财的经济现象和经济市场。

"她经济"的能量有多大？

追本溯源，"她经济"的问世，很大程度上取决于男女性思维方式的不同。前一阵子，网上流行的一张趣味图片——"男女选择洗发水时的考虑"（参见图5-1），十分形象地揭示了男女思维的差异。

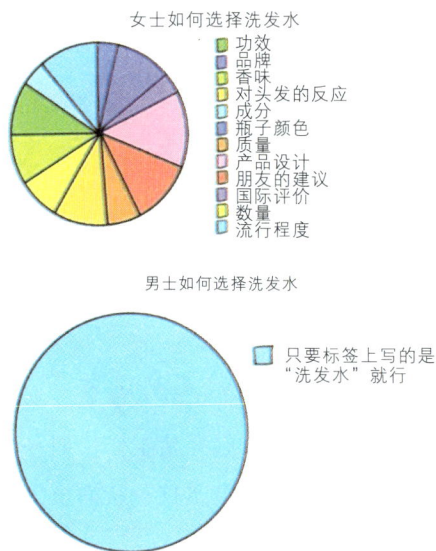

女士如何选择洗发水

- 功效
- 品牌
- 香味
- 对头发的反应
- 成分
- 瓶子颜色
- 质量
- 产品设计
- 朋友的建议
- 国际评价
- 数量
- 流行程度

男士如何选择洗发水

- 只要标签上写的是"洗发水"就行

资料来源：苏宁金融研究院根据British me网站相关资料整理。

图5-1　男女在选择洗发水时的思维差异

看图不难发现，男性偏理性诉求，能够冷静地观察形势并分析问题，且思维较为单一；而女性偏感性诉求，容易被感情左右，且经常会同时考虑很多事情。

随着互联网兴起和移动互联时代的到来，这种思维差异所表现出来的消费趋势越发明显。

女性身上的互联网特征——擅长社交、建立人际关系、擅长利用碎片化时间、有情感诉求、喜欢冲动消费与感性消费等，这些使得她们日渐释放出更大的能量，对经济发展的重要作用也与日俱增。

2014年，经济学人智库EIU发布了亚洲女性网购调研报告，给出了"她经济"崛起的三大关键词——"女钱时代"、"女神消费"和"女权力量"。前两个关键词彰显了当代女性的财务状况与经济地位，第三个词则表明女性对家庭消费拥有强大的话语权和主导权。

报告显示，女性在家庭开支中购买服饰、化妆品的话语权为88%，购买家居用品的话语权为85%，购买休闲旅游产品的话语权为84%，购买母婴产品的话语权为69%，而50%的男性定位产品也是由女性帮助其进行购买决策的。

有意思的是，该报告还提到，41%的亚洲女性当发现自己买了太多东西的时候，出于"愧疚感"也会给家人买点东西以求心安。在中国内地，因愧疚而为丈夫、子女及父母等家庭成员买些东西作为补偿的女性比例达到67%。就连愧疚感都能成为驱动力，可见女性消费市场的巨大潜力，难怪马云会说："女性在未来将会成为真正的主宰，而现在仅仅是刚刚开始。"

那么，"她经济"的能量究竟有多大呢？

根据国家统计局公布的《中国妇女发展纲要（2011—2020年）》，2016年中国女性就业人员占全社会就业人员的比重为43.1%，超过纲要规定的40%的目标。而《2017年中国女性消费调查报告》显示，52.4%的女性认为收入水平与配偶相当/相近（参见图5-2）；财务独立和收入增长使得女性消费需求逐步释放，近半数女性个人消费占家庭收入的1/3以上。

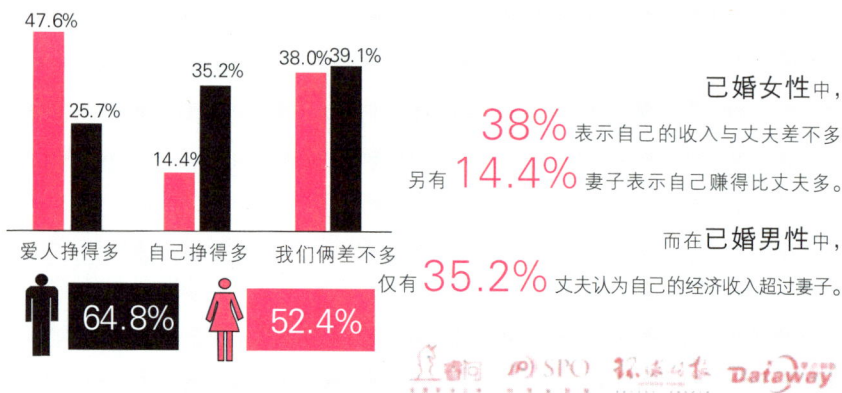

已婚女性中，
38% 表示自己的收入与丈夫差不多
另有 **14.4%** 妻子表示自己赚得比丈夫多。

而在**已婚男性**中，
仅有 **35.2%** 丈夫认为自己的经济收入超过妻子。

资料来源：苏宁金融研究院根据《2017年中国女性消费调查报告》整理。

图5-2　2017年中国女性及其配偶收入水平调查

此外，国泰君安证券的研究报告表明，目前中国内地的女性经济市场规模已超过2.5万亿元，至2019年有望达到4.5万亿元。东方证券则表示，女性经济市场容量至少在5万亿元以上，有望成为未来消费行业持续增长的"风口"。

"她经济"背后的商机

鉴于我国女性经济市场的可观潜力，洞悉并掌握"她经济"大潮下的女性消费偏好与趋势，自然成为商家的要务。

根据安信证券的研究报告，价值追求与品质追求逐渐成为新时代女性消费的主旋律，在边界逐渐扩张的"她经济"生态圈中，"果敢、美貌、运动、悦己、养成、机智"已然成为女性消费的关键词（参见图5-3）。如此，商家梦寐以求的商机，或许会在以下四个方面有所体现：

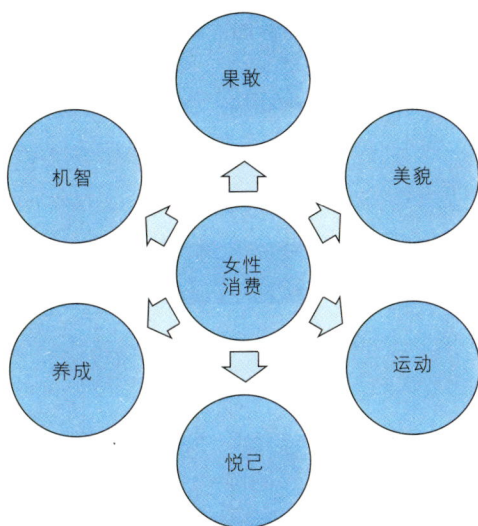

资料来源：苏宁金融研究院根据安信证券研究报告整理。

图5-3　"她经济"下的女性消费关键词

（1）轻奢类消费

国家统计局数据显示，2016年，我国15～60岁的女性消费群体占总人口的32.56%，而崇尚年轻时尚且有经济能力的25～45岁女性占总人口的15.71%，约2.18亿人，这一数字与俄罗斯和英国总人口之和大体相当。

在此背景下，轻奢消费品应运而生。凭借着满足女性消费者小小的"虚荣心"、商品本身的时尚以及价格的可承受性，轻奢消费品越来越受到女性青睐，艾瑞咨询的研究数据显示，轻奢品消费金额已经超过奢侈品。

（2）医美类消费

爱美是女人的天性。女性群体的崛起让"颜值经济"呈井喷式发展，医疗美容也已经逐渐由极少数人群的专属向广大群众普及。BIMT的统计数据显示，我国医疗美容市场2020年将达到4 640亿元，年均复合增长率达38.14%（参见图5-4）。而ISAPS（国际美容整形外科学会）的数据同样证实，我国已经成为仅次于美国和巴西的全球第三大医疗美容国家。

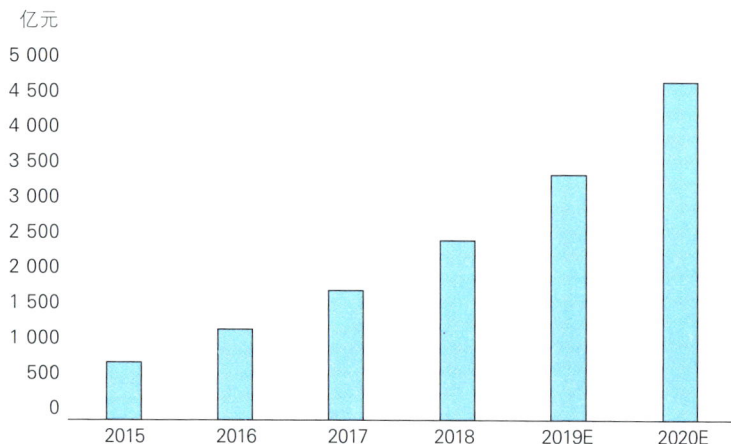

资料来源：BIMT，苏宁金融研究院整理。

图5-4　我国医疗美容市场规模

消费升级的不断推进与女性抗衰老、增颜值需求的上升，再加上越来越开放的观念让医美接受度普遍提高，这些都成就了医疗美容市场的持续繁荣。而成熟女性和年轻白领则是当中的主要消费人群，按照ISAPS的估计，医美所有项目中女性消费占比高达80%以上，预计未来还将继续。

（3）健身类消费

近几年，全民健身意识觉醒，这也催生了更多的产业价值。根据艾瑞咨询的调研数据，50%的运动健身用户经常去健身房锻炼，10.4%的用户每天都会健身，44.7%的用户每周健身2~6次，32.6%的用户每周会健身一次，这意味着近9成的健身用户每周都会健身。这种高频次也引爆了健身市场的旺盛需求。

女性对于美的追求不再停留于美容层面，而是更加讲究健康、注重减肥塑形。与此同时，女性用户比以往更加认同团课、私教等额外付费的附加值服务，付费意识在提升。因而可以预见，未来女性健身领域仍有极大发展空间。

（4）旅游类消费

近年来，女性群体正成为旅游的重要参与者，结伴出游与短途旅游日益受到追捧。驴妈妈旅游网的统计数据显示，旅游用户画像中女性占比达到58.6%，其中18～34岁年龄段的女性用户合计占比超过六成。此外，出游人数为两人及以上的订单占比为74.4%，1～3天的短途订单占比为60.29%。而今，"她经济"的蓬勃发展让女性年均出游次数与开销费用逐年递增。数据显示，女性用户的年均出游频次从2015年的3.4次增加到2017年的5.7次，年均出游花费从2015年的2 424元增加到2017年的4 680元。

以上种种，都是亟待挖掘的"金矿"。

坊间有云："每一个成功男人的背后都有一个女人，而马云的背后却有着一群女人。"对于商家而言，倘若能够把握住当下的"她经济"浪潮，且不提是否可以成为下一个马云或者香奈儿，至少丰厚的报酬是可以期待的。

"他经济"

付一夫

前不久，一份"消费市场的价值排序"刷爆了朋友圈：在零售专家心目中，消费市场的价值从高到低依次是"少女＞儿童＞少妇＞老人＞狗＞男人"。这当中，男性消费市场价值垫底。

在人们的印象里，消费市场根本没有"男女平等"一说。例如，在逛商场时，女性的化妆品、首饰、衣着、鞋包占据了好几层，相比之下，男性品牌物件的"地盘"能覆盖一两层就不错了；一提到购物的主力，人们第一时间想到的也是"败家娘们儿"。

难道"他经济"真的就不如"她经济"吗？答案是否定的。

被低估的"他经济"

"他经济"又称男性经济，一般用来描述在经济社会发展过程中，随着男性群体自我意识的觉醒，在重新定义自己的价值观时，需要更强的社交能力、被更多人接受的表现能力以及更强的合作精神，而这些让男性消费心理发生了变化，并给行业带来了新的机会。

一般来说，女性思维具有多重发散和感性冲动的特质，而男性思维则偏逻辑推理和理性思考，相比女性来说更加冷静和专注。也正因为如此，在不少人看来，男人的钱不如女人的钱好赚。

然而，有不少证据显示，"他经济"被市场大大低估了：

首先，男性的线上消费开支已超女性。根据2017年6月波士顿咨询发布的研究报告，中国男性消费的种类和额度都在增加，而在线上消费方面，男性每年的平均开支超过了女性，达到10 025元。中国银联发布的报告也显示，男性网络消费力首超女性，其中在移动支付的使用场景中，商超及餐饮类线下实体消费、网上实物类消费的比例最高。此外，美国互动广告局（IAB）与IAB中国联合发布的调查结果表明，无论是采取PC端还是移动端进行网购的中国居民，男性消费者占比均超过女性，其中PC端网购的男女占比分别为57%和43%，移动端网购的男女占比则为53%和47%。由此可见，我国线上消费的男性市场潜力不可小觑。

其次，男性比女性更偏好超前消费。互联网金融的飞速发展，让超前消费的浪潮席卷而来，基于手机支付的蚂蚁花呗、苏宁任性贷、百度有钱花、腾讯微粒贷等互联网金融产品已经成为人们超前消费的常用工具。根据2017年卡卡贷发布的超前消费人群大数据，18~25岁的年轻群体为超前消费的主力军，这当中又以男性占据绝对主导，比例高达72.8%。另外，万惠集团旗下的万惠金融研究院联合移动快速借贷平台推出的《借贷用户画像分析报告》同样显示，男性用户是超前消费的绝对主力，比例高达78%，年龄分布区间为20～30岁，平均年龄仅为28岁。借贷宝发布的《双十一消费借贷大数据》报告也印证了这一点：在消费借贷中，男性占比高达65%，女性仅为35%。

最后，男性是高端消费领域的中坚力量。虽然男性多是理性消费，不如女性那么容易消费冲动，但他们更加注重消费品质，对于品牌的忠诚度也较高，这一点从前不久网上流行的一张名为"男女冲进商场后的路线图"（参见图5-5）便可窥见一斑。

虽然男性消费频次低且品牌相对单一，可一旦认可了某种品牌，他们的消费项目单价也是不菲。根据《中国奢侈品网络消费白皮书》中的有关信息，在网络奢侈品消费中，女性占比略高于男性，但男性的消费单价比女性高6%，且奢侈

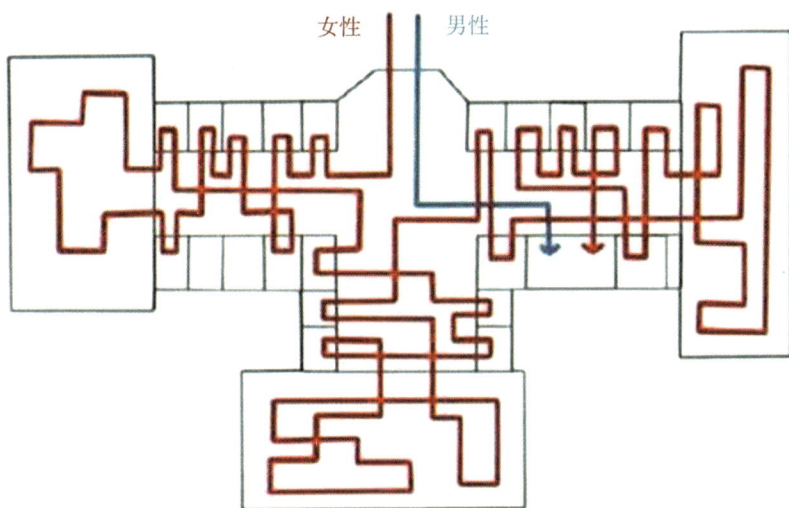

资料来源：毛圣博.拯救直男审美，男性电商模式大起底［EB/OL］.（2016-06-24）.http://www.sohu.com/a/85746484-403354.

图5-5 男女冲进商场后的路线图

品消费频次3次及以上的男性比例也比女性高。

此外，高收入男性非常重视商品或服务的品牌，他们可能并不在意商品本身的价值，但更关心隐藏在商品背后的附加值。为了追求品质生活，他们普遍讲究细节，特别是在珠宝、汽车、红酒等支出方面从不吝啬。

综上所述，男性消费市场有着极为可观的潜力可挖掘。换句话说，"他经济"正呈现崛起之势。

"他经济"因何崛起？

"他经济"之所以强势崛起，背后有三大动力使然：

第一，男性消费意识逐渐觉醒。根据马斯洛的需求层次理论，当生理需求和安全需求得到满足后，更高层次的社交需求、尊重需求和自我实现需求将会接踵而至。这一理论对于我国的男性群体也同样适用。随着经济社会的发展，男性的经济实力持续提升，而对事业的追求也促使他们在社交领域不断拓展。此时，男性越来越意识到，他们的外在形象、服装搭配与个人品位已经成为职场与事业中不可或缺的组成部分。他们渐渐开始通过购买护肤品、高档西装、时尚手表与豪车等方式来展现自己的能力与魅力，进而被更多的人接受与认可，达到工作上的进步与实现成就感。这些变化润物细无声地促进了男性消费市场的繁荣。

第二，经济实力雄厚的男性比重日益上升。归根结底，消费市场的兴旺源自人们收入水平的提高。西南证券的研究报告认为，男人的黄金年龄是40岁，进入该阶段的男性，无论是财富还是社会地位都有了提升，其消费能力和消费档次也远远高于其他年龄段男性，而国内40岁以上的中年男性人口占比也在逐步提升，这也助长了"他经济"的崛起势头。此外，艾瑞咨询的数据显示，2017年高收入人群中，男性占比高达63.4%，显著高于女性的36.6%（参见图5-6）。招行联手顶级男性杂志《智族GQ》发布的《高端男性生活形态与需求综合研究报告》也表明，高端消费群体男性约占七成，他们大多是出生于20世纪六七十年代、身居要职、平均年薪50万元且家庭平均年收入超过76万元的精英人士。这些同样是男性消费崛起的重要因素。

第三，庞大的单身男士规模。单身人士的消费结构与传统家庭的消费结构存在明显差异。由于没有家庭的负担，单身人群的储蓄倾向要明显低于非单身人群，边际消费倾向却要远高于非单身人群。这部分人除了精神上的消费顾虑较弱外，物质上还具备较强的消费能力。

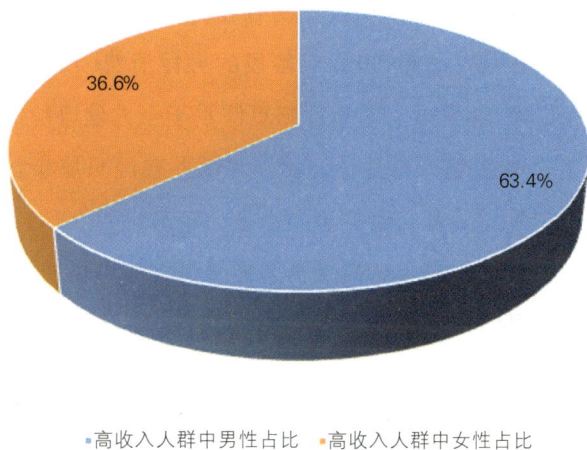

36.6%

63.4%

■ 高收入人群中男性占比   ■ 高收入人群中女性占比

资料来源：艾瑞咨询，苏宁金融研究院整理。

图 5-6   高收入人群中男女占比

在我国，单身男性的数量远高于单身女性。西南证券数据显示，20～29岁的单身男性比女性多2 260万，30～39岁的单身男性比女性多716万，40～49岁的单身男性则比女性多393万。而优质的"剩男"们通常具备更多的可支配收入，且没有抚养下一代的压力，在"一人吃饱全家不饿"的情况下，他们可以更从容自如地花钱享受更高端的服务，由此催生"他经济"的发展。

"他经济"背后的商机

既然男性消费市场如此巨大，其中的种种商机必然也是值得关注的。

一般来说，女性群体所钟爱的消费领域较为固定，在她们成年后，大多锁定在衣着服饰、珠宝首饰、美妆美容等商品板块；而男性群体在不同年龄段的消费领域是有所不同的。

东方证券的研究报告指出，16～25岁年龄段的男性消费支出主要在体育、游戏、服饰等领域；26～36岁年龄段的男性主要消费领域开始向3C电子产品、汽车、旅游、保健等倾斜；37～50岁年龄段的男性消费领域主要为手表、奢侈品、汽车、旅游等；而51岁以上的男性则更注重于个人健康的消费支出。此外，受当前"颜值经济"的影响，男性也开始涉足那些曾经只属于女性的消费领域，最直接的表现便是男性护肤品与美容美发市场的日渐兴起。

所以，在"他经济"浪潮下，男性消费能够深挖的商机并不少。

就此，各路商家不妨"因地制宜"，加以把握，针对不同年龄段与不同类别的男性消费群体，采取差别对待的策略。

比如，在巩固IT、电子、汽车、手表、白酒等传统男性消费领域的同时，留意他们不断扩张的消费领域边界，包括传媒行业（游戏、VR、电影）、体育行业（篮球、足球、滑雪、健身）、服装行业（时尚服饰与商务衣着）、医药生物行业（医美、男性健康、医疗保健）等，不断丰富产品门类，提升商品质量，从而获得丰厚的报酬。

当"买买买"不再是"娘子军"的专属时，我们不妨追一追"他经济"的风口，或许"败家爷们儿"也能造就下一个马云呢。

"它经济"

付一夫

时下,"吸猫撸狗"俨然成了网络热词。在各大视频与社交平台上,阿猫阿狗的主人们频频分享自家宠物的搞笑小视频,这些轻松愉快的内容造就了"小狗俊介""妞妞端午"这样的网红萌宠,得到了广大网友海量的评论和点赞,有些"猫奴狗奴"甚至因为萌宠赚到了不菲的打赏。

这些现象的背后,是"它经济"的崛起,一个有着庞大市场空间与广阔商业前景的行业在我们眼前拉开帷幕。

"它经济"前景可观

《宠物的历史》一书中指出:"人类愈都市化,离开自然愈远,宠物在人类生活里的重要性也愈增加。"

如今,宠物正越来越多地成为渴望亲近自然的家庭或个人的一种精神寄托,这直接催生了"它经济"的繁荣。

"它经济"又叫宠物经济,即围绕着宠物产生的一系列生产、销售和服务等商业活动。其历史最早可以回溯到20世纪80年代的美国。

当时,美国的宠物行业尚处于孕育期,并未形成明显的经济效益。1987年PetSmart商店的成立,标志着宠物食品仓储式商圈大店真正走上了发展之路。

如今，美国已经有了全球最大的宠物经济市场。根据美国宠物协会（APPA）的数据，2016年美国宠物市场的整体规模为665.7亿美元，约占全球的64%，其中食品消费为282.3亿美元，占据近一半的市场份额（参见表5-1）。

表5-1　　　　　　　　　　　　美国宠物产业发展历程

1980年21世纪初 孕育期	21世纪初—2010年 快速发展期	2010年—2020年 加速整合期
宠物数量平稳增长刺激食品、药品等消费；1987年，Petsmart成立，专业宠物产品商店在美国开始兴起	宠物数量快速增长，情感消费黏着力形成；行业增速超过传统零售业，2008年金融危机期间，宠物产业依旧坚挺；创新型商品和个性化服务崛起，如美容、寄宿等	行业加速整合，宠物零售店数量减少，一体化、大型连锁成为趋势

资料来源：苏宁金融研究院根据网络公开信息整理。

我国的"它经济"起源于20世纪90年代。1992年，中国保护小动物协会的成立让"保护、爱护动物""动物是人类朋友"等观念在社会上广泛传播，海外留学生也带来了先进的宠物观念，这些让国内的宠物产业开始萌芽。

随后的1993年，国际著名宠物食品品牌玛氏进入中国市场，拉开了我国宠物行业发展的序幕。此后，随着国民收入水平的逐步提高和宠物观念的日益成熟，我国的宠物市场进入蓬勃发展时期。

根据历年《中国宠物行业白皮书》的有关数据，2015年我国宠物市场规模为978亿元，2017年增长至1 340亿元，预计在2010—2020年间将保持年均30.9%的高增速发展，到2020年时市场规模将达到1 885亿元。国家统计局的数据也显示，2010—2016年期间，我国宠物行业的年复合增速高达49.1%，"它经济"的发展势头不可小觑。

值得注意的是，与美国相比，**我国的宠物数量还有很大的上升空间。**天风证券的研究报告提到，目前我国户均宠物仅有0.24只，不到美国的1/6。狗民网的数据显示，我国宠物总量超过1亿只，但从城市拥有犬只的家庭占总数比重来看，北京最高，为7.5%，全国则为1.7%，而美国这一数字约为56%。因此，宠物行业在近两年备受资本市场青睐。IT桔子数据显示，2016年我国宠物行业融资总金额为9.4亿元，几乎是2015年的3倍；佩蒂股份、中宠股份、路斯股份、华亨股份、瑞鹏股份等宠物食品与宠物医药企业也纷纷于A股及新三板上市。足以见得"它经济"的前景可期。

"它经济"为何繁荣？

纵观"它经济"近些年的**繁荣**，背后有三股力量在推动：

第一，居民收入水平不断提高。中国农业大学动物医学院的研究指出，当一个国家的人均GDP达到3 000~8 000美元时，宠物产业会快速发展。2015年我国的人均GDP超过8 000美元，2017年达到8 808.98美元（参见图5-7）。此外，2017年我国人均可支配收入为25 974元，其中城镇居民人均可支配收入为36 396元，两项数据分别比2010年增长了2.5倍和近2倍。

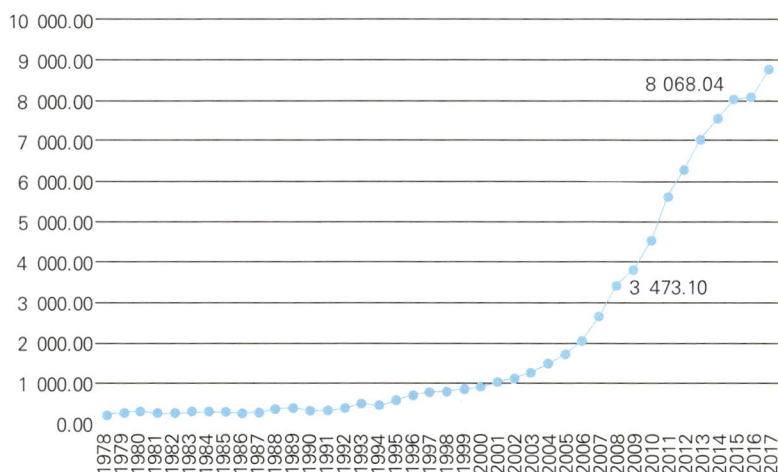

数据来源：Wind，苏宁金融研究院整理。

图5-7　我国人均GDP（美元）

第二，**单身人群规模持续增加**。人们饲养宠物，很大程度是为了寻求一种陪伴，我国日益壮大的单身人群间接推动了"它经济"的发展。《中国统计年鉴2017》的数据显示，2016年未婚人口总数为2.18亿人，离婚人口总数为2 199.28万人。总体来看单身人口规模已达2.4亿人，该数字超过了俄罗斯与英国的总人口之和。很多单身人士通过饲养宠物来缓解孤独感，他们倾注财力与精力来饲养宠物，享受着宠物对自己情感的吸收和回馈，这些都为"它经济"注入了动力。

第三，**老龄化程度日益加深**。对于子女不在身边、活动圈子狭小的退休老人来说，饲养宠物是不可或缺的一种精神寄托。根据2017年的《2017年中国宠物行业白皮书》，超过一半的养宠人士把宠物当成孩子，其中不乏相当数量的老年人群。那么，我国老年人的规模如何？《中国统计年鉴2017》的数据显示，2016年我国65岁以上老人占总人口的比重达到10.8%，即每100个中国人中，有11个超65岁的老人。而据全国老龄办预测，2015—2035年，我国老年人口将年均增长1 000万左右。这将进一步拉动"它经济"的壮大。

"它经济"背后的商机

既然"它经济"钱景无限，那投资人可以从哪些方面掘金呢？

就当前的国内市场而言，宠物食品占据着绝对主导。根据美国宠物用品协会（APPA）的调查统计，我国各个宠物细分市场中，宠物食品的份额最高，占比超过3成。而《中国宠物行业白皮书》的数据显示，我国宠物食品的市场规模已超过400亿元。鉴于其"饲养宠物刚需"的特质，未来宠物食品市场依旧值得期待。

除了食品，"它经济"实际上已经基本形成了从上游**饲养、食品、用品**到下游**医疗、美容、培训、保险**的产业链条（参见图5-8）。沿着各个环节深挖，都可以找到商机。

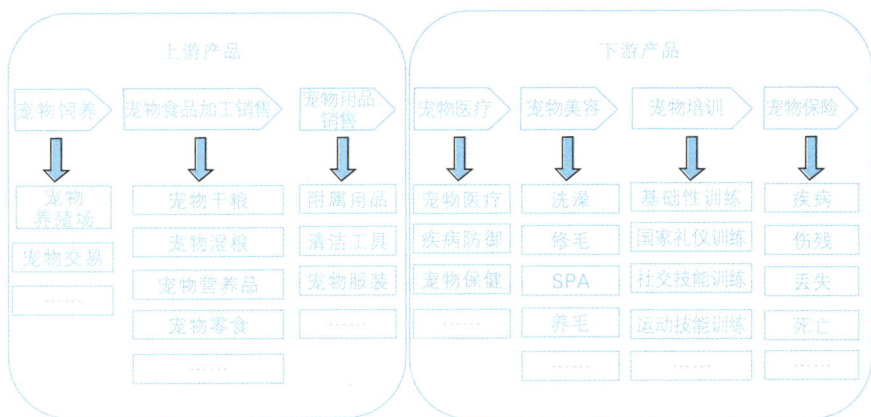

资料来源：兴业证券研究所，苏宁金融研究院制图。

图5-8 "它经济"产业链

此外，商家还可以跳出产业链，从其他与宠物行业关系密切的领域寻找切入点。比如**直播行业**，从情感角度来看，直播与宠物都能够解决年轻人孤独与被需要的情感诉求。另外，由于宠物寿命比人类短，失去宠物往往让主人悲痛、失落，这时，**宠物克隆、宠物骨灰饰品**，甚至**智能机器人宠物**便可大展拳脚。

老话说，机会总是留给有准备的人。面对"它经济"这块号称未来千亿规模的大蛋糕，你准备好了吗？

"银发经济"

付一夫

前不久，阿里的一则招聘启事赚足了吃瓜群众的眼球："年薪40万元，60岁以上，广场舞KOL（意见领袖）、社区居委会成员优先。"

这让不少年轻人惊呼：辛苦一年，年薪比不上广场舞大妈！

殊不知，阿里高薪聘请的并非普通的广场舞大妈，而是那些具有稳定的中老年群体圈子，并在群体中有较大影响力的人。而这也揭示了"银发经济"已成为阿里布局的新领域。

下面问题来了：银发经济的潜力有多大？未来将在哪些领域发力？在回答这些问题之前，让我们先来回顾一下中国的老龄化态势。

当前的老龄化态势

按照联合国的定义，一个地区如果65岁以上的老年人占比超过7%，就可以认为该地区进入老龄化社会。《中国统计年鉴》的数据显示，早在21世纪初，我国总人口中，65岁以上的老年人所占比重就已突破7%的基准线；而后，这一比重在持续攀升，2017年达到了创新高的11.4%（参见图5-9），也就是说，我国已经有约1.6亿65岁以上的老年人。

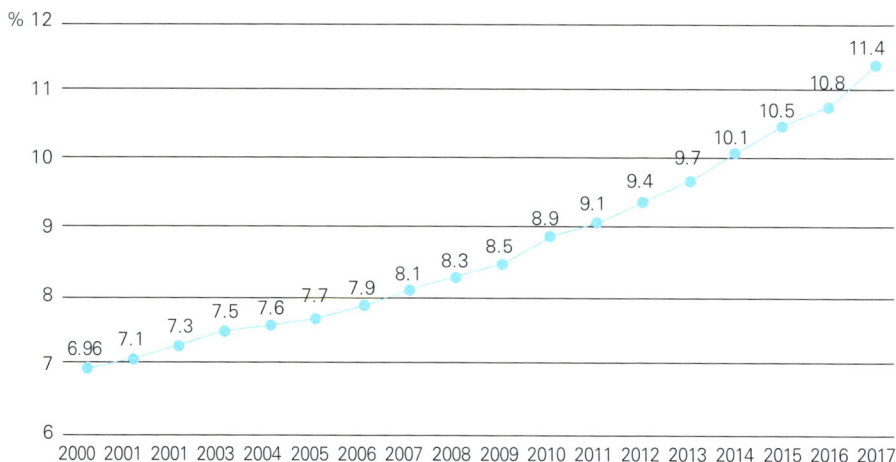

数据来源：wind，苏宁金融研究院整理。

图5-9 中国65岁以上老年人占总人口的比重

需要注意的是，我国的老龄化速度正以比发达国家更快的速度推进。如果将"65岁以上老年人占比从7%上升至14%所用年限"作为衡量老龄化速度快慢的标准，那么结合IMF（国际货币基金组织）的数据来看，英国65岁以上老年人占比从7%上升至14%用了45年的时间，日本用了25年。反观我国，仅仅用了17年的时间，65岁以上老人占比就从7%攀升至11.4%，如果按照当前的态势发展下去，到2026年前后，我国65岁以上老年人占总人口的比重将会突破14%大关，前后加起来也在25年左右，同日本国民老龄化的速度相当。

老龄化趋势加重的另一面是年轻人口的锐减。查阅历年《中国统计年鉴》的数据可以发现，我国0~14岁人口占总人口的比重已经由2002年的22.4%下降至2017年的16%。同时，从人口普查数据来看，我国从80后到00后的不到一代人的时间内，出生人口萎缩了32%。而2017年新生人口数据低迷（出生人口与生育率分别为1723万人和12.43‰，两个指标双双下跌，其中出生人口更是远低于国家卫计委的预测数值），更是让人们看到了居民生育意愿的走低。

基于上述背景，可以预见的是，未来我国人口结构将发生质的变化。根据联合国《2050年全球人口展望报告》，到2050年，中国人口年龄中位数将由2015年的37岁升至49.6岁（即一半中国人的年龄大于49.6岁）。

不过，就像一枚硬币有其两面一样，人口老龄化的"新常态"催生了"银发经济"的繁荣。

"银发经济"的潜力

"银发经济"是指围绕老年人群体展开的一系列消费行为与经济现象。

按照法国巴黎索邦大学热拉尔·弗朗索瓦·迪蒙的说法，如今大多数人能活到70岁，这部分老年消费者在社会中的比例逐渐增加，他们比过去更加富裕，健康状况也更好，参与工作的时间也将更长，因而他们会花钱，也愿意攒钱，这些都直接创造了"银发经济"。

数据也证实了这一点。瑞士信贷银行的调查指出，在几乎所有发达国家，60岁以上消费者的人均消费额超过了25岁至64岁年龄层的平均水平，未来20年，老年人的可支配收入将大大增加。美国政府的一项调查显示，"婴儿潮"一代（第二次世界大战之后的1946—1964年间）出生的人，每年的消费额比其他年龄层多4 000亿美元。

我国的"银发经济"潜力同样巨大。根据全国老龄工作委员会发布的《中国老龄产业发展报告》，2014—2050年间，我国老年人口的消费潜力将从4万亿元增长到106万亿元左右，占GDP的比例将增长至33%，成为全球老龄产业市场潜力最大的国家。

就目前来看，我国老年人的潜能并未充分释放，因此业内不少人将"银发经济"视为未来推动我国经济增长的重要引擎之一。

老年人消费观的转变

那么，未来哪些领域的产品将成为老年人青睐的消费对象呢？

要回答这个问题，需把握好老年群体消费观念的转变趋势。根据幸福9号与普华永道思略特联合发布的《2017中国老年消费习惯白皮书》，我国老年人消费观念的转变主要体现在四个方面：

第一，追求产品品质，享受型消费成潮流。"便宜"已经不再是老年人的首选，他们的消费需求正在向高水平、高层次和多元化的方向发展，表现为追求品质的享受型消费特征。比如，越来越多的老年人愿意在旅游与养生理疗上面增加投入。此外，部分老年人的心态也在趋于年轻化和时尚化，消费观念逐渐向年轻人靠拢，他们比以往更加注重化妆、衣着等方面的展示型消费。

第二，**重视体验与店内服务，追求便利与实用**。老年人普遍认为店内体验会影响他们的消费决策，因为在店内能够看到商品实物，购买起来会更放心也更方便。另外，由于老年人的精力、体力随着自身年龄的增加而有所下降，他们更喜欢在就近地点消费，追求便利和实用。在购买过程中，他们同样会看重商家是否提供方便、良好的购物环境和服务。

第三，**网上购物、移动支付不再是年轻人的专属**。社交媒体的兴盛与移动支付的便利，也在潜移默化地影响着老年群体的消费思维模式，他们渐渐不再拘泥于传统的现金支付或刷卡支付，更加愿意尝试网上购物和移动支付。中国互联网信息中心数据显示，2017年上半年，老年网民群体快速增长，60岁以上网民占比为4.8%，同比增加0.8个百分点，预计未来还会继续增长。

第四，**智能化、数字化产品备受青睐**。鉴于老年人的生活能力逐渐弱化，他们越来越需要适合自己的智能化产品的辅助。根据《2017中国老年消费习惯白皮书》的调查数据，老年人对身体健康数据监控、智能远程呼叫等数字化产品感兴趣程度较高。值得注意的是，在老年人最感兴趣的数字化产品中，一半以上是与身体健康相关的。

了解了上述趋势，你会知道——除了日常生活用品外，营养品、家用保健器械、居家养老照护、中医养生、老年旅游、老年娱乐学习、老年保险理财等领域也有着极为广阔的市场前景。

"银发经济"的隐忧

然而，"银发经济"的发展也难言一帆风顺，从宏观层面看，至少有两方面因素会对其发展造成抑制。

一方面，我国的老龄化显现出"未富先老"态势。以全球老龄化最为严重的日本为参考，从数据上看，日本的人均GDP始终遥遥领先于我国，即便近年来经济形势动荡不安，但在2016年日本的人均GDP依然是我国的近5倍（参见图5-10），足以见得其国民富裕程度远胜于我们。可以说，日本是富裕的老龄化社会，而我国未来的老龄化状态更有可能呈现"未富先老"状态，这难免会对老年人的消费水平造成抑制。

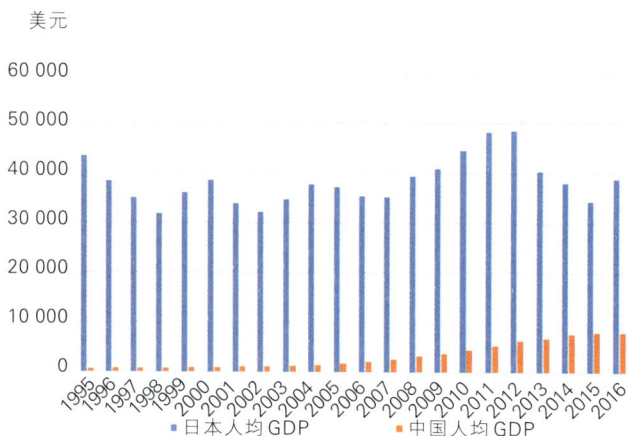

数据来源：Wind，苏宁金融研究院整理。

图5-10　中国与日本人均GDP对比

另一方面，年轻人"啃老"让老年人舍不得花钱。一个残酷的事实是，在高企的房价面前，当子女工作年限尚短，暂时无法承受购房压力时，老年人势必会拿出大量甚至毕生的积蓄及退休金来给子女买房，老年消费能力堪忧。中国青年报社会调查中心的报告显示，97%的受访一线城市年轻人表示身边人买房都需要靠父母支持。

因此，要想让"银发经济"成为未来拉动我国经济增长的引擎，首先必须以提高老年人消费水平为基础。或许，这需要国家在发展商业养老保险、调整国民收入分配格局等方面继续发力。

最后，愿你我老去时，都能从容沐浴夕阳。

"年轻人经济"

付一夫

不管你愿不愿意承认，00后已经出道了，而90后、80后们更是纷纷踏上了奔三奔四的道路。在感叹自己不再年轻的同时，人们也逐渐意识到："千禧一代"已经成熟，他们渐渐成为当前消费的主力军和商家眼中的"钱袋子"，而一系列围绕着"千禧一代"的消费趋势正发生着新的变化。

"千禧一代"消费观的养成

所谓"千禧一代"，一般用来特指1982—2000年出生的那一波人。在我国，由于"千禧一代"的出生与成长赶上了特定的历史背景与社会环境，因而逐渐形成了他们与众不同的消费观念。

首先，"千禧一代"成长于我国经济飞速发展时期。自改革开放以来，中国经济长期高速增长。按照不变价计算，我国2017年GDP总量相当于1982年（"千禧一代"开局之年）的近150倍（参见图5-11）。与此同时，我国的城市化率也自20世纪80年代开始加速（参见图5-12）。由此一来，"千禧一代"不同于上一代人，他们充分享受到了经济增长的红利，在其成长过程中大多没有经历严重的物质短缺，因而他们更具备消费升级的主观需求。

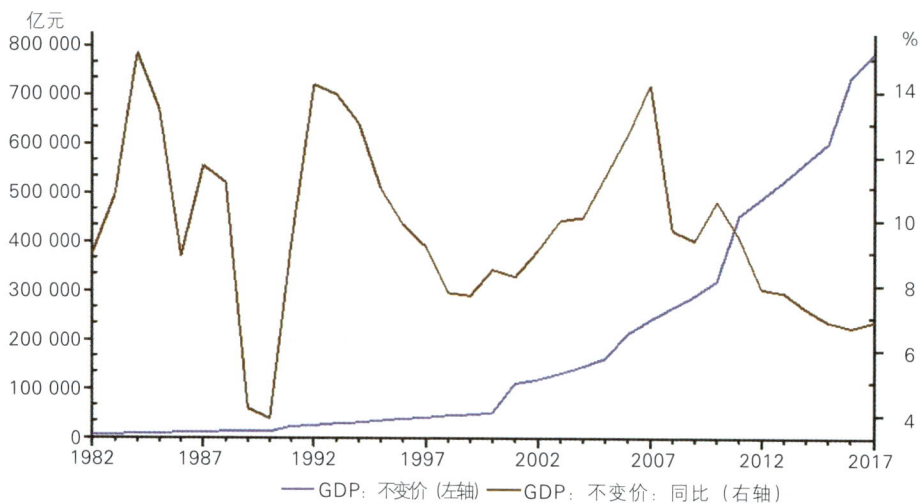

数据来源：Wind，苏宁金融研究院整理。

图 5-11　1982—2017 年我国 GDP 及其增速变化

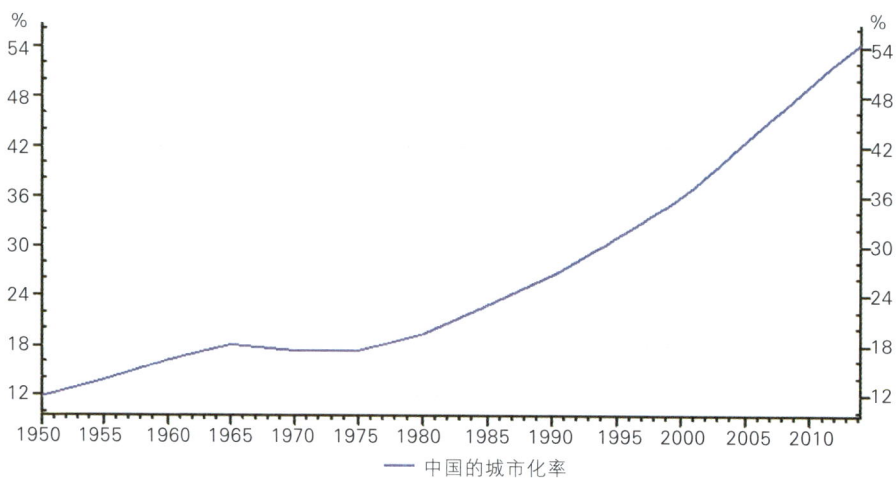

数据来源：Wind，苏宁金融研究院。

图 5-12　我国城市化率走势

其次，"千禧一代"的出生与成长受到的关注更高。1982年，"计划生育"被写入十二大报告并落实到宪法。而"千禧一代"正是在这一时代背景下出生，他们多为独生子女，家庭结构通常为"4+2+1"的形式。作为"1"，他们在6位长辈的高度关注下成长，这间接塑造了他们不同于上一代人的、更加个性化的消费习惯。

最后，"千禧一代"是互联网的原住民。自20世纪90年代起，随着个人电脑的普及，互联网开始风靡全球，其崛起也陪伴着"千禧一代"的成长。截至2016年年底，我国互联网普及率已经超过50%，其中手机网民占比超过90%。另据北京欧立信的调研报告显示，在"千禧一代"中，手机和互联网的普及率分别高达85%和93%。在高速推陈出新的互联网影响下，"千禧一代"具备了注重个性、乐于尝试新事物、品牌意识强等消费特质。

事实上，"千禧一代"的种种消费偏好正在潜移默化地左右着整个消费群体的偏好与需求。美国著名研究机构ComScore的统计显示，中国内地25~34岁主力消费人群占总人口的比例早已超过30%，远在世界和亚太地区平均水平之上。他们更加注重品质与服务，追求个性化、新鲜刺激、多样化、高品质、体验式消费，由此引领了一波个性化、多样化消费需求的兴起。

"千禧一代"的消费画像

那么，"千禧一代"的消费潜力有多大呢？

根据高盛的研究报告，中国的80后和90后群体约有4.15亿人，占总人口的31%，随着他们的平均年收入从2014年的5 900美元增长至2024年的约1.3万美元，他们将主导未来10年的消费格局。

光大银行、苏宁易购等各大品牌联合发布的《2017年轻人消费趋势数据报告》显示，截至2016年年底，全国年轻人人均收入为6 726元/月，人均支出则为4 386元/月，收支比约为3:2，可见"千禧一代"的消费能力之旺盛。

由此，掌握"千禧一代"的消费特点成为商家调研的重中之重。

根据中信证券的研究报告，"千禧一代"在"衣食住行游购娱"各个领域都具有较为鲜明的消费特点，具体如下：

（1）衣：个性化+互联网化。

"千禧一代"希望与众不同，追求品牌个性，但出于经济能力暂时相对有限的考虑，他们更愿意通过多元的消费渠道在线上线下比价格，用最少的钱买到最想要的衣服。由此呈现"千禧一代"热衷网购的现象。

（2）食：注重体验，偏好中低端消费。

"千禧一代"较少受广告宣传的影响，对口味、环境、服务等都有自己的独到偏好，并且乐于传播口碑，分享自己的体验感受。此外，由于经济实力有限，他们不会经常出入高档酒店，反倒是有特色、有卖点的中低端餐馆更能吸引他们。

（3）住：关注住房品质超过价格。

58同城房产研究中心调查显示，无论在北上广等一线城市还是其他城市，年轻的"千禧一代"毕业生们最关心的问题是舒适的居住环境，租金、交通和室友均位于舒适的居住环境之后，而这也意味着他们要付出更多的租金成本。

（4）行：购车兼顾外观和质量，品牌意识强。

"千禧一代"买车，外观样式与质量并重。以90后为例，根据网易汽车《90后年轻消费群体购车趋势消费报告》的调查，中国有49%的90后购车群体追求外观和样式，同时也有48%的90后车主追求质量与可靠性。此外，德国汽车品牌最受他们青睐，其次是日系与美系品牌。

（5）游：向往自由，热爱旅游。

"千禧一代"热爱旅游，尤其是90后群体，根据携程网的统计数据，90后平均一年出游的次数为4.2次，其国内游占比为79.3%，出境游占比为20.7%，这与他们喜欢新鲜事物、愿意尝试的个性一致。

（6）购：热衷网购，消费理性。

"千禧一代"与互联网有着天然的紧密联系，他们成为网络购物的中坚力量。而且，他们对于真正吸引自己的东西非常舍得消费，但这并不影响其理性选择，他们很少花冤枉钱在无谓的事情上。

（7）娱：娱乐能力极强，乐于接受新型娱乐方式。

"千禧一代"成长在物质生活相对丰富的环境中，他们对生活娱乐性的追求更甚于其他年龄群体。他们关注的娱乐领域涵盖娱乐圈、体育、游戏等多方面，分布范围极广。同时，新鲜好玩、有创意的东西总是可以轻易抓住他们的心，也更容易让他们为此埋单。

"千禧一代"的三大消费新趋势

而今，随着互联网技术的爆炸式发展以及新兴业态的不断涌现，"千禧一代"的消费习惯也在悄然显露出新的趋势，主要涉及以下三个方面：

第一，日渐崛起的小众消费。小众消费是指有共同的兴趣爱好、价值观、生活情怀的不同维度的人聚集在一起，形成以社群为核心的消费群体。可以说，是互联网社交工具的兴起，让这群"志同道合"的小伙伴们走到了一起，他们同样都是消费偏好更为多元化和个性化的载体，因而造就了各种发烧友论坛以及小社群的繁荣。

第二，蒸蒸日上的"懒人消费"。相对富足的物质条件、便捷高效的互联网环境、追求简单快捷的个性等因素，让"千禧一代"逐渐拥有了"宅"的特征。以90后为例，根据中信证券的调查报告，90后休闲娱乐方式排在首位的为"宅家上网"，窝在家里听音乐、看视频、睡觉成为他们度过假期的首选。如此一来，"懒人经济"应运而生，其宗旨在于尽可能迎合消费者"懒到底"的需求，并提供相关的配套服务。这也解释了餐饮、家政、速运等领域的服务迅速发展的原因。

第三，超前消费倾向明显。《2017年轻人消费趋势数据报告》中的数据显示，月收入在4 000元以上的年轻人办理信用卡的比率超过76%，且超前的信用消费已被大部分中高收入的年轻人接受。而各种互联网金融产品凭借其低门槛与高效率的特点，同样被"千禧一代"追捧。虽然超前消费意愿更强，但"千禧一代"绝不只是任性地买买买，相反，在P2P、基金、众筹等理财产品大行其道的今天，他们的理财意识同样不弱。

未来是年轻人的，消费市场同样如此。面对眼下这一片"千禧一代"的消费蓝海，你入局了吗？

"颜值经济"

付一夫

在这个"看脸的时代"，但凡跟高颜值相关的事物，都火得不得了。比如，各种直播平台里，一个个肤白貌美锥子脸的网红美女让人流连忘返；自带流量的俊朗小鲜肉鹿晗在微博上公布恋情，短短一个小时，点赞人数就近80万。高颜值不仅在一定程度上为他们带来了高人气，更带来了高收入。于是，围绕颜值的一系列消费市场得以打开，"颜值经济"悄然兴起。

"靠脸吃饭"自古有之

爱美之心，人皆有之，古今中外，概莫如是。

早在两千多年前，大哲学家亚里士多德就曾对弟子们说："俊美的相貌是比任何介绍信都管用的推荐书。"在我国，有四大美女的不朽传奇以及"回眸一笑百媚生"的千古佳句。在互联网时代流行的"三拼"中，"颜值不行拼人品，人品不行拼情怀"，颜值居于首位，就连男女之间谈恋爱都要讲"始于颜值"。

对美貌的追求是人的天性。国外有实验证明，纵然是新生的婴儿，也会在成人世界公认漂亮的脸蛋上停留更久的目光。如今，人们的社交圈越来越大，颜值的受重视程度日益提升，"以貌取人"也在成为常态。

许多证据显示，高颜值会产生"溢价效应"，并能在一定程度上为其所有者带来不少额外的好处。

根据英国刊物《经济学人》的研究，权力往往属于颜值更高的领导人，不管是在大猩猩社群还是在发达国家，领导人要达到职业生涯的最高点，相貌（包括身高、肌肉、语音语调）和成就同样重要。

著名经济学家丹尼尔·荷马仕20多年来专注于研究"颜值对实现个人价值所能起的巨大作用"这一问题。他在《颜值与劳动力市场》中指出，颜值和终生劳动力总收入呈较强的正相关性。

韩国一篇名为《婚姻和劳动力市场的整容手术效应》的研究论文则证实，颜值较高的男性收入比颜值中等的男性收入高15.2%；颜值较高的女性收入比颜值中等的女性收入高11.1%。

由此可见，"靠脸吃饭"是有一定道理的，拥有高颜值的人往往会得到更多的关注和机会，进而成长得比别人更快更好。可在现实生活中，并非人人都天生丽质，再加上"没有最美只有更美"的心态，便催生出一系列围绕颜值的消费行为。由此，"颜值经济"得以兴起。

"颜值经济"在六大领域兴起

或许在大多数人的印象中，花钱追求美貌是女性的专属。其实，在颜值当道的环境下，男性臭美起来也不遑多让。

根据尼尔森的调查数据，中国女性平均护肤时间为28.3分钟/天，超过57%的女性表示有化妆习惯；中国男性平均护肤时长为24分钟/天，比女性仅少了不到5分钟，有22%的男性受访者表示在日常生活中会化妆。

与此同时，欧睿信息咨询的数据预计2016—2019年中国内地男性护肤品及化妆品市场的零售额平均年增长速度将达到13.5%，远高于全球的5.8%；香港贸发局的研究报告显示，2019年中国内地男性护肤品及化妆品市场的零售额将达19亿元人民币。

这些数据从侧面反映出，"颜值经济"引发的消费热潮已然覆盖全民。

那么，"颜值经济"都在哪些领域兴起呢？根据中信证券的研究报告，"颜值经济"至少涵盖服装/配饰、医美、拍照、健身、化妆品、饮食六大领域。"颜值经济"兴起的六大领域见图5-13。

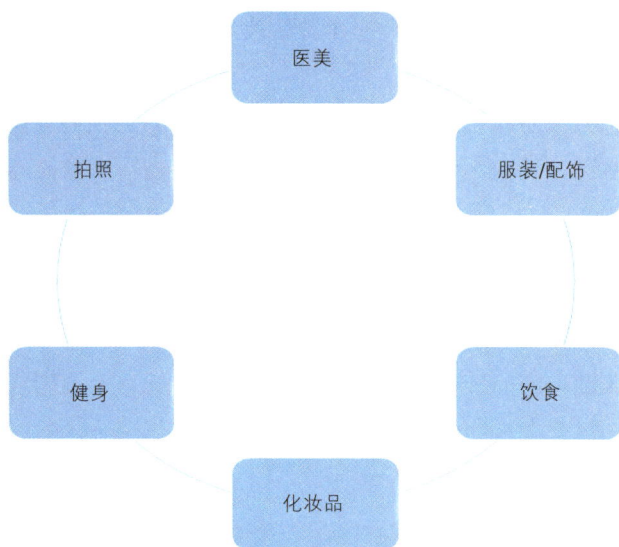

资料来源：中信证券，苏宁金融研究院整理。

图5-13 "颜值经济"兴起的六大领域

考虑到服装/配饰、饮食与化妆品三个领域相对传统，在此我们不妨以医美、拍照、健身为例来分别加以说明。

（1）医美类。"颜值经济"的兴起让医疗美容行业逐渐由极少数人群的专属向广大群众普及，并成为继房地产、汽车销售、旅游之后的第四大服务行业。BIMT的数据显示，我国医疗美容市场将于2020年达到4 640亿元（参见图5-14），年均复合增长率达38.14%。而ISAPS（国际美容整形外科学会）的数据同样证实，我国已经成为仅次于美国和巴西的全球第三大医疗美容国家。

亿元

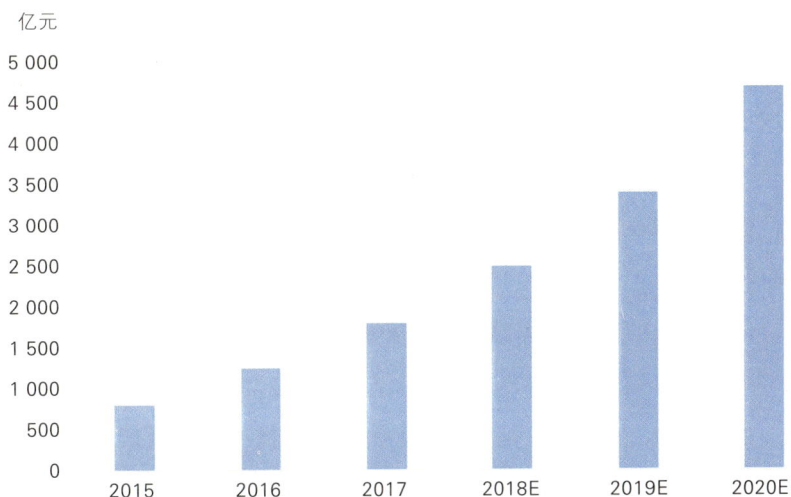

数据来源：BIMT，苏宁金融研究院整理。

图5-14　我国医美市场规模

（2）拍照类。当前，各种修图软件、美颜相机等自拍App如雨后春笋一般涌现出来，各路商家都在争先恐后地抢占市场，以求在"颜值经济"大潮下分一杯羹。例如，美图公司2008年发布"美图秀秀"后，又拓展了美拍、美图手机、潮自拍等一系列软硬件产品；而诸如华为、小米等手机品牌近年也相继推出自带美颜和滤镜功能的手机；卡西欧推出了主打自拍功能的卡片相机；苹果公司为提高用户自拍体验，同样在不断完善其前置摄像头。

（3）健身类。现在，人们对于美的追求不仅限于美容层面，还更加讲究健康、注重减肥增肌塑形。因此，近几年，全民健身意识的觉醒也催生了更多的产业价值。根据艾瑞咨询的调研数据，50%的健身用户经常去健身房锻炼，10.4%的健身用户每天都会健身，44.7%的健身用户每周健身2~6次，32.6%的健身用户每周会健身一次，这意味着近9成的健身用户每周都会健身。这种高频次的健身需求也引爆了健身市场的蓬勃发展。而随着健身用户比以往更加认同团课、私教等额外付费的附加值服务，其付费意识也在不断提升。

可以预见的是，上述领域在未来依旧前景广阔。

"颜值经济"背后的推动力

当然，除了追求美貌的本能外，"颜值经济"之所以能够兴起，至少还包括以下两方面的推动力：

第一，日渐增长的收入助力颜值消费升级。根据国际经验，当一个国家人均GDP超过5 000美元后，居民消费升级会步入快车道。我国早在2011年就达到了这一标准，2015年人均GDP更是突破8 000美元，而一二线城市人均GDP多为10 000~20 000美元，正处于中高端消费的快速提升期。

根据麦肯锡的研究报告，年收入在10万~20万元人民币的家庭在消费开支上具有最佳增长潜力。而瑞士信贷银行的《2015年全球财富报告》显示，我国中产阶层人群已突破1亿人，此时，地位和身份认可需求带来的攀高性消费心理与对自身形象重视度的日益提升，让消费者越来越关注颜值消费，从而推动了"颜值经济"的繁荣。

第二，新生代的80/90后正成为我国消费主力军。BCG的报告预计，到2020年，80/90后新生代的人口占比将达到29.5%，贡献53%的消费额；同时，他们的消费力将以年均14%的幅度增长，为上一代人（50/60/70后）的2倍。

与上一代人相比，"80/90后"的消费偏好明显不同。他们崇尚个性、追求品质、关注新鲜和刺激性事物。最直接的例子便是随着社交网络的兴起，人们往往愿意通过晒自拍照或者P图等方式来收割朋友或粉丝的"点赞"。在这种心理与他们较高的边际消费倾向的共同作用下，围绕颜值的消费自然越来越多。

高颜值不能让人笑到最后

不过话说回来，"颜值经济"虽然有其合理性，但在这个竞争日益激烈的社会，我们必须冷静、理性地看清楚——颜值只是社会竞争的一个维度，并非全部。一个人想要在竞争中真正地脱颖而出，最重要的是自身实力过硬，在此基础上，颜值高只是加分项。否则，空有外表的一个"花瓶"，是不可能笑到最后的。

不信你去看一看帅哥美女如云的娱乐圈，那些走在一线的天王天后级巨星并不是靠颜值胜出的。最典型的例子就是斩获金马奖的实力派演员黄渤，论相貌，他并不出众，但他依然能够凭借精湛的演技和人人称道的高情商与人品获得广大影迷的认可，就连林志玲都为之"倾倒"。相比之下，与黄渤同时期出道的英俊小生们，大多已经没什么知名度了。

最后，让我们用诗人吴桂君的《喜欢一个人》来结尾——

"喜欢一个人，始于颜值，陷于才华，忠于人品，痴于肉体，迷于声音，醉于深情。"

换句话说，颜值只能帮助人们在起点占得先机，要想走得远，还需要具备实力与好人品。

小镇青年的消费崛起

付一夫

2018年，拼多多在争议中火了。当广大网友想尽各种段子来调侃拼多多时，少有人反思其快速成长背后的社会原因——精准锁定了三四五线城市人群的购买力。

在这些三四五线城市的消费人群中，又有一股不可小觑的力量正在崛起，那就是城市精英人群眼里的"小镇青年"。

"小镇青年"是怎样一群人？

小镇青年，是指那些年龄在18～30岁，生活在三四五线城市的人群。

若干年前，"小镇青年"只是一个贬义词，被打上这一标签的人往往觉得不甚光彩，因为它与"土里土气""没有审美""收入不高""缺乏品位"等特性相关联。

然而，今时不同往日，眼下的小镇青年所展现出来的面貌已经大大颠覆了人们对他们以往的印象。

虽然他们大多数只有本科或本科以下的学历，但在家乡却有一份稳定体面的工作；他们收入不是很高，却无须为高企的房贷和昂贵的物价而犯愁，可自由支配的财产和消费力与一二线城市的一般白领们相差无几；他们的职场工作环境相对轻松，拥有更多的闲暇时间……简言之，他们虽然不在繁华拥挤的一二线城市打拼，却有着不错的生活质量。

具体而言，一个典型的小镇青年的生活状态可能是这样的：在父母的帮助下全款买了房，开着十来万元的小汽车，距离周边的大都市仅有两三个小时的车程；相比那些在北上广深奋斗的儿时玩伴，每天过着朝九晚五的日子，下班后有大把的时间休闲娱乐，出境游也可以时不时地走一波……这样的滋润生活，相信正在读文章的你，都羡慕不已。

因为全国的三四五线城市中有太多这样的"小镇青年"，直接带来了小镇青年经济的日渐壮大，曾经广为流传的一句戏谑之言"得小镇青年者得天下"正逐渐成为事实。

小镇青年经济的崛起之势

口说无凭，数据可以为我们展现最为客观的小镇青年经济崛起之势。

第一，汽车厂商渠道正在下沉。汽车是小镇青年出行的"标配"，代表了小镇青年消费水平的提升。根据罗兰贝格的统计数据，当前的"90后"已经逐渐成为国内汽车市场的消费主力军，其中以三四五线城市的中端汽车消费市场的成长最为迅速，而价格在8万~18万元区间的汽车消费在三线以下城市的增长最为显著。这些在相当程度上要归因于常住于三四五线城市的小镇青年。

第二，海淘颇为流行。根据海外购物平台洋码头发布的《中国海淘消费报告》，跨境电商的发展让国内消费市场呈现大众化态势，而三四线城市的居民迸发出了比一二线城市居民更大的消费能量，这也暗示着我国海外购物消费人群正由一二线城市向三线以下城市下沉。最直观的表现便是，在最敢花钱的城市中，三四线城市几乎占据了榜单半数以上的席位，这也从侧面反映出小镇青年旺盛的消费热情。

第三，OPPO和vivo手机的逆袭。近几年，OPPO和vivo现象级的崛起，让它们成功吸引了市场上的众多目光。2017年，二者在全球的出货量分别占据了第二名与第三名，这离不开我国中小城市与农村市场的支撑。根据市场分析机构Canalys公布的数据，OPPO手机的平均售价为270美元，且正是以小镇青年为主要的目标受众；而vivo手机同样几乎占领了全国所有的三四线城市。

第四，**电影市场被引爆**。近两年，我国电影票房市场一路高歌猛进，这与影院向三线以下城市下沉不无关系，而小镇青年的贡献不容忽视。以2018年年初的票房黑马《前任3》为例，根据淘票票的有关数据，该片在三四线城市的观众占比接近50%，远高于一线观众的12.2%，是为"小镇"；而从年龄结构上看，年轻观众群体的占比较高，其中24岁以下观众占比接近70%，是为"青年"。虽说仅从一部影片的数据就得出此结论有失偏颇，但也可以间接印证我们的结论。

此外，根据光大证券的研究报告，小镇青年在泛娱乐领域的消费有显著提升，其中以游戏、直播、短视频、网络动漫、网络阅读、网络音乐等板块较为突出，这也进一步证实了小镇青年群体的崛起以及他们消费意识的觉醒。

哪些力量在推动小镇青年经济？

事出必有因，小镇青年的集体崛起也绝不是偶然，其背后至少有以下四方面驱动力：

第一，**低线城市居民收入持续提高**。根据麦肯锡的有关预测，我国中产阶层占比将大幅度提升，预计2022年将达到81%，成为中国消费升级的最主要力量；其中，三四线城市的中产阶层将成为未来占比增长最快的群体，预计2022年将达40%。收入的提高，让低线城市居民消费信心比以往有了显著提高。尼尔森的消费信心指数调查显示，2017年三线城市的消费信心指数为113，增速为4.63%，高于一二线城市增速。

第二，**低线城市网络设备渗透率不断提高**。随着互联网覆盖率的提高和移动互联网的持续下沉，三四五线城市的网络设备渗透率有了显著改善，这也为低线城市居民的网络娱乐和消费行为提供了硬件上的保障，前文所说的OPPO和vivo手机的逆袭便是最好的例证。而基于较大的人口基数，低线城市网民规模仍有较大的增长空间，这也预示着低线城市未来的巨大潜力。

第三，低线居民休闲娱乐时间充裕。相比于一二线城市的居民，三四五线居民的闲暇时间相对较多。根据北京大学社会调查研究中心联合智联招聘推出的《中国职场人平衡指数调研报告》，31～40小时是三线及以下城市居民一周工作时间占比最高的时间长度（占比35%），低于一线城市（56%）和二线城市（47%）。在工作时间大于41小时的区间，三线及以下城市同样低于一二线城市；相反，三线及以下城市居民工作时间在21～30小时的占比，高于一二线城市。因此，他们有着更充裕的时间去追求娱乐与消遣，并为之付费。

第四，80后与90后的成熟，促成了小镇青年经济的繁荣。眼下，以80后与90后为主导的消费人群结构已经形成。根据美国著名研究机构ComScore的统计数据，我国25～34岁消费人群占总人口的比例高达32.1%，超过世界平均水平4.5个百分点。而这当中，自然有着相当一部分小镇青年。他们在消费过程中，普遍更加注重品质与服务，追求个性化、新鲜刺激多样化、高品质、体验式消费，由此引爆了小镇青年在泛娱乐领域的消费市场。

小镇青年崛起的启示

不可否认的是，改革开放至今，无论是东南沿海城市带的优先发展，还是以深圳经济特区、浦东新区为代表的特殊政策区域的设立，都彰显着我国经济"自上而下"的发展理念。而北上广深等一线城市的鹤立鸡群，与杭州、武汉、南京、成都等二线城市的日益崛起，吸引着无数龙头企业的入驻与外来人口的流入。这些似乎都在告诉人们：一二线城市才是中国经济发展的动力之源。

然而，随着一二线城市的日趋饱和与互联网流量红利的逐渐衰减，人们猛然间发现：未来的增长动力与无限商机已在不经意间从一二线城市转移到了三线及以下城市，而占据主导的人群也渐渐从精英阶层转移到了小镇青年身上。

事实上，大量企业已经开启了向三线及以下城市渗透的步伐，比如苏宁、阿里等线下实体店的下沉，以及不少国内外高端品牌的入驻，都在宣告商家正日渐重视小镇青年背后的"金矿"。

结合前文的分析，我们可以确定的是，小镇青年正在成为未来推动我国消费市场与国民经济增长的新动力，而他们的背后还有很大的潜力可以挖掘。

对于国内的商家来说，这是一个前所未有的契机，因为根据长尾理论，最赚钱的并不是服务那些身处头部地位的"高净值"消费者，而是那些占人口总规模比例极大的、相对普通的、收入水平一般的、能够带来巨大流量的人群。

当你疲于在一二线城市劳苦奔波时，不妨也追一追三四五线小镇青年经济的风潮，并针对他们的消费特点加以布局，或许会有意想不到的回报在前方等候呢。

"单身"背后的经济风口

付一夫

这些年，人们经常会遇到这样的情况：身边明明是一群条件和素质都不错的青年男女，可就是"剩下"了。他们中有些人是因为自己不想找另一半，有些人是因为眼光太高，还有些人则是想找找不到。

此现象绝非个案。单身，已经成为当前一种较为普遍的社会现象。单身队伍的日渐壮大，无形中成就了"单身经济"的繁荣。

那么，在时下风靡的消费升级浪潮中，"单身经济"又会带来哪些新的消费机遇呢？

"单身社会"已初现端倪

2013年，美国纽约大学社会学教授艾里克·克里南伯格完成了一本名为"单身社会"的书，将**"单身人口在大城市里越来越多，并逐渐赶超核心家庭数量"**的社会定义为"单身社会"。

在此书中，克里南伯格教授对海量的第一手资料与调查统计数据加以详细分析后指出：单身社会，正经历一次空前强大、无可避免的社会变革，不少发达经济体都已经进入了这一社会形态。

在中国，单身社会的形态目前也已初现端倪。《中国统计年鉴2017》数据显示，根据抽样比进行折算，估计2016年20~49岁的男性比女性多1 338.35万人；此外，2016年未婚人口总数为2.18亿人（其中男性1.29亿人，女性0.89亿人），离婚人口总数为2 199.28万人（其中男性1 244.32万人，女性954.96万人）。总体来看，我国单身人口规模已达到2.4亿人，这一数字已然超过了俄罗斯与英国的总人口之和。

其实，从全球范围来看，单身并不稀奇，甚至可以认为是"常态"。根据东兴证券研究所的报告，美国成年人口中单身比例为45%，日本为32.4%，韩国为23.9%，而中国只有17.4%（见图5-15）。

由此可以预判的是，随着我国经济社会与国民思想的不断进步，微观个体选择日益多元化，主动或被动选择单身的人将越来越多。参考同为东亚国家的日本和韩国，按两国平均单身人口的比例计算，未来我国的单身人口可能直逼4

亿人。

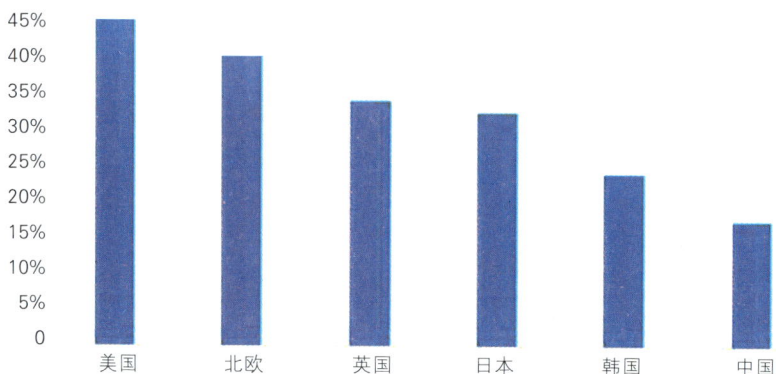

图5-15　主要国家和地区单身人口占总人数的比重（%）

　　究其原因，无外乎两方面：一来，由于性别失衡与男性人口绝对过剩，有千万数量级的男性在无奈地被动单身；二来，随着经济的发展和思想的解放，家庭在个人生活中的角色被逐渐弱化。同时，良好的教育以及经济的独立性促使越来越多的人在择偶条件上有了更高的要求，于是，婚姻不再是人们唯一和必然的选择，离婚和主动单身成为越来越多人的选择。

　　基于这一背景，"单身经济"开始兴起。

单身社会催生"单身经济"

　　"单身经济"这一概念，最早是由经济学家麦卡锡于2001年在《经济学人》杂志中首次提出，只是当时他将单身经济的群体锁定为女性。

　　麦卡锡认为，独身且收入不菲的单身女性是广告、娱乐等行业最理想的顾客。

　　而今，随着单身人口的与日俱增，这一群体早已不再局限于单身女性。现在的单身经济，更多的是指由单身人群非常注重生活质量、崇尚高消费生活而带来的种种商机。

需要指出的是，单身贵族们的消费结构与传统家庭的消费结构是有所不同的。根据浙江大学副教授贺慈浩的观点，由于没有家庭的负担，单身人群的储蓄倾向要明显低于非单身人群，边际消费倾向却要远高于非单身人群。而单身人士主要集中于白领和中产人群中，这部分人除了精神上的消费顾虑较少外，物质上还具备较强的消费能力。于是，种种因素的叠加，让单身经济开始兴起。

意大利曾经做过一项家庭平均消费的调查，一个 2～5 人的意大利普通家庭，每人每月吃喝的平均消费是 187 欧元，而单身人士能达到每月 320 欧元，整整多出了 71%。此外，英国的一项研究表明，单身者一年的支出要比已婚者多出 5 000 英镑，单身的人一生要比已婚的人多花 25 万英镑。

再看我国，根据《新周刊》发布的《中国单身报告》，综合分析京、沪、穗、深、蓉等 16 个代表性城市中的 1 024 个有效样本，可以发现，不经考虑就购买奢侈品的单身消费者占 28.6%，其中 16% 的单身人士至少每周去一次酒吧、KTV 等娱乐场所，31.6% 的单身人士每月的最大开销为自我娱乐消费或聚会等社交消费，为未来储蓄或者用于保险的开销仅有 5.4%。

由此可见，被父母连连催婚的单身人群，在不经意间已为国家 GDP 的增长做了不小的贡献。

单身人群的消费画像

种种迹象表明，单身人群规模的扩张仍有较大提升空间，这也无形中使市场形成了一部分相对固定的、具有共通特征的消费群体。在当前的消费升级大环境下，对于商家来说，洞悉并掌握这一群体的消费偏好与趋势，就能在单身经济市场中抢占先机。

那么，单身人群的消费画像究竟是怎样的呢？根据中信证券的研究报告，主要包含以下三个方面：

（1）消费休闲化

单身群体的一大特征便是可支配时间较多，无须与伴侣和家庭相伴的他们，更乐于将时间用在满足其休闲化需求的消费上，尤其是娱乐性消费和饮食消费上。

一方面，在物质生活充裕以及娱乐媒介丰富的时代，单身群体可以把大量的时间花费在网络终端上，网络可以满足他们休闲、社交、购物等需求，因此相对于非单身人群来说，他们对网络上的娱乐活动更具依赖性。其中，最为典型的娱乐活动就是网络游戏。陌陌大数据显示，在较为活跃的网游玩家中，约75%的人是单身，由此可见一斑。

另一方面，单身人群往往作息时间相对不规律，由此也导致他们进食频率低，就餐时间点更为随性，更偏好于随时随地的食品补充，尤其是钟情于休闲零食。尽管这并非最健康的选择，但在单身群体的排序上，他们可能更看重食品的口味，其次是趣味和价格，健康居末。

（2）热衷于网络社交

人毕竟是群居性动物，单身生活久了，也难免孤单寂寞。相比之下，单身群体往往更需要朋友的陪伴和关爱，主观上他们也更有动力去寻求脱单的法门，因此对于社交需求的渴望更为强烈。

落实到行动上，热衷于网络社交一方面体现在单身群体常常积极通过各类社交媒体进行网络化、互动化社交，加强沟通频率，扩大交流群体；另一方面则体现在他们通过健身进补等方式来增强其社交魅力。

（3）追求个性化

从消费者结构看，"80后"与"90后"正逐渐成为消费主力军，这其中又包含了大量适婚年龄的单身人士。在网络消费的大潮下，全国30%人口的"80后"与"90后"占据了我国网购人群的73%，从而在人数上成为绝对的消费主力。

与此同时，他们的消费行为与消费理念有了很大的改变。相比已婚人群，单身人群的消费行为更加感性化，对价格的敏感度也相对较低。

明确了这些单身人群的消费特征，商家们趋之若鹜的商机与风口，或许在下述三个方面会有所体现：

（1）休闲需求

单身人士不但对休闲性消费颇为青睐，还乐于将情感寄托在虚拟世界中。而时下智能手机的普及与软硬件性能的进一步完善，也为单身一族提供了物质上的保障。这也直接导致了他们每天使用手机的时间大幅度增加，且手机付费比例也在显著提高。

手机游戏具有较大的潜力，为了便于用户获得更为炫酷的游戏体验，整个手机游戏行业或许会由打发时间的轻度游戏向中重度游戏转变。

此外，由于人们付费习惯的逐渐养成，小说、漫画、音乐、视频等内容购买服务会继续盛行，内容服务商大有可为，一些优质直播网站与兼具社交属性的付费游戏等相关产业的商业价值将会凸显。

（2）陪伴需求

单身人群对陪伴的渴求可能会进一步使宠物行业愈加利好。"招猫逗狗"不但可以解决单身人士的"孤单寂寞冷"，而且其与生俱来的社交属性同样会起到较好的助力作用。另外，陪伴的对象还包括亲朋好友，因此，同线下朋友聚会相关的种种消费也极有可能会持续升温，比如餐饮、桌游等。

（3）个性化需求

如果将庞大的单身群体加以细分，便可发现不同类别的人士，其偏好也会有所差别。因此，商家可以以此为参考，有针对性地提供更具个性化的商品和服务。

举例来说，中老年单身人士的婚恋、交友、理财等服务匮乏，目前多属于自发组织，且缺乏活动场地，这些都是潜在的盈利点。

另外，消费者调查报告显示，单身消费者普遍青睐电影、电视剧、旅行、运动健身。从性别来看，单身男性对健身、科技和音乐的兴趣浓厚；单身女性则更偏好护肤、时尚潮流和健身等领域。

最后，不管你在意与否，单身经济背后的金矿就在那里。有远见的商家总是提前布局，及早挖矿，当然，这也间接造福与关爱了单身人群。

第 6 章

新零售的那些事儿

新零售，到底新在哪里？

付一夫

你有没有发觉，有一种新的商业模式——新零售已经悄然来到我们身边？业内盛传，2017年是新零售的开局之年，而借助"双11"的东风，新零售也由概念转变为现实，正式登上了时代的舞台。那么，新零售到底"新"在哪里？它的到来有何重要意义？本文将针对这些问题进行剖析。

新零售的产生背景

2016年10月，马云在云栖大会上首次提出"新零售"这一概念，指出"未来的十年、二十年，将没有电子商务这一说，取而代之的是发展新零售"。

2017年3月，苏宁集团董事长张近东在全国政协会议上进一步详细阐述了"智慧零售"的内涵与外延，很好地补充了新零售的概念。而后，"新零售"更是频频被业内提起，阿里、苏宁等电商龙头们争先恐后地加以布局，投资者更是对"新零售"概念股热情高涨。

那么，何谓新零售？

业内普遍认为，"新零售"是指企业以互联网为依托，通过运用大数据、人工智能等先进技术手段，对商品的生产、流通与销售过程进行升级改造，进而重塑业态结构与生态圈，并对线上服务、线下体验以及现代物流进行深度融合的零售新模式。

新零售的问世绝非偶然。技术进步与消费升级"双轮"驱动的特定时代背景，让新零售应运而生。

一方面，技术进步为新零售提供动力源泉。一直以来，零售商依赖于数据塑造与顾客进行互动，通过信息技术推动商业向顾客深度参与的方向发展，而这一过程大体可分为四个阶段：POS机+店铺、移动终端与社交媒体介入、智能设备+店铺、智能化自主化零售（参见图6-1）。

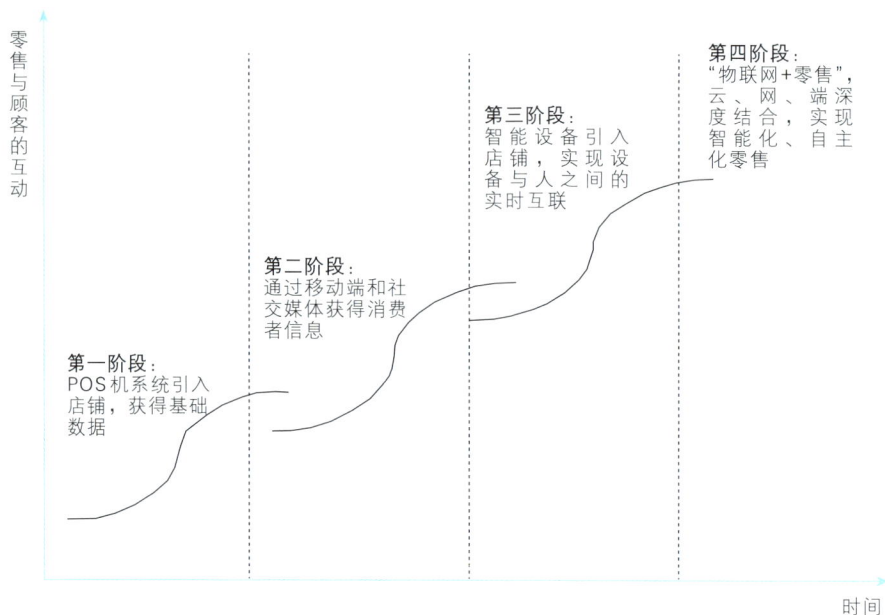

资料来源：商务部流通产业促进中心，苏宁金融研究院整理。

图6-1 零售与技术结合的发展阶段

我国目前的零售业发展正在跨越第二阶段，有不少企业已经迈入第三阶段，即通过场景服务运营商提供整套"互联网+"解决方案，通过 Wi-Fi 和 i-Beacon 应用进行场景定位，并通过传感器等技术实现对消费者购物轨迹的全流程追踪。未来伴随着物联网技术的成熟以及在零售领域的应用，零售业对技术的应用将进入第四阶段，即物联网+零售，零售行业的服务边界将进一步扩展。

而今，云（云计算、大数据）、网（互联网、物联网）、端（PC 终端、移动终端、智能穿戴等）构建起"互联网+"下的新社会基础设施，为新零售的发展准备了必要条件，并提供了发展动力。

另一方面，消费升级成为新零售发展的另一驱动力。居民收入水平变化会直接影响到居民消费倾向与消费结构的变化。有关研究表明，随着人均 GDP 的提高，消费结构与消费品类都会有所调整（参见图 6-2）。

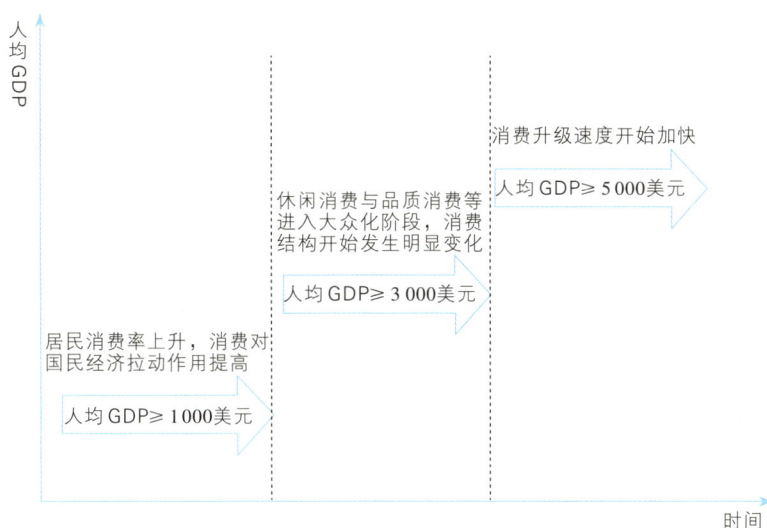

资料来源：苏宁金融研究院整理。

图 6-2　人均 GDP 变化与消费升级关系示意图

就我国而言，2008 年、2011 年和 2015 年，人均 GDP 分别达到 3 000 美元、

5 000美元和8 000美元以上，相应地，我国消费结构也进入了快速升级阶段。此外，从需求端的国民经济三驾马车来看，我国经济增长的首要动力依旧是投资，来自居民部门的消费贡献度近年来虽稳中有升，但尚未成为主导（参见图6-3）；2016年我国居民消费占GDP的比重为39.21%，而这一数字在美国大约为67%，足以彰显我国居民在消费升级方面的巨大潜力。

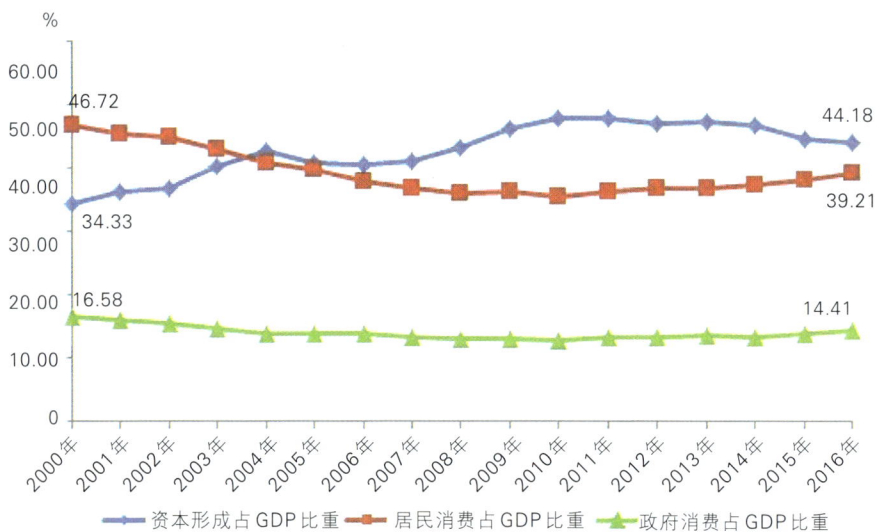

资料来源：苏宁金融研究院根据《中国统计年鉴》整理。

图6-3　资本形成、居民消费、政府消费占GDP的比重（%）

与此同时，我国消费主体也在发生变化。美国著名研究机构comScore的统计显示，中国大陆25～34岁主力消费人群占据总人口比例早已超过30%，远在世界平均水平和亚太地区平均水平之上。这些消费人群所受教育和成长经历与旧消费人群不同，从而形成了与旧消费人群相区别的消费心理和消费需求：他们更加注重品质与服务，追求个性化、新鲜刺激多样化、高品质、体验式消费，由此引领了一波个性化、多样化消费需求的兴起，这也间接对生产商的产品提出了更高的要求。受此影响，我国的消费升级步伐也得以加快。

新零售到底"新"在哪里？

如果不看那些高大上的修饰语，新零售的本质内涵其实并没有发生改变，依然是充当商业中介并促进交易的"双向契合"过程，最终目标依然是更有效率地推动交易的实现，更大程度地满足消费者的需求，提供更好的商品、更有竞争力的价格与更优质的服务。

但是，既然名字叫"新零售"，那么总有一些地方是与传统零售业不同的。新零售，到底"新"在哪里？

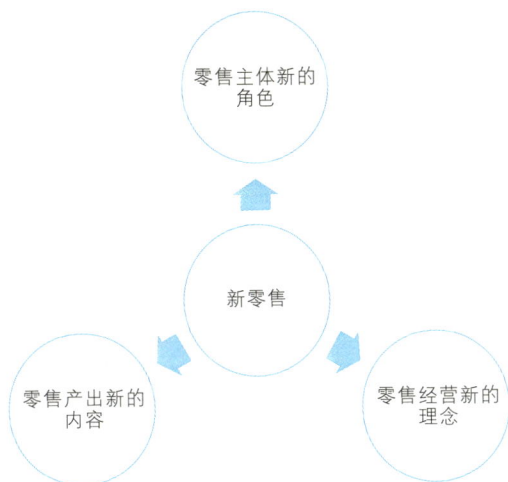

资料来源：苏宁金融研究院整理。

图6-4　新零售的新颖之处

第一，零售主体的新角色。在传统零售活动中，零售商的任务主要就是向上游供应商（包括品牌商与经销商等）采购产品，向下游消费者销售商品，从中赚取中间差价。而在新零售情境下，零售商开始"既当爹又当妈"，他们不仅要组织商品交易的顺利完成，还要利用自身强大的大数据分析能力为产业活动的参与者提供一体化的服务。比如说，对于下游消费者，零售商要通过走进消费者的生活来了解其潜在需求，为消费者提供满意的商品与一系列商业服务；对于上游供应商，零售商还需要为其提供精准的消费者需求信息，从而走进供应商的价值链，为供应商的生产研发与市场推广活动提供服务和帮助。因此，成为产业链活动的"组织者"与"服务者"是新零售赋予零售商的新角色。

第二，零售产出的新内容。在新零售场景下，零售商除了建立持续互动的"零售商-消费者"关系外，将进一步提供其他方面的服务。首先，在线下环节，新零售不再是传统零售那样简单的买卖交易，而是更加注重消费者的体验，也就是让消费者在购物过程中有参与感，并获得愉悦的心情：一方面，新零售通过新颖的门店设计，从视觉效果上提高门店的"颜值"；另一方面，新零售嫁接餐饮、科技甚至娱乐部分，重新定义人与货场，实现传统店面的全方位升级。其次，不同于O2O概念中的"从线上到线下"抑或是"从线下到线上"，新零售强调的是线上与线下的全渠道完美融合。例如，在环境服务、交付服务、品类服务等方面，新零售可以通过商品数字化、会员数字化、卖场数字化等方式构建起以大数据分析为支撑的线上与线下融合的购物新场景，进一步强化消费者全渠道、多场景的购物体验。

第三，零售经营的新理念。传统零售业追求的是通过快速扩张来实现规模化竞争，而"经济原则"和"效率原则"也随之成为零售商经营理念的核心内容。在新零售场景下，消费者需求成为零售商的出发点，无论是新技术的应用还是零售要素的调整和变革，都是为了更好地了解消费者的生活方式，从而更精准地满足消费者的需求。因此，不同于传统零售业的是，新零售的商业价值排序实现了重构，满足消费者需求成为全部商业活动的价值起点，其"人本原则"也成为零售商经营理念的核心所在。

新零售对行业意味着什么？

众所周知，在"互联网+"浪潮的冲击下，传统零售行业堪称满目萧然。从2012年起，大部分以百货、超市为主营的企业增速就不断下滑，在国内经济不振和电商飞速发展的双重压力下，线下零售商的日子每况愈下，许多大型超市和商场都以关店来预示自身的败退。联商网统计数据显示，2015年主要零售企业（百货、超市等）在国内共计关闭1 709家门店，相比2014年关闭的201家门店，关闭门店大幅增加，其中不乏沃尔玛、百佳、卜蜂莲花、家乐福等知名大超市。冷冰冰的现实反映出零售业面临的阵痛以及未来前行的迷茫，不少人甚至喊出"电商已兴，零售消亡"的论调。

然而，一些新变化的发生，似乎预示着剧情的反转：

第一，互联网人口红利正在逐渐消失。 近几年，我国移动互联网用户规模年均增速一直在减缓，已由2013年的15.35%降至2016年的5%左右，预计这一趋势将继续保持。

第二，线上电商的零售总规模并不乐观。 2016年，我国网上零售总额为51 555.7亿元，仅占同期社会消费品零售总额的17.13%，即便是身为电商龙头老大的阿里系掌握着八成的市场份额，也不过占据国内零售份额的14%左右，这意味着超过80%的份额仍然在线下完成。

第三，线上电商获利越来越难。 一方面，电商流量获取成本、运维成本、物流成本以及其他各方面综合成本均在不断攀升，严重挤压了线上电商的获利空间；另一方面，竞争格局的逐渐稳定，让电商的低价优势日趋减弱，不少线上商品的价格也逐渐调整到与线下相差无几，这对于消费者而言，越来越多的是抱怨而不是欣喜。

第四，消费升级呼唤体验式购物。 随着生活水平日益提高，人们的消费观念也从性价比时代逐渐转向体验经济时代，而无论是在地理上、心理上，还是在功能性上，离消费者最近并能带来更多直观感受与服务的都是线下实体店。与此同时，80 后与 90 后已日渐成为消费群体主力军，这些消费人群所受的教育和成长经历与旧消费人群不同，由此也直接影响着未来市场的主流偏好与需求。

如此一来，新零售的问世可谓正当其时，其"线上+线下+物流"的模式，对电商、实体店乃至整个零售行业都有着重要意义：

首先，从电商的角度看，虽然线上交易每年都维持增长，但增速放缓、成本攀升、流量红利大不如前等诸多现实问题也亟须面对，而线上零售商拥抱线下，则可以充分利用线下渠道的网点优势，根据实体店面的覆盖面积较小这一特点，将其打造为"购物点+物流中心"，这样不仅可以节约成本，提高物流速度与质量，让消费者在最短的时间内即可获得商品，还能使服务范围更加精准清晰，从而便于开展售后增值服务。

其次，对于线下零售商来说，在经历了长时间的惨淡经营之后，他们无疑更乐于结束与线上的对峙僵持状态，"化敌为友"，和谐共赢。电商在经历多年深度覆盖后，积累了庞大的活跃用户和消费数据，对消费者行为有深刻的认识，这些都将有助于线下零售的选址、选品、陈列、物流路线、支付、订单分拣等环节，精准地告诉厂商各个社区的产品偏好、价格偏好，应如何备货，备货多少，帮助线下零售商实现库存优化。此外，线上与线下还可以做到会员之间互联互通，为双方都能带来新的流量红利。

最后，对于整个零售行业来说，新零售的出现推动了商业要素的重构，加速了零售经营模式和商业模式的创新，或将引发零售行业的巨大变革。此外，新零售还可以有效减少供需双方的信息不对称性，降低经济组织的各种成本，从而提升购物效率。对于消费者来说，基于打通线上线下双渠道的新零售，消费者的购物场景将更加多元化，大大降低了搜寻成本与时间成本；对于生产商来说，新零售促成了生产商与零售商的信息资源共享，生产商可根据零售商提供的消费者数据分析实现精准营销，提高企业经营效率。

解码新零售：
2018年三大主攻方向

付一夫

最近一两年，涌现出大量的经济热词：共享经济、雄安新区、比特币、租购同权、共有产权房……随便挑一个，都够老百姓茶余饭后谈论好半天。而其中最为引人注目的，莫过于"新零售"一词。

自2016年10月"新零售"概念问世以来，阿里、腾讯、苏宁、网易、小米等巨头纷纷入局，零售业态也发生了显著变革，谈笑间，新零售赛道上已经是高手云集。2018年1月22日，亚马逊无人便利店Amazon Go在美国西雅图正式营业，宣告了新零售的发展步入一个全新阶段。

那么，新零售因何而起，又将往何处去？读完此文，你将会有一个较为深刻的认识。

两个场景说明新零售带来了哪些不同

2017年，是中国零售业发生巨变的一年。围绕着业内最初对新零售"线上＋线下＋物流"的构想，新的行业定位、新的零售业态、新的技术纷纷涌现，线上线下合纵连横热火朝天。生鲜超市、无人值守商店、无人仓配、门店科技等新鲜事物，一个接一个地来到我们身边。

也许你会问，新零售究竟给我们带来了哪些不同？笔者将以苏宁的新零售实践为例，用两个场景来做个诠释：

（1）苏鲜生——逛吃逛吃

围绕用户消费场景的体验，苏宁旗下的苏鲜生将传统的超市转化为集"商超+菜市场+餐饮店"为一体的全新购物空间。

一进入苏鲜生购物区，各种海鲜琳琅满目。而出于生鲜产品不能久置的考虑，现场设置了烹饪区，通过收取并不高的加工服务费，片刻间就可以为购买生鲜的顾客提供美味佳肴。

此举可谓一箭双雕：一方面，延长了顾客在店内的停留时间，黏性大增；另一方面，顾客在等待海鲜加工的间隙，可能会在继续逛超市的过程中实现二次消费。

说得通俗一点，前一刻还在挑选活蹦乱跳的"虾兵蟹将"，后一刻就能吃到海鲜美食，悄然间，"逛吃逛吃"的愿望在这里实现，成就感满满，着实不虚此行。

（2）苏宁Biu店——刷脸支付

苏宁无人店Biu的最大亮点是——刷脸支付黑科技的实现。

Biu店的刷脸支付，采用了人工智能中的面部识别技术，只需事先在"苏宁金融"App中录入自己的脸部信息，便可实现在购物全程对着摄像头刷脸两次（包括进店一次，支付结算一次）完成埋单，哪怕是做鬼脸、戴帽子甚至是遮住自己的半张脸也能够轻松地被识别出来。这一过程完全摆脱了手机的桎梏，堪称支付领域的一场革命。试想，当别人在掏手机、启动App、输密码时，你看着屏幕中的自己微微一笑，就像完成自拍一样，顷刻间付款成功，是怎样一种酷爽的体验？

耳目一新的购物巨变，让消费者们真真切切地认识了新零售。可是为什么偏偏2017年，会成为新零售玩家们集中爆发的一年？或许，我们可以从下文中找到答案。

新零售如何产生？这里有个经典理论

任何事物的产生与发展皆非偶然，都有着其自身的规律和内在动因，新零售自然也不例外。我们可以借助已有的商业经济理论，来对新零售发展背后的逻辑和规律做一番探究。

目前，学界多采用**"新零售之轮"**的理论分析来解释新零售。

所谓"新零售之轮"，是由日本学者中西正雄在"零售之轮"理论和"真空地带"理论的基础上提出的，主要从**技术与管理、效用函数、零售价格和零售服务水平**四个关键要素出发，揭示了零售新业态发展的动因和战略方向。

该理论的核心观点认为，**零售业态更迭的原动力在于技术革新**，包括管理、信息、物流等多个维度；而零售商们之所以要致力于技术革新，其动机主要有以下几个方面：

第一，如果行业整体技术边界不变，随着各个企业之间竞争的日益激化，零售企业的利润必将在平均化的基础上趋于下降，于是，个别零售商就会为谋取竞争优势和高额利润而摸索革新；

第二，一段时间后，未能实现技术突破的企业由于面临亏损不得不选择退出，但是有时也会因为退出壁垒较高等原因，只能留在行业内，为了生存，赌命式地进行技术革新；

第三，当零售业的整体利润高于一般产业时，其他企业会试图加入，这时便会将在其他产业已经完成的技术革新当作武器，来确保其在零售业竞争的优势，于是客观上也要求传统零售商继续进行技术革新。

需要指出的是，现实中的技术边界线移动绝不是件容易的事，因为新技术的孕育、发现与推广应用需要一定时间的积累方可实现。在下一次技术革新尚未来临之前，率先领先新零售的巨头企业仍旧需要为未来的竞争做准备。

毕竟，当某企业因处于新业态而获得超额利润时，将会带来显著的**示范效应**

和扩散效应——其他零售企业因看到该领先企业的成功，而在自身经营实践中效仿并应用新业态的运营和管理模式，最终使行业整体技术水平不断提升。随着效仿者的不断增多，领先企业的超额利润也将逐渐减少甚至消失，由此便形成了**"新零售之轮"**的循环（见图6-5）。

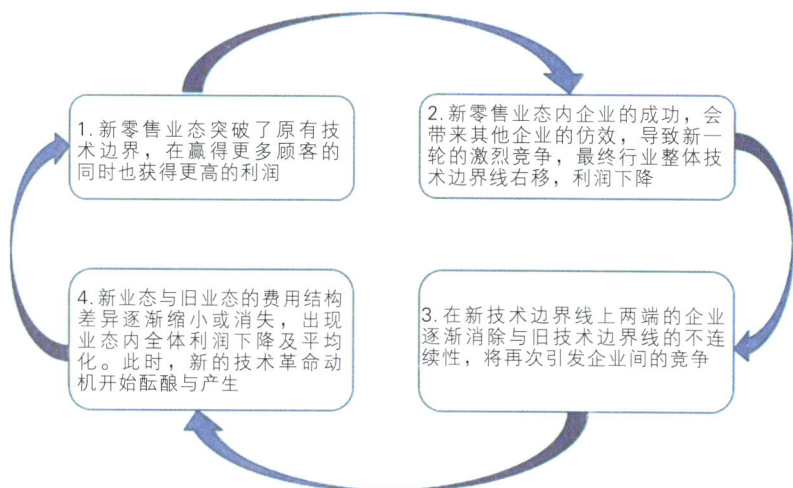

资料来源：苏宁金融研究院整理。

图6-5　"新零售之轮"循环图

了解了"新零售之轮"理论的核心内容后，我们便可以依托该理论的精髓，来深度解读新零售这个业态。

为什么说新零售业态问世有其必然性？

不难看出，新零售的出现恰恰验证了"新零售之轮"理论的基本逻辑。

一方面，从供给侧的零售商层面看，零售商一直依赖于数据塑造与顾客之间的互动，通过信息技术推动商业向顾客深度参与的方向发展，而这一过程大体可分为四个阶段：POS机+店铺、移动终端与社交媒体介入、智能设备+店铺、智能化、自主化零售（参见图6-1）。

就我国来看，目前零售业的发展正在跨过第二阶段，有不少企业已经迈入第三阶段；未来伴随着技术的成熟以及在零售领域的应用，在迈入第四阶段的同时，零售行业的服务边界将进一步扩展。

而今，相对于传统业态，新零售恰恰正是基于电子商务和传统零售，针对线上电商与线下实体店各自的种种问题，通过整合并打通线上线下的资源，利用云（云计算、大数据）、网（互联网、物联网）、端（PC终端、移动终端、智能穿戴等）等新兴技术来带动行业的发展，最终在实现行业技术变革的基础上，深度融合的零售新模式。

另一方面，从需求侧的消费者层面分析，国民收入水平的不断提升带来了消费升级大潮，特别是2015年，我国人均GDP历史性地突破了8 000美元的临界点，这让绝大多数居民的消费水平有了质的提升；同时，随着85后与90后日渐占据消费群体的引领地位，来自消费者的**消费习惯、消费偏好、消费需求**也都在悄然发生着变化。麦肯锡全球研究院的研究报告指出，在消费与零售行业，多达85%的中国消费者已经成为全渠道购物者，对购物体验的期望水涨船高。

如此一来，零售经营的理念也势必要从传统零售业的"经济原则"和"效率原则"朝着"人本原则"方向转变，如何更好地了解消费者的生活方式并迎合消费者的购物需求，也成了零售商的出发点。

在此背景下，新技术的日渐成熟也刚好为更加精准深入地了解消费者提供了手段和保障，由此形成了2017年各玩家布局新零售业态的两大主线：一来，基于线下零售的数字化、平台化，获取海量交易和用户数据，进而帮助零售商进行精准营销、选品布局等；二来，以消费者为中心，围绕消费者进行人、货、场重构，注重用户体验和便利。

以前文提到的刷脸支付为例。这种炫酷的用户体验之所以能够实现，要归因于人工智能中"面部识别"技术的突破性进展。当该技术被引入零售业后，完全实现了对行业的全新赋能。

以最能给予消费者购物体验的实体店作为切入点，通过升级改良购物场景，让人们对曾经只能在科幻电影中看到的场景充满了向往与憧憬，而且，顺畅便捷的支付过程带来的快感也全然不是传统支付模式所能比拟的。

与此同时，"人脸识别"这一技术还可以对入店人群进行包括客流量、性别、年龄、表情、偏好等特征在内的精准分析，让用户画像更加清晰明确，从而优化商品配置，提高转化率。

此外，"人脸识别"获得的用户偏好还能反哺线上，将所得数据通过线上反馈给厂商，助力厂商更全面地了解消费者需求，进而精准地研发产品，设计营销策略。这些都是完美实现新零售"打通线上线下"内在要求的极佳方式。

不过，正如"新零售之轮"理论所说，随着技术效仿者的不断增多，领先企业的优势也将趋于减弱。为了保持自己的行业地位，领先企业必须继续进行新的技术改进与创新，于是，在行业快速发展的同时，消费者们也看到了各种新兴场景与业态的接踵而至。

2018年，新零售发展如何？

2017年新零售的崛起，已经带给人们一波接一波的惊喜，行业的强劲发展势头也有目共睹，那么在2018年，新零售又朝着何种方向演进？

在笔者看来，以下三个方面是2018年新零售玩家们的重点攻克方向：

第一，实现个性化定制与柔性化生产。具体来说，是指生产商将设计好的产品在互联网上挂出来进行试水，以"预售"模式加以宣传，同时接受消费者的个性化定制。等到消费者的需求达到一定规模后，生产商再下单生产。这一模式完全迎合了当下新零售的经营理念，以消费端为导向，在充分掌握不同群体消费者的实际需求后再实施生产与销售，这样不仅可以大幅度提升资源使用效率、减少库存积压，还能够更好地满足消费者差异性的需求。这也要求零售商将大数据分析、云计算、供应链协调、智能仓储物流以及互联网营销模式深度融合，从而打造出集订单提交、用户分析、设计打样、生产制造、物流交付为一体的电商平台。

第二，打造"社交+体验"的购物空间和平台。如前文所述，新时代的消费者更加注重获得更为丰富的社交服务和更为人性化的购买体验。相比之下，简单的商品打折促销已经难以满足其需求。而消费者越来越希望在网络平台上交流甚至合作，从信得过的亲友那里征求意见，寻找并购买商品和服务。因此，意图在新零售时代抢占先机的零售商不能再守株待兔，而是要主动出击，将微信、微博、Facebook、Twitter、QQ等社交工具有效应用到企业中，构建一个网络平台，主动利用社会化媒体去组织用户和客源。线上通过社会化媒体，零售商可以为消费者提供更多娱乐性和社交化的信息增值服务，线下零售商则可以将传统的产品体验延伸到服务体验层面。

第三，整合零售资源，实施全渠道发展策略。针对更加注重消费体验和购买效率的消费群体，零售商要精准定位目标客户，并对其购物的路径偏好和全部零售渠道进行全方位的仔细研究，进而根据各种零售渠道的特征，制定相应的销售策略，并利用全方位的渠道间的协调效应，为消费者提供更多便捷、安全的购物体验，同时也有助于零售商获取更多的利润。

过去的一年，人们已经感受到新零售的轮廓与魅力；而在2018年，各路高手的"华山论剑"势必将推动新零售的跨越式发展。而不管巨头们怎么过招，最终获益的还是广大消费者。当购物消费都可以成为一场身心愉悦的感官盛宴时，你就该意识到，"过去已去，未来已来"真的是应验了。

"在未来面前，你我都是孩子。"所以，我们姑且静观其变，在适当的时候，张开双臂尽情地拥抱这个全新的新零售时代吧。

新零售时代，"人货场"要如何重构？

付一夫

在零售行业中，"人货场"是三个永恒不变的组成要素，新零售时代也是如此。

关于新零售，除了"线上线下全融合"之外，人们听到最多的恐怕就是"重构人货场"了，尤其是在新技术赋能与商业模式演进的基础上，不仅"人货场"的关系需要改变，人、货、场这三个要素同样需要全方位升级，方能达到新零售时代的新要求。

那么，新零售背景下的"人货场"应该如何重构呢？本文将进行详细分析。

"人货场"关系的更迭与演进

业内主流观点认为，传统零售与新零售的"人货场"关系是不一样的，随着零售行业由"旧"向"新"不断迈进，零售三要素也经历了从"货场人"到"场货人"，再到"人货场"三个阶段的更迭。下面对其详细介绍：

（1）"货场人"

起初，在物质较为缺乏的时代，市场上的商品品类与规模均十分有限，由于供给相对不足与需求相对过剩同时并存，因此"货"便成为零售业的核心。只要找到合适的销路，任何商品都能很快卖出，根本无须为滞销担心。此时，"人"的地位可以说是最低的，"场"居中。

（2）"场货人"

随着物质财富的日益增加，市场上的商品不再稀缺。这时，"场"就成为核心要素，趁早发现并占据场地的黄金位置才能在众多品牌中占得先机，这也解释了若干年前商业地产为什么会异常火爆。

（3）"人货场"

随着国民经济的发展与人们收入水平的提高，消费者的消费偏好与需求都发生了新的变化；同时，大数据、区块链、人工智能等新技术的飞速发展让商家无限接近消费者内心诉求成为可能。再加上传统的生产商与零售商占据价值链主导地位的模式已难以为继，于是"人"便成为这一新零售时代的核心要素，他们不仅要求商品的质量与价格，还要求获得更好的服务与体验。此时，由于人们几乎可以随时随地完成消费行为，因此"场"的重要性也就随之下降。

可以看到，与传统零售相比，新零售时代的零售三要素首先在关系地位上实现了重构，推动零售商业社会由"封建社会"走向"民主社会"。不过，"人货场"的革新绝不仅仅停留在关系地位的排序上，更是各自内容的全方位升级。

"人"：无限贴近消费者

在新零售中，有个非常著名的方法论叫作"$E=MC^2$"——这个看似与爱因斯坦的相对论形式完全相同的公式，却有着不一样的含义。倘若我们将 E 理解为 Earning（盈利），m 理解为 Merchandise（商品），C 理解为 Customer（消费者），那么便一目了然。

没错，这就是新零售区别于传统零售的地方，即新零售的核心在于消费者的地位格外重要，而其背后的原因，在于消费者主权时代的来临。

纵观整个零售行业的发展历程，先后经历了生产者主权时代与销售者主权时代。当我们的社会物质财富与产品已经极为丰富时，产能过剩、供需脱节等问题也接踵而至；与此同时，互联网技术的飞速发展，让曾经买卖双方的信息不对称问题日益弱化，零售商与生产商再也无法把控价值链的强势地位；再加上人们的收入水平不断攀升，消费偏好和需求都随之升级……这一切都意味着传统的生产者主导与销售者主导已经难以为继，取而代之的将会是按需生产的消费者主导模式，即消费者需要什么，生产者就生产什么。

基于上述背景，新零售时代"人"的重构，在于消费者的消费需求逐渐成为行业一切价值活动的起点。而此时的消费者，也不再是传统零售意义上单纯地购买商品完成交易即可，其中有几个重要的"参数"发生了变化：（1）消费者越来越注重个性化、体验式消费；（2）消费者的时间变得格外宝贵，社交、休闲、学习、工作占据了他们大部分的时间；（3）购买的界限逐渐消失，消费者崇尚随时随地想买就买，无论是线上还是线下；（4）消费者一旦形成习惯就会持续购买。

正因为如此，商家应该做的就是通过无限贴近消费者来了解他们的习惯、节约他们的时间。而这当中的关键，正如《人人都是产品经理》中的一篇文章所说，必须搞清楚"5W+1H"：

（1）Who：消费者是谁？他们喜欢什么？

（2）When：消费者一般什么时间消费？多久一次？一次多久？

（3）Where：消费者通常会去哪些地方？

（4）What：消费者在特定的时间和地点都做了什么事情？

（5）Why：消费者为什么要这么做，有其他替代方案吗？

（6）How：消费者是怎么做这些事情的，如何能提高他们的效率？

明白了这些，消费者在零售商眼中的画像就会变得格外清晰，而不是像传统零售的消费者那般模糊不清。当然，得益于互联网技术的发展与海量数据的沉淀积累，无限贴近消费者已经成为可能，通过充分利用线上线下的各种数据，让消费者的一切行为都能够得到串联，实现由点到面的质变。如此一来，消费者的全息影像便得以生成，商家才能更加有的放矢。

"货"：超越成本与价值

"货"即商品。在传统零售中，决定商品竞争力的两个维度分别为成本与价值，消费者通常都是希望付出尽可能低的成本，获得尽可能高的价值，所以商家经常会采用打价格战的方式来促成交易的实现。

然而，到了新零售时代，一切也会变得不同。随着消费者收入水平的不断提高以及市场上零售商品类别的日渐庞大，曾经零售业崇尚的"薄利多销"与"物美价廉"均被颠覆。消费者不再满足于商品本身，而是更在意其背后的新内容。换言之，商品的成本不再是钱这么简单，还囊括了时间等其他元素；商品的价值也不再单纯指效用，还包含了社交符号、自我实现与其他服务等。

举例说明，Echo女士打算购买一件漂亮的连衣裙。不过在付款之前，她可能要花费不少的工夫去挑选样式，并基于线上与线下的不同渠道进行价格对比，在时间价值日趋凸显的今天，Ehco女士不仅要支付连衣裙本身的成本，还要为花费的时间成本埋单；同时，当Ehco女士收到货后，除了穿上心仪的连衣裙外，她还希望收获亲友的肯定以及后续的增值服务，而这些便是"货"的重构。

如果跳出商品本身，将目光投至整个供应链，情况又会不一样。

对于生产商与零售商来说，其关键资源在于占有各种生产要素的多少，核心能力则体现在如何低成本、高效率地制造出商品并卖给消费者，而在供应链管理中，企业追求的是生产效率、流通效率与销售效率。

不过在新零售中，光凭这些已经远远不够——除了占有生产要素的多少外，企业更为关键的资源在于"同消费者对话"，即尽可能提高与消费者"对话"的频次与质量。因为只有这样，消费者才能告诉生产商与零售商他们到底想要什么，而商品的成本与价值在消费者心目中的构成才会有所显现。具体来说，只有不断同消费者"对话"才会产生数据，有了数据，商家才会清楚商品的设计、研发、运输、销售各个环节的重点分别在哪里。此时，企业的目标也不再是追求生产、流通与销售的效率，而是升级为如何高效率低成本地设计出不同消费者想要的不同商品，并快速地送至他们手中。

基于这一逻辑，我们便可以明白，为什么越来越多的商超都与生鲜和餐饮相嫁接，其根本原因在于商家希望消费者不要买完商品就离去，而是让他们留下来，多给商家一些对话的时间。

综上所述，新零售时代对"货"的重构，不仅仅是商品成本与价值内容的延伸，更是以消费者为中心的供应链管理效率的提升。

"场"：体验与全渠道

"场"指的就是消费的场所或场景。在传统零售中，"场"存在的意义在于促成交易。而人们面临的购物场景通常都是：线下购物，到店、拿货、付款、走人；线上购物，浏览、加入购物车、付款、收包裹。只要完成交易，人们似乎不会过多关注"场"的其他方面。

而今，人们对于消费整个过程的需求已不仅仅停留在买到商品的层面，特别是对于越来越年轻化的消费群体来说，他们既呼唤高品质的商品，又呼唤包括人物、事物、剧情在内的综合性消费场景；倘若消费者感受到的人、物、空间、剧情等因素能够触动自己的内心，那么他们不但愿意光顾，更愿意为满足这一过程而付款埋单。换句话说，从表面上看，消费者是在购买自己心仪的商品，实际上他们所购买的远不止商品本身，而是由商品引申而来的能够满足其脑中想象与内心需求的消费场景。

这就很好地解释了为什么各路电商都在争先恐后地抢夺线下流量入口，其中一个很重要的原因就在于线上无法给消费者提供全方位的购物体验，毕竟商品真切地摆在眼前才是最实在的。此外，实体店还可以通过各种科技元素的嫁接以及餐饮、娱乐等其他业态的融入，进一步让消费者在购物过程中有参与感，并获得愉悦的心情，例如苏宁旗下无人店的刷脸支付黑科技、集餐饮购物于一体的苏鲜生等，都堪称是新零售中"场"的升级典范。

不过，在笔者看来，**新零售要想真正完成对"场"的重构，争夺线下只是个开始**。

当下，消费者身上普遍都打着"SoLoMoPe"（社交化、本地化、移动化、个性化）的标签，他们绝不会满足于一种或是几种消费渠道，而是崇尚在消费的各个阶段都能随时随地购物、娱乐和社交的综合消费体验，并希望无论是通过有形店铺还是无形店铺，甚至是其他媒介渠道，都能够获得一致性的购物体验与营销服务。

而这就要求零售商不能将目光局限在单纯的线下或者线上，而是应发力于线上线下渠道的高度整合协同，使所有渠道进一步深度融合互通，实现渠道间的客流、资金流、物流、信息流的自由流通，进而为消费者提供自由穿梭于各个渠道的无缝化购物体验。从场景的角度来说，这就是打破线下有形场景与线上无形场景的边界，真正实现零售业态的全渠道升级。

新零售时代已经到来。以消费者为核心进行洞察与创新，深刻理解新零售"人、货、场"的整体重构，将使得我们更好地去理解人，更好地去打造货，更优地去升级场，进而更从容地拥抱新零售时代的种种精彩。

零售业的未来将往何处去？
SoLoMoPe消费群告诉你答案|付一夫

时下，伴随着互联网技术的日趋成熟与经济社会的发展进步，人们的消费习惯与偏好也在发生着改变。悄然间，一群打着"SoLoMoPe"（社交化、本地化、移动化、个性化）标签的消费者呈现崛起之势，而这股力量也在倒逼整个零售行业向着更高阶的方向前进，眼下如火如荼的新零售便是最佳例证。

那么，什么是SoLoMoPe消费群？零售商又将如何抓住SoLoMoPe消费群的特点并加以布局？本文将展开详细分析。

SoLoMoPe消费群是怎样一群人？

在回答这个问题之前，先来看一个生活案例：

消费者小王打算购置一台单反相机，在不明确哪一款最合适时，他可能会在微信群、微博、论坛等社交媒介上发布消息，询问亲朋好友中的相机达人，并在搜索引擎中搜寻相机的信息，从而有个对相机的初步认知；考虑到相机是贵重商品，他可能会倾向于在本地的实体店苏宁易购广场进行购买；出发之前，他会打开手机GPS，用手机地图搜索附近的苏宁易购广场，并根据导航抵达；在店内，他可以在导购员的帮助下，选择符合自己各种偏好的相机；当他准备支付购买时，或许还会在社交媒介上进一步寻求好友的建议……

在这段购物经历中，小王一共扮演了四个角色：

一是作为"社交消费者"（Social Consumer），消费者会基于社交媒介获得好友的建议后再做出购买决策；

二是作为"本地消费者"（Local Consumer），消费者能基于LBS（即本地位置的定位与服务），随时在所在位置附近找到各类商家，并及时收到商家基于位置推送的优惠促销信息；

三是作为"移动消费者"（Mobile Consumer），消费者可以随时随地拿出移动终端来搜集任何购物信息、逛任何店面，甚至直接付款购买；

四是作为"个性化消费者"（Personalized Consumer），消费者可以根据自己种种独特的喜好来选择最合适的那一款商品，而非盲目从众随波逐流。

倘若将这四个角色融为一体，便成了所谓的SoLoMoPe消费者，即那些同时具备社交属性、本地属性、移动属性和个性化属性的消费人士，而SoLoMoPe，正是Social（社交）、Local（本地）、Mobile（移动）和Personalized（个性）四个英文单词的整合。

其实上述购物过程中的一幕幕，很多人都不会觉得陌生，甚至早就习以为常。而这也恰恰从侧面印证了SoLoMoPe消费群的兴起——因为这些购物行为你都经历过，其实你已经在不经意间加入了SoLoMoPe消费群的阵营之中。而正是成千上万个这样的人集结在一起，推动了这一波社交化、本地化、移动化和个性化的消费巨浪。

SoLoMoPe消费群有哪些特征？

就像"SoLoMoPe"这个名字一样，该消费群体所具备的特征绕不开四个关键词。

第一，每个消费者都是社交化的消费者。 微信、微博等社交媒介的持续盛行，让消费者在购物过程中的互动参与等社交性元素不断增强，每个消费者都有能力甚至已经组建起自己的粉丝团或好友团等微型商圈。同时，消费者开始借助社交网络，实时分享各种企业与产品信息，并潜移默化地影响着他人的消费行为与决策。悄然间，这种社交化消费者的"部落式"状态逐渐打破了买卖双方之间的信息不对称，消费者开始更多倾向于听取各种社交圈子好友的意见，而非商家提供的产品广告与信息，而市场主权也因此真正开始回归到消费者身上来。

第二，每个消费者都是基于本地化产品和服务的消费者。 当下的消费者越来越需要基于地理位置的产品与服务，而LBS（Location Based Service，本地位置的定位与服务）的日渐成熟满足了这一需求。LBS既可以确定消费者或移动终端所在的地理位置，又能提供基于消费者或移动终端地理位置相关的各种信息服务。基于LBS的相关技术，消费者能够准确地找到本地位置附近的商家，商家同时也能找到周围的消费者，并及时发布最新动态与优惠信息，做到精准营销。

如此一来，在LBS的引导下，线上消费者被带到线下，线下消费者也被带到线上，这不仅助力了线上与线下的融合，还缩短了消费者与商品服务的距离。

第三，每个消费者都开始成为移动消费者。数据可以很好地说明这一点。根据中国互联网络信息中心（CNNIC）发布的第41次《中国互联网络发展状况统计报告》，截至2017年12月，我国手机网民规模达7.53亿人，网民中使用手机上网人群的占比由2016年的95.1%提升至97.5%；与此同时，台式电脑、笔记本电脑、平板电脑的使用率均出现下降，手机不断挤占其他个人上网设备的使用（参见图6-6）。

数据来源：中国互联网络信息中心（CNNIC），苏宁金融研究院整理。

图6-6 我国手机网民规模及其占全部网民比重

基于这一背景，消费者们获取商品信息的方式也变得越来越多元化。他们可以通过智能手机、平板电脑甚至智能手表等移动终端设备来接触商品信息，还能利用这些渠道对不同的商品进行比对，并综合考虑做出相应的消费决策。与此同时，消费者的购物选择也变得更加多元化，除了到线下实体店进行现场体验之外，他们还可以通过各种App进行模拟试穿或试用；除了在现场用现金或刷卡支付外，他们也能在移动终端使用电子支付。

第四，每个消费者都有自己个性化的消费偏好。当前，越来越多的消费者开始注重自身的个性化需求，他们不愿随大流，而是希望买到最喜欢、最合适的商品。以服装为例，长期以来，批量化的成本服装是大多数消费者的选择，如今许多定制化平台纷纷涌现，不仅能够根据不同消费者的需求进行专属定制，还可以让消费者参与到服装的设计与生产环节之中。此外，从时间与空间的维度看，SoLoMoPe消费群还希望在任何时候、任何地方都能买到想要的东西，其"全天候、全渠道"的特征同样明显。

SoLoMoPe消费群倒逼零售业转型升级

毋庸置疑的事实是眼下的你我正处于消费者主权的新时代。

在诺贝尔经济学奖得主哈耶克看来，消费者主权是指消费者依据自己的意愿和偏好到市场上购买所需产品，市场把这一信号传递给生产者，生产者又依据消费者偏好安排生产，提供其所需要的产品，如此一来，消费者可以向生产者"发布命令"与行使主权，使得整个经济模式由消费者主导。

纵观整个零售行业的发展历程，其先后经历了生产者主权时代、渠道主权时代与消费者主权时代（参见表6-1）。当我们的社会物质财富与产品已经极为充实时，产能过剩、供需脱节等问题也接踵而至。

这就意味着传统的生产者主导与销售者主导已经难以为继，取而代之的将会是按需生产的消费者主导模式，即消费者需要什么，生产者就得生产什么。与之相应的，是消费需求逐渐成为零售企业一切价值活动的起点，而这也必将重构传统的零售供求关系，生产、营销、渠道和盈利模式都会不同于以往。

表6-1　　　　　　　　　　　零售业经历的三次浪潮

三次浪潮	主要特征	驱动方式	市场状态	零售商盈利特征
第一次	生产为王	生产驱动（生产者主权时代）	卖方市场	商品短缺，缺少竞争，建店就有人买
第二次	渠道为王		卖方市场向买方市场转移	创造需求，加大品牌建设、广告促销等营销手段力度
第三次	消费者为王			企业必须主动、随时随地、多渠道与消费者沟通互动，满足消费者全天候、多空间、个性化的无缝购物需求

资料来源：达特. 零售业的新规则——战斗在全球最艰难的市场上［M］. 北京：中信出版社，2012.

那么，当越来越多的人群开始具备 SoLoMoPe 消费特征时，零售企业势必也需要及时调整思路，通过适当的转型与升级来迎合当前乃至未来的消费市场主流需求。

在笔者看来，以下两个方向将会成为未来零售业的重点攻克内容：

第一，打造全渠道零售。通过前文的分析，我们不难发现，SoLoMoPe 消费群是坚定的全渠道消费者。他们绝不会仅仅满足于一种或是几种消费渠道，崇尚的是在消费的各个阶段都能随时随地购物、娱乐和社交的综合消费体验，并希望无论是通过有形店铺还是无形店铺，甚至是其他媒介渠道，都能够获得一致性的购物体验与营销服务。这就要求零售商着力于线上线下渠道的高度整合协同，使所有渠道进一步深度融合互通，实现渠道间的客流、资金流、物流、信息流自由流通，进而为 SoLoMoPe 消费群提供自由穿梭于各个渠道的无缝化购物体验。

第二，绘制全渠道消费者云图。消费主权时代，SoLoMoPe 消费需求是零售价值链的起点，只有充分整合消费者信息绘制消费者全渠道云图，才能全面地了解消费者的需求。为此，零售商需要继续搭建并完善统一的信息技术平台，集成各类渠道数据并进行全面分析，将消费者交易数据有效应用至客户关系管理与企业资源分配之中。具体来说，零售商可以着力将每个消费者在全渠道（实体商店、移动商店、线上网店、社交网络、社交媒体等）的交易数据与社交数据碎片集成起来，形成消费者云端数据；而后，再将后台云端各渠道的数据充分融合，绘制出多维的消费者云图，让零售商更加完整清晰地认识消费者的精准画像。而这种消费者偏好的"数字化"呈现，同样可以很好地反哺全渠道零售的推进，进而为消费者提供更优质的购物体验。

从《我不是药神》看中国医药新零售的未来

付一夫

电影《我不是药神》的横空出世，让医药问题再度进入大众的视野。其实，不仅是抗癌类药物，任何药物之于病患都是至关重要的。当新零售之风吹遍神州大地之时，医药零售将不可避免地迎来一次更加高效便捷的全新变革。

医药新零售的潜力巨大

不同于一般意义上的零售，医药零售受制于自身的行业特殊性，普遍呈现出一种"低频刚需"的特点，难以通过营销手段来吸引巨大流量；再加上其受政策管控较严，又对供应链、物流、品控等高度依赖，因而始终难以"减重"成为纯粹的线上业态。也正因为如此，当普通零售经历了从百货商店到连锁商店，再到超级市场的数次变革时，医药零售场景仍长期依存于医院或线下药房之中。

不过，近年来随着国民经济的发展与居民生活水平的提高，人们对于身体健康的重视程度与日俱增；而工作节奏的加快，让不少人长时间处于亚健康状态，种种急性病与慢性病的发生越来越年轻化。此时，公众对于医药需求也不再"低频"，这一点从商务部发布的《2017年药品流通行业运行统计分析报告》可以看出。

数据显示，2017年全国七大类药品销售总额为20 016亿元，扣除不可比因素，同比增长8.4%，其中药品零售市场总额达到4 003亿元，同比增长9.0%。由此可见，医药零售市场正在逐渐增大，而人们对医药的需求也在不断提升。

还有一个值得注意的事实是，一直以来，我国都是医药不分家，医院历来承担着药品尤其是处方药最大销售渠道的角色，而药店只能占到很小的比例，不过近些年这种局面正在悄然发生改变。根据波士顿咨询公司发布的研究报告，以前医院在药品销售中占据高达80%的市场份额；不过随着"全面取消药品加成"和"限制药占比"等政策的推进，预计2021年医院的药品销售份额会下降5%至8%，到2026年医院在药品销售中的比例将下降至50%至60%。这便意味着药品销售会逐渐"去医院化"，而线下零售药店与线上医药电商或将迎来一段难得的发展红利期。

如此一来，以往单一的医药零售渠道势必将处于变革的前夜。而在当前"线上线下全面融合"的新零售浪潮下，医药零售同样也需要整合线上与线下，在提高生产运输效率的同时，满足消费者的消费体验与诉求。而这便是医药新零售的全新业态。

总体来看，我国在医药新零售领域尚处于起步阶段，而国外已经涌现出不少优秀的医药新零售平台。在此，不妨以美国医药零售巨头Walgreens（沃尔格林）为例，来进一步深入分析：医药新零售的正确打开方式是怎样的？

医药新零售的典型案例

Walgreens 于 1901 年在芝加哥成立，历经了一百多年的发展，从一个小型家庭式医药小作坊演变成全美最大的医药零售商，不仅跻身世界 500 强，还创造了连续 100 多年盈利的神话。

诚然，Walgreens 的快速成长离不开美国"医药完全分离"的医疗体制——由于医院没有药房，患者大多是先去医院拿处方，再到线上或线下的零售渠道购买药品。不过，任何事情，起决定性作用的往往都是内因而不是外因，对于 Walgreens 来说同样如此。而当中的内因，便是 Walgreens 对新零售的布局。

那么，Walgreens 都做到了些什么？笔者总结了四个方面，具体如下：

第一，全渠道零售，无限贴近消费者。

同大多数医药零售商一样，Walgreens 也是起源于线下实体店。经过多年的发展，今天的 Walgreens 早已升级为名副其实的全渠道零售商，能够全方位运用线下门店、网站、App、邮件、电话等所有人们能想得到的渠道来为用户提供服务，这便让 Walgreens 的产品和服务无限地贴近消费者。

从 Walgreens 的年报中可以看到，早在 2016 年下半年，Walgreens 在全球范围内的线下零售药店就突破了 13 000 家，其中美国本土有 8 000 多家。这种大面积的覆盖，直接结果便是 3/4 的美国人都生活在距离 Walgreens 门店 5 英里范围内的地方，这让他们的医药需求变得触手可及。同时，其药店结构的设置也十分亲民，大部分店面都提供了汽车取货通道，7×24 小时提供服务的店面也不在少数，从而显著提升了人们的消费满意度。

第二，实现了线上线下的完美融合。

早在 1999 年，Walgreens 就开始为顾客提供线上下单、线下取货的服务，这一举动不仅领先沃尔玛近 10 年，而且顺应了互联网发展的大势。而后，随着移动互联网的兴起与智能手机的普及，Walgreens 审时度势地为消费者量身打造了多款 App，方便他们随时扫描处方、搜索店面位置、管理健康信息、获得用药提醒等。

不仅如此，Walgreens 还通过 IT 基础设施的重构打通了所有的信息孤岛障碍，实现了数据的共享。之于消费者而言，他们可以随时随地根据自己的偏好与方便程度来自由选择任何一种渠道，这无疑进一步提升了消费体验与交易规模。

第三，重视技术带来的赋能。

以上种种，都离不开技术的支持。事实上，Walgreens 从来都毫不吝啬在技术领域的投资。供应链管理、线上运营、实时监控……所有能用技术加持的环节都不放过，这让整个零售链条在技术的赋能下有了质的飞跃，不仅运营效率提高，还降低了中间的流通成本。

与此同时，Walgreens 还重视对一站式数据平台的构建，其所有销售渠道都能集中管理和轻松地共享数据，包括公司 PC 端与移动端网站、App，以及所有店内销售终端对于海量数据的挖掘和应用。基于对海量数据的积累和沉淀，Walgreens 能够精确了解用户的病史、购药经历、身体状况等，从而根据不同用户的不同情况来为他们提供定制化、个性化的产品和服务。这在带给消费者极佳购物体验的同时，增强了用户黏性。

第四，不仅仅做医药零售。

尽管绝大部分的营收来自于药品的销售，但是 Walgreens 没有仅仅将自己定位为一个药品零售商，而是旨在为人们提供尽可能多的帮助和服务。在销售药物的同时，Walgreens 还扮演了医疗服务提供商的角色，成为一座连接病患和医生或者医院的桥梁。

具体而言，Walgreens 设立了慢性病诊疗、线下医疗中心、线上药师咨询等多个维度的服务体系，并为病患提供从前端问诊到后端疾病管理与控制的整套医疗健康解决方案，而这些早已超越了单纯的医药流通与销售。

我国医药新零售的未来方向

就新零售的内涵来讲，形式上是"线上+线下+物流"，而实质上则无外乎两方面的提升，即B端的供应链效率与C端的用户体验。

医药新零售同样如此，其实质是做到以病患为中心，为病患提供更快、更好、更实惠、更优质的医药服务或者购药体验。而Walgreens的诸多实践，总体上都是围绕着这一核心宗旨加以推进的，这也给我国医药新零售的未来发展指明了很好的方向。

一方面，加快技术驱动，提高经营效率。

充分发挥"ABCD"分别指人工智能（AI）、区块链（Blockchain）、云计算（Cloud Computing）、大数据（Big Data）各项技术的优势，为医药零售供应链管理赋能的同时，加速线上线下的融合进度与上下游企业的协同。这样，不仅可以实现B端和C端、自营和平台、医和药的融合发展，缩短流通中间环节，降低成本，进而让病患买到更便宜的药物，还能够提高生产、运输、销售的效率，并基于精准的用户画像为病患提供精准营销和个性化服务。

另一方面，推动"产品+服务"的经营理念。

单纯的药物购买早已无法满足消费者对购物体验的诉求。为此，可以效仿Walgreens的经营理念，着力打造"医+药"的服务闭环，在药物零售的基础上，致力于在线问诊、健康管理、监测病情等领域全方位的深度服务。如此一来，既可以进一步促进线上与线下的全渠道融合，又能超越医药零售层面，带给病患更多人性和人情化的关怀，增加和用户的接触点，在提升用户体验的同时也可以反哺药品的销售。

第 7 章

新零售下的零售业态

刷脸支付的未来已来，
看人工智能如何赋能新零售 付一夫

在这个日新月异的时代，身边接踵而至的变化总是令人猝不及防。前不久，苏宁无人店在北京正式开业，其最大亮点——"刷脸支付"黑科技赚足了眼球，它让人们看到了"靠脸吃饭"的未来已来。

其实，刷脸支付的消费模式之所以成功问世，关键还是在于技术的驱动与渗透，这背后的驱动力就是人工智能。消费升级加速与新零售问世的叠加，为诸多新兴消费模式的成长提供了肥沃的土壤，而此时此刻人工智能的无缝对接又再度刷新了消费者对新零售的认知。那么，人工智能将如何赋能新零售呢？本文将对此加以分析。

刷脸支付是如何实现的？

刷脸支付的实现，要归因于人工智能中"面部识别"这一技术的日渐成熟。

所谓面部识别技术，是生物识别技术中的一个门类；而生物识别技术，是指通过计算机与光学、声学、生物传感器和生物统计学原理等高科技手段密切结合，利用人体固有的生理特性和行为特征来进行个人身份的鉴定，包括我们熟知的指纹识别、掌纹识别、视网膜识别、骨骼识别、心跳识别等，都属于这个范畴。

至于人脸识别，则是通过提取面部特征值并进行信息比对之后，应用人工智能模式识别和计算机视觉技术鉴别个体身份。换言之，每个人的脸庞都是一组独一无二的DNA序列组，而不同人脸对应的极其复杂的编码数据可以轻松地被智能终端识别出来。

为了研究刷脸支付能够给顾客带来何种影响，笔者到苏宁无人店体验了一把。与之前网上流传的支付宝刷脸支付视频不同，苏宁的刷脸支付无须再输入手机号码的后四位进行验证，只需事先在"苏宁金融"App中录入自己的脸部信息，便可实现在购物全程只需对着摄像头刷脸两次（包括进店一次，支付结算一次）就可完成埋单，哪怕是做鬼脸、戴帽子甚至是遮住自己的半张脸也能够轻松被识别出来。此外，根据顾客在店内的浏览记录，终端设备还可以显示出商品推荐的有关信息，这也是一个亮点。

不可否认，刷脸支付这一新模式给消费者带来的震撼足够大，原因如下：

第一，刷脸支付的便捷是其他支付手段不能比拟的。在经历了"现金支付→POS机刷卡支付→手机扫码支付"的变迁后，人们的生活方式已经被支付手段革新带来的诸多便捷彻底改变。然而，之前的支付方式却仍旧没有摆脱硬件设备的桎梏，直到刷脸支付的到来，彻底将其颠覆。

与手机支付相比，刷脸支付不再依赖手机等硬件设备，也帮顾客省去了记密码、输密码的麻烦，真正实现了人与钱包或银行卡的"合二为一"——毕竟手机还会出现没电、信号差甚至遗失等问题，但自己的脸绝不会遇到类似问题。消费者自身便是行走的活体钱包或是银行卡，现有技术完全可以做到秒识别与秒验证，并且高达99%的人脸识别率也大大降低了信息和密码被窃取的风险。此外，对比基于设备的指纹识别支付手段，刷脸支付的快捷便利同样不可同日而语。

第二，刷脸支付带来的场景体验让人耳目一新。除了支付渠道外，支付场景也同样越来越受到人们的重视。而今，刷脸支付无疑比之前的种种支付手段更具场景魅力。试想，当别人还在掏手机、启动App、输密码时，你早已看着屏幕中的自己微微一笑，只需一个"正脸杀"或"侧脸杀"——就像是在完成自拍一样，顷刻间便付款成功。如此炫酷亮眼的黑科技，带来的新奇体验感绝对史无前例。最重要的是，这种支付场景必然会受到那些更加注重品质与服务并追求个性化、新鲜刺激多样化、高品质、体验式消费的年轻群体的追捧和青睐，而他们又正在成为未来消费者群体中的主力，因而可以预见的是，刷脸支付的前景将十分可观。

智慧场景一小步，新零售业一大步

当下，正值消费升级大时代，居民收入水平的提高与购买力的攀升，使他们对消费的边际倾向以及消费品质的需求越来越强烈。与此同时，当85后与90后消费群体逐渐占据主导并开始引领消费潮流时，市场上总体的消费习惯与消费心理都在悄然间发生着变化。如此一来，在供需双方的对比上，消费者已然占据上风，作为供给方的零售行业必须迎合消费者的需求并加以变革，否则将无法适应现今的市场环境。

在消费升级的驱动下，新零售这一新兴业态应运而生。关于新零售的讨论已有很多，但其实大多还是停留在概念层面上。马云关于新零售的"线下+线上+物流"特征论虽然众所周知，可是在现实中应该发展什么样的新零售，或是怎样发展新零售，依然是各大零售巨头面临的共同难题。

笔者认为，刷脸支付的问世为新零售的发展提供了一把有效的解题之匙：以线下为切入点，通过搭建智慧消费场景，充分发挥线上数据优势与线下体验优势，并对二者加以充分整合，这样才能够满足消费升级背景下人们的种种新兴消费需求，从而得以在新零售时代占据先机。

毋庸置疑，场景之于消费是极其重要的。这里的场景，不是单纯指零售门店有多么华丽或别致的装修，而是指通过视听与自己想象中的场景相吻合，满足消费者感受整个场景氛围的心理需求。

而今，人们对于购物整个过程的需求已经不仅仅停留在商品层面，特别是对于越来越年轻化的消费群体来说，他们既呼唤高品质的商品，又呼唤包括人物、事物、剧情在内的综合性消费场景；倘若感受到的人、物、空间、剧情等因素能够触动自己内心的场景，那么他们不但愿意光顾，更加愿意为这一满足过程而埋单。换句话说，消费者表面上看是在购买自己心仪的商品，实际上他们所购买的远不止商品本身，而是由商品引申而来的能够满足脑中想象与内心需求的消费场景。

消费升级加速已是大势所趋，消费者需求至上的理念也已成为新时代零售业的宗旨，故商品只有具备能够满足人们追求品质、个性、体验等新消费诉求的特征，方可在新零售中胜出。

对比线上零售来看，且不提日渐丧失的价格优势，单从消费者体验诉求这一维度来看，线上零售就已经不太适应现今的发展潮流，只能通过回归并拓展线下实体店来寻找答案。如此，完善线下服务堪称新零售时代的第一步也是最重要的一步。自然，传统实体门店单一、落后的消费场景已经不能迎合时代的需要，必须将其转型升级为智慧型场景，方能让人眼前一亮。

面部识别技术如何赋能新零售？

再回到刷脸支付这件事情上来。我们可以认为，刷脸支付是成功将人工智能的面部识别技术以及其他互联网技术引入零售行业、打造智慧消费场景的典范。如前文所述，它之所以能够带给消费者耳目一新的感受，正是由于人们对于曾经只能在科幻电影中看到的场景的向往与憧憬得到了满足，而且顺畅便捷的支付过程带来的快感完全不是传统支付模式能比拟的。

不仅仅在支付层面，"人脸识别"这一技术还可以对入店人群进行包括客流量、性别、年龄、表情、偏好等特征在内的精准分析，让用户画像更加清晰明确，从而优化商品配置提高转化率，哪怕门店遇到商品失窃这样的突发事件，通过对所获数据的分析，也可以将不良客户拉入"黑名单"或是降低其信用水平。

此外，"人脸识别"获得的用户偏好还能反哺线上，将所得数据通过线上反馈给厂商，有助于厂商更全面地了解消费者需求，进而精准地研发产品，设计营销策略。这些都是完美实现新零售"打通线上线下"内在要求的极佳方式。

因此，可以毫不夸张地说，以刷脸支付为代表的人工智能技术有助于构建智慧消费场景，为新零售赋予了新的能量；在人工智能技术的驱动下，商业模式正在发生着快速的变革，这也推动新零售向着成熟方向又迈进了一大步。

不过，需要指出的是，由先进技术驱动的新兴商业模式似乎都会因安全问题而被人们质疑或担忧。炫酷的刷脸支付作为一种问世不久的支付手段，距离钱财又如此之近，自然也不会例外。

从理论上讲，人脸特征具备极强的唯一性，故支付应该更加安全；但是从实践上来看，刷脸支付仍然具有一些安全隐患：

一方面，人脸特征容易被复制。众所周知，破解密码的最常用手段是复制，通过窃取数字密码以及套取指纹来解密的案例已经不胜枚举。与记录在大脑中或其他介质上面的数字密码相比，暴露在外面的人脸更容易被复制。通过拍照完全可以获得一个人的脸部特征并进行复制，利用整容技术或者用照片识别等欺诈的方法可以骗过人脸支付系统。

另一方面，个人信息泄露问题。在科技发达的今天，人们似乎很轻易就可以通过无孔不入的渠道查到消费者的各种信息。而对于刷脸支付来讲，像人脸特征这种人体密码一旦交给别人保管，个人信息的安全系数将如何确保？获取用户的面部特征是否会涉及个人隐私？基于面部扫描系统的支付在普遍应用之后会不会带来基于位置服务造成的个人行踪泄露？

不过话说回来，安全隐患问题其实无处不在，历史的车轮滚滚向前，大势是无法被阻挡的。所谓瑕不掩瑜，正是这个道理。而今，刷脸支付的问世正式宣告了一个新时代的开启，倘若技术的进一步成熟能够为安全问题保驾护航，那么刷脸支付的未来无疑将更加光明。

未来人工智能将如何赋能新零售？

随着人工智能技术的飞速发展，其用武之地也越来越广。在新零售时代，人工智能无疑将继续助力零售业的变革与发展，并为消费者和供应商带来更多意想不到的惊喜。除了前述的依靠面部识别技术来提升用户消费场景体验之外，人工智能至少还将在以下几方面为新零售赋能：

第一，对顾客管理的智能化。对顾客管理的智能化重点体现在对顾客的分析、锁定目标顾客、抓取目标顾客、精准推送、分析目标顾客的潜在需求方面，真正做到构建每一位消费者360度全方位无死角的画像，并为厂商了解消费者提供便利，进而实现精准研发与营销。

第二，对商品管理的智能化。对商品管理的智能化基于顾客需求的多样化和商品的极大丰富，企业还可以借助智能化手段进行商品管理，并最终向柔性生产和提供个性化商品过渡。

第三，对供应链管理的智能化。对供应链管理的智能化就是要建立高效的供应链系统，形成基于消费者、门店销售、客户一体化的供应链智能管理体系，提升企业经营效率，降低企业库存和供应链成本。

第四，对物流管理的智能化。对物流管理的智能化就是要确保正确的货物进了正确的仓库，同时发货效率将大大提高。把用户端潜在需求的判断联动到供应链、物流仓储系统，应用智能技术与大数据分析解决类似商品部署在哪些仓库，如何让商品堆放更合理，物流配送路径的优化等问题。此外，企业还可以开展智能客服，服务从售前到售后的各个环节，并无限量地接待用户。

总之，人工智能在零售中的应用已不是停留在想象里，而是已经频频在我们的生活中上演，场景化的应用也越来越普及。未来还将有怎样的精彩问世，让我们拭目以待。

如何利用区块链给商品打假？

付一夫

电影《我不是药神》上映后火得一塌糊涂。影片除了令人动容的故事情节外，一些细节也给人们留下了深刻的印象，比如假院士卖假药的桥段。

一提到假药，真可谓"老鼠过街，人人喊打"。不少黑心商贩利字当头，用伪劣原料制药贩卖，即便吃不死人，但也没能让病人得到及时的治疗，以至于延误病情，危害生命。

不仅是制药领域，假冒伪劣商品猖獗堪称整个零售行业的"老大难"，严重损害了消费者的合法权益。

那么，假货为什么会如此"盛行"，又有什么新方法来更高效"打假"呢？本文将展开详细分析。

假货何以泛滥？

放眼全球，假冒伪劣商品遍及线上与线下，造成的社会损失可谓巨大。《2018年全球假冒品牌报告》显示，2017年全球假冒伪劣商品总价值达1.2万亿美元；假货对服装、纺织品、鞋类、化妆品、手袋以及手表等行业造成的损失高达980亿美元。

再看国内，假货问题同样棘手。《中国质量万里行》消费投诉平台数据报告显示，2017年收到电商类消费投诉15 387例，居全年消费投诉各行业之首，占全年消费投诉量的17.3%；根据平台关键词搜索，显示假货问题的投诉有2 788例。

为什么假货如此泛滥？从经济学角度看，主要包括以下两方面原因：

第一，利润驱动是假冒伪劣商品生产和销售的根源。 对于商家来讲，生产经营的最终目的是实现利润最大化，而尽可能地降低成本自然成了最佳途径。相对于优质商品，生产假冒伪劣产品所花费的成本要低很多，利润更为丰厚。于是在巨大利益的驱动下，无论是厂商、批发商还是零售商，都有着较大的动机去制售假货，牟取暴利。

第二，市场信息不对称为假冒伪劣商品提供了生存环境。 所谓信息不对称，是指交易双方对于交易的对象或内容所掌握的信息不尽相同，从而造成交易双方所处地位的优劣之分。"买的不如卖的精"，通常都是卖方比买方掌握更多真实信息，故而倾向于将次品当作正品卖给消费者，而消费者往往无法准确分辨商品的优劣，只能按照市场价格来进行交易。如此一来，消费者会更容易逆向选择次品而不是正品，久而久之，次品就会逐渐占领市场并取代正品，这便是著名的"柠檬市场理论"。

也正因为假货会造成资源的浪费与经济福利的损失，如何精准高效地打假，始终是全社会面临的共同挑战。

区块链为打假带来了新的思路

如果将假货泛滥定位于市场失灵，那么政府的介入便是解决问题的关键。事实上，我们国家一直以来都在为市场经济与商品交易营造一个健康有序的环境，只不过，假冒伪劣商品的无孔不入实在是让人头疼。更何况，与其事后处罚，不如事先预防。所以，依靠先进的科学技术在源头上进行防伪，便成为打假的重要切入点。

在传统的防伪方法中，常见的主要是射频识别、二维码、近场通信等。以二维码为例，其原理大致是通过采用加密技术来给产品做标识，将二维码印刷或贴于产品包装上，用户只需通过指定的二维码防伪系统或手机软件进行解码检验，即可验证产品真伪，获得详尽的信息。

然而，传统技术仍无法解决"信任"问题，至少以下三个方面的难点还没有攻克：

第一，数据不够完整。基于现有技术，人们可以通过信息系统来记录从包装打码开始，配合中间配送的商品流通过程，但对于商品在包装打码之前的生产环节却无从得知，这空白的部分恰恰是商品造假的关键阶段。因此，有必要对商品进行生产过程的溯源，最好能够将该商品的生产环节完整地记录下来，从而增强商品的可信度。而除了传统的物流数据外，商品在整个供应链中流动的其他信息同样有必要加以录入，以此让消费者看到更完整的参与方数据，进而增加更多信任背书主体。

第二，单一的信息系统存在隐患。通常，商品相关的各种信息只能从芯片或者中央数据库中读取，这意味着在此种"中心化"范式前提下，极有可能存在人为作恶修改数据的隐患，从而让所有数据的真实性都受到威胁。此外，中央数据库中的数据还有遭受黑客攻击导致数据丢失损坏的风险，这也会增加商品防伪的难度。

第三，供应链的"信息孤岛"抬高核对成本。当下，在零售业的商品供应链之中，普遍存在信息孤岛问题。而由于信息系统之间难以交互共享，导致信息核对颇为烦琐，从而大大增加了成本。当人们为这三个难点"消得人憔悴"时，区块链技术的日益成熟带来了一把解题之匙。众所周知，作为比特币的底层技术，区块链是由密码技术、共识机制、点对点通信协议、分布式存储等多种核心技术体系高度融合（结合）形成的一种分布式基础架构与计算范式，其本质是一套去中心化的记账系统。区块链技术凭借自身分布式共享账本、去中心化、透明性、隐私保护、节点控制、信息的不可篡改与可追溯等特点，真正把各个机构和个人映射到虚拟世界，汇集世界上不同人群、不同权利群体的共识，实现了价值的全球实时流动，并正在被广泛应用于各行各业。而区块链的上述种种技术特点，刚好可以完美契合到零售商品防伪溯源的场景之中。

如何用区块链实现商品的防伪溯源？

具体来说，区块链可以从以下三个方面赋能零售商品的防伪溯源，并克服传统方式无法解决的痛点。

第一，基于不可篡改的商品信息，解决信任问题。与传统方式不同，区块链凭借其特有的去中心化存储模式，彻底摆脱了对某个组织或个人的依赖；同时，所有上链的信息都公开记录在"公共账本"上，数据也都被盖了"时间戳"且不可篡改。这就相当于零售商品从生产加工到销售售后的各个环节，所有的信息和数据都被真实永久地记录在链上，零售商、经销商、物流服务商、品牌商与消费者，甚至包括政府机关和其他有关部门在内的各方人员都能追踪得到，从而解决了传统技术无法攻克的信任问题。

第二，全程实时溯源各种商品信息。从本质上讲，溯源就是信息传递的过程，而其基础正是零售行业商品市场流程化生产与流通的模式。对于商品来说，从原材料原产地出发，经过一道道工序生产加工出来，相应的信息流也便随着时间的推移与地点的变化不断更新并被记录下来。而区块链的技术特点，刚好迎合了这一场景：将数据做成区块，依托密码学算法生成私钥防止篡改，加盖时间戳并将区块按照时间顺序连接成链……其结果便是区块链内所有信息都可以做到实时追溯。

第三，有效遏制造假行为。信息与数据一旦上链，就不能被随意篡改。于是，各种商品在生产流通销售过程中，如果被要求所有环节的信息都要记录在区块链上，那么商品的唯一性便可以确保。此时，种种造假信息便无法进入区块链中，这将很好地遏制造假行为。

除了上述三点，区块链与零售业的结合，还可以显著提高效率、降低成本。

具体而言，区块链上的信息共享，可以让数据在不同部门之间进行实时传递、核实与分析，进而有效解决多方参与、信息碎片化与低效的重复审核等问题，这也重塑了整个零售业的运营模式。

目前，基于区块链技术的商品防伪打假已经付诸实践，国内外都有不少成功案例。

例如，英国的一家软件初创公司Provenance已经成功使用区块链技术实现了对在印度尼西亚捕捞，并运送到日本餐厅的金枪鱼的全程追溯，在日本，消费者通过扫描超市中每一听金枪鱼罐头上的二维码，就可以知道里面的金枪鱼在何处捕捞、由谁认证、在何处被制成罐头，每一个步骤都有不可更改的时间戳证明。

当然，区块链对零售业的赋能绝不仅仅局限于商品的防伪打假，还有很多领域都是可供区块链大展身手的舞台。笔者将继续追踪这场正在发生的变革，并与大家一同见证未来的无限精彩。

无人货架反思录

付一夫

在新零售浪潮下，最为人熟知的零售新业态，莫过于生鲜超市与无人货架了。不同的是，相比前者的如火如荼之势，后者的境况已大不如前。

曾几何时，无人货架也是各方竞相追逐的风口。然而，从红得发紫到多家企业被曝出融资失败、裁员甚至倒闭的消息，前后加起来也不到一年的光景。

此时此刻，相信不少人同笔者一样，都亲眼见证了便利蜂、猩便利、果小美们的货架来了又走，架去楼空。

当"风口"变成"疯口",这必然值得反思。

无人货架的盛极而衰

2016 年底,亚马逊革命性地提出了线下实体商店 Amazon Go,将"无人零售"这一概念推上了风口。

在我国,经历了无人便利店与自动售货机的不温不火后,2017 年下半年,无人货架忽然踩着新零售的风口火了起来。

凭借着货柜直接进入办公室、消费者触手可及、省时便捷等特点,异军突起的无人货架行业引来了各方玩家的纷纷入局,以及资本热钱的疯狂涌入。

根据《2017 年无人货架行业白皮书》的数据,截至 2017 年底,数十家无人货架创业企业的累计融资额超过 30 亿元,其中,每日优鲜便利购以超过 10 亿元的巨额融资领跑行业,果小美、猩便利、小 e 微店等也均获得了数亿元融资。除了新兴的创业者之外,苏宁、顺丰、饿了么、猎豹、便利蜂等巨头也纷纷入场。一时间,整个行业风光无限,各种零食饮料涌进了各大商场与写字楼。类比当年外卖业的"百团大战"与共享单车的"彩虹大战",称这场围绕投放点展开的争夺为"百架大战"也不为过。

为什么无人货架会突然火爆?在笔者看来,有以下三点原因:

第一,无人货架填补了办公室消费场景的空白。人们对于零食与饮料有着天然的需求。对于那些职场上的白领来说,每天有大量的时间在办公室度过,这便创造了绝对的消费场景,但传统零售并未大面积介入这一场景。同时,在一二线城市消费者收入水平较高的情况下,他们往往对于小宗购物便利性的需求超越了对于商品价格的敏感度。因此,无人货架完美地迎合了这个空白市场。

第二,无人货架的线下流量想象空间巨大。由于办公场景的特殊性,无人货柜一旦入驻就成了唯一的对外点位,进而牢牢把握住这一线下流量入口。基于此,除了餐饮、零食与饮料外,广告与促销等方面同样能够给商家带来颇为广阔的想象空间。

第三，无人货架成本低廉。同样是"无人"，但无人货架要比无人便利店与自动售货机的成本低得多。有公开资料显示，每个无人便利店的前期投入超过10万元，每台自动售货机也需要几万元的投资，而铺设一个无人货架的初始成本只要1 000元左右，由此可见一斑。

相比于线下消费者的实际需求来说，无人货架的快速发展似乎更像是资本驱动的结果。在以IDG、真格、经纬、峰瑞等为代表的资本力量的影响下，各路玩家疯狂地跑马圈地，迫不及待地争夺点位。然而，不少企业只顾着追求占领市场，忽视了自身的经营状况与盈利能力，如此一来反倒加速了行业的衰落。短短数月后，玩家们亏损、战略收缩、裁员撤站等负面消息纷至沓来。

虚火之后，便是一地鸡毛。

无人货架模式本身的弊端

有人说，无人货架是被资本耽误了的行业，即"资本的热潮导致了大家不太注重商业上的运作，让这个行业烂掉了"。此言虽有一定道理，但并不是无人货架"烂掉"的全部原因。

倘若抛开资本因素，无人货架模式本身也有一些不可回避的弊端。在笔者看来，至少包括以下三点：

第一是无人货架不可控的高货损率。

由于缺乏有效的监督，基于无人货架的消费可以说全凭自觉。不少玩家在进入行业伊始，都想当然地认为，无人货架的主要目标客户群是写字楼与办公室的白领，而他们的素质与自觉性必然是靠得住的。然而，在各路商家疯狂布局货架占领市场的另一面，却是已经司空见惯的高货损率。

有公开信息显示，无人货架的货损率普遍在10%以上，有些甚至高达60%；参与恶意逃单和"窃取"的不仅有消费者，还包括配送员。过低的犯错与违法成本，让无人货架无时无刻不在同人性对抗；而难以预估的高货损率，更是让行业盈利捉襟见肘。

第二是无人货架并不理想的消费体验。

从消费者的角度来看，无人货架受特定空间容量的限制，可拓展的库存量单位（Stock Keeping Unit，SKU）有限，商品质量也难有保障，再加上商品更新不够及时，无法在同一时间点上为消费者提供完整的商品选择，仅仅局限在零食饮料等小件商品上。而在"无人"的状态下，消费者在购物过程中几乎感受不到太多的优质体验。同时，虽然无人货架距离消费者更近，可单点也只能吸引投放点附近的人，难以获得足够的规模效应。

第三是无人货架薄弱的供应链基础设施。

看似很容易复制的无人货架行业，其实门槛并不低。抢占点位、陈列货架与摆上货品虽易，但要将货架运营起来的供应链基础设施建设却是难题。而无人货架的衰落，最重要的问题便出在这里。

一来，仓储网络跟不上企业的飞速扩张。一个城市尚且还好，如果范围拓展到几十个城市，那么能否拿下符合条件的城市仓或区域仓便成了整个行业的生命线。然而，这是一件成本极高的事情，各路玩家多会选择同第三方物流公司合作的方式来实现，但考虑到行业前景与业务侧重点等问题，物流企业的谨慎投入会让无人货架供应链基础设施的质量难以保障。此外，除了城市仓或区域仓，前置仓的落实也是需要耗费大量的时间和精力的，而这些都跟不上商家在前端的飞速扩张。

二来，仓库之外仍要面对其他高成本。单次补货SKU品类较多、运输效率过低、配送人员不稳定……这些都会给行业带来较高的成本。尤其是在供应链的管理方面，堪称是无人货架的老大难问题。由于缺乏闭环管理体系，相关人员难以严格按照要求予以操作，而前文所说的配送员私下拿走零食或饮料而造成的亏损，都会被当作货架的盗损来看待。这对于原本薄弱的供应链来说，无异于雪上加霜。

一言以蔽之，在资本热潮的推动下，玩家只注重规模扩张，却无视精细化运营管理，而大量的烧钱与盲目的恶性竞争，终究不是支撑行业可持续发展的长久之计。

眼下，苏宁、饿了么等头部企业旗下的无人货架仍在市场挺立且发展得不错，不过若想在新零售的热潮中实现可持续性的良好发展，仍需要对新零售的精髓与实质加以审视。

新零售的内涵远胜于形式

坦率地说，无人货架可以说是新零售浪潮下的排头兵。凭借"无人"降低成本的初衷、形式上的耳目一新以及商品供给渠道的下沉，无人货架引发了人们对新零售的无限期待。然而，技术不过关、商品维护不善、难以防止盗窃、供应链低效、高成本等问题频发，让无人货架的风口几近褪去，很多平台甚至还没被听说就已没落。人们也开始认识到：只有形式上的新颖，还不足以成为新零售。

那么，新零售究竟是什么？

无人货架的衰落，为我们重新审视新零售提供了视角，它是一个内涵深刻的概念，绝非形式上的新颖那么简单。

纵观零售行业的发展历程，无论如何发展，都逃不开成本、效率与体验这三个关键词。按照这一逻辑，新零售应该是在人工智能、大数据、云计算等新兴技术赋能的前提下，在降低成本的同时，实现对B端供应链效率与C端消费者体验的双重提升——实现了这些，零售业态的改变自然水到渠成。倘若反过来，光追求零售业态形式上的新颖，靠创业者造梦与资本的吹风，是远远不够的。

因此，在未来新零售发展的过程中，商业模式创新也好，互联网创新也罢，都必须尊重规律，回归理性。倘若失去了对规律的准确把握、对现状的科学分析以及对结果的审慎评价，而是沉迷于资本造富神话难以自拔，那么无人货架的盛极而衰，或许就是最好的教训。

正所谓：创新本致远，莫迷浮云中。

新零售时代，冷链
物流的机会与软肋 | 付一夫

一提起新零售，不少人会首先想到各种生鲜商超。诚然，凭借着耳目一新的购物体验与线上线下融合的消费特性，以阿里的盒马鲜生、苏宁的苏鲜生、永辉的超级物种等为代表的生鲜商超得以从各种零售新业态中脱颖而出。

众所周知，生鲜食品容易腐烂变质，而消费者对食材品质与安全性的高要求，使得物流运输能力成为整个生鲜行业的关键所在。如此一来，一个名曰"冷链物流"的事物进入了大众视野，并成为各路商家竞相布局的焦点。

冷链物流到底是怎么一回事？读完此文你会有所收获。

冷链物流是什么？

"冷链物流"这个名字看似高冷，其实距离你我并不遥远。

通俗地讲，由于生鲜产品从出厂到运输，再到消费者手中，需要消耗较长时间，不利于其保鲜，因此，人们想到，将冷冻工艺与制冷技术应用至生鲜产品的物流过程中，从而确保易腐易损产品在生产、贮藏、运输、销售到消费前的各环节中，始终处于特定的低温环境，以求保证质量、减少损耗。这便是所谓的"冷链物流"，通常应用于食品与农产品领域。

试想，倘若"一骑红尘妃子笑，无人知是荔枝来"的故事发生在今天，那么，为了让杨贵妃能吃到宛如刚从树上摘下来的新鲜荔枝，其运输过程应该是这样的：首先，有专门的冷藏设备设计和制造商，为荔枝运输提供技术保障与配套设施，比如冷藏车生产、冷机制造等；其次，要经过干线运输、冷库运营与城市冷链配送等环节的相互配合，以此来确保荔枝在流通中始终处于低温环境，最终再送到杨贵妃手中。而这便是现代冷链物流大体上的全部过程（参见图7-1）。

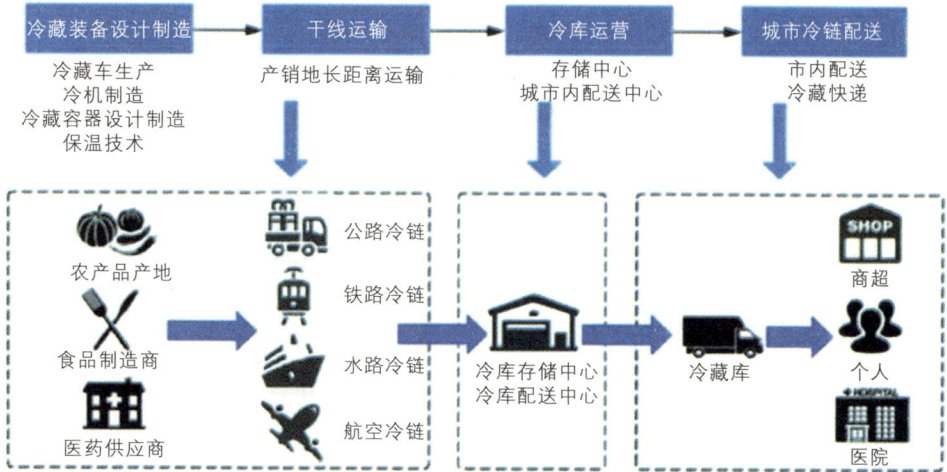

资料来源：檀霖可. 我国冷链物流发展现状与对策［J］. 物流技术与应用，2018（07）.

图7-1　冷链物流图谱

从本质上讲，冷链物流还是物流，其核心目的自然是保障生鲜、快消品以及医药行业等特殊商品的品质。因此，除了具有一般物流的特点外，冷链物流还具有其他与众不同的特性。具体来说，冷链物流除了运输货物的特殊性与时效性外，还有以下两个方面的特点：

第一，过程的复杂性。冷链物流中的商品，在流通的过程中需要遵守3T原则（流通时间（Time）、贮藏温度（Temperature）和产品耐藏性（Tolerance））。由于商品的品质随温度与时间的变化而变化，因此不同的产品都必须有对应的温度控制和储藏时间，要求运输者追踪监督商品的整个流通过程，这大大提高了冷链物流的复杂性。

第二，高成本性。需要冷链运输的商品对时效和温度都有较高要求，且在运输的每个环节对温度和湿度都有较高要求，这就提高了冷链运输的成本。加之生鲜与其他易腐商品需要特定的运输设备、温控设备、保鲜设备和储存设备，这些均需要高额的投资，故而大大抬高了冷链物流的成本。

至此，冷链物流的大致肖像已勾勒完毕。

冷链物流缘何被重视？

长期以来，由于投入门槛高、运营成本高、回报周期长等与生俱来的行业属性，冷链物流一直不温不火，2016年冷链物流收入甚至不到社会物流业总收入的3%。然而，眼下的冷链物流却摇身一变成为各路商家热捧的对象，苏宁、顺丰、万科、新希望甚至中国铁路总公司都纷纷开始进军冷链物流。以苏宁为例，现已形成了一张拥有40座冷链仓、覆盖173座城市的全国冷链网。得益于在冷链物流上的持续发力，前不久的苏宁"8·18"发烧购物节期间，消费者不仅接收到的生鲜商品有品质保证，还体验到了更为高效、精准的物流配送。

是什么让冷链物流越来越被重视？在笔者看来，原因有二：

第一，居民消费升级与食品安全意识的提高。随着国民经济的发展与人民收入水平不断提高，人们对食品安全愈加重视，也更注重食材的新鲜程度，生鲜食品市场的火爆便是佐证。然而，我国食品的保质保鲜状况并不乐观。根据光大证券的研究报告，在我国的农产品中，仅果蔬一类，每年的损失额就可以达到1 000亿元以上，这不仅影响农户与商家的多方利益，而且难以满足消费者的需求。此外，我国目前综合冷链流通率仅为19%，而欧美的冷链流通率可达95%以上。因此，我国大力发展冷链物流已是大势所趋。

第二，"毒疫苗"事件倒逼冷链物流的发展。2016年3月，山东省"数亿元疫苗未冷藏流入18省"的消息霸屏朋友圈，事件的不断发酵引发了国民对疫苗与其他药品运输的高度关注。而其中的破题关键便在于冷链。近年来，国家对冷链物流的支持力度正不断提高，各相关职能部门发布的多个文件中提出了健全冷链物流体系，支持冷链物流基础设施建设等要求，督导冷链物流行业的快速完善。也正因为如此，冷链物流行业开始了迅速发展进程，且蕴含着巨大的潜在商业价值。根据中国产业信息网的估计，到2020年，我国冷链物流行业的市场规模将可以达到5 000亿元，年复合增速将超过20%（参见图7-2）。

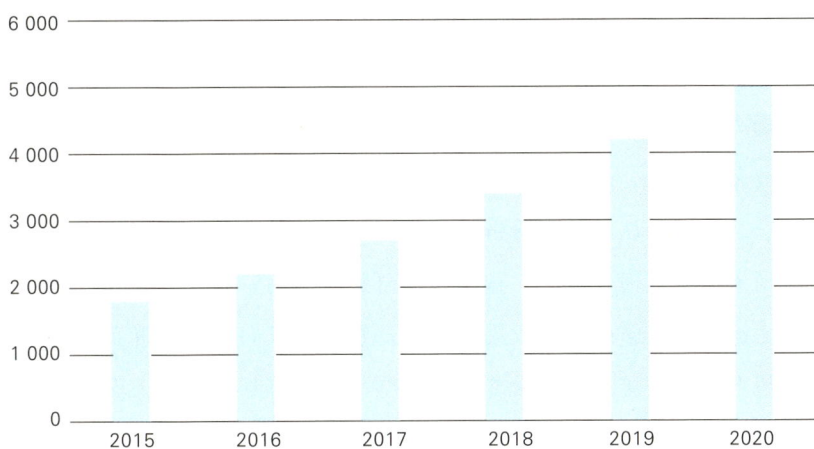

资料来源：中国产业信息网，苏宁金融研究院整理。

图7-2　我国冷链物流市场规模（亿元）

光大证券的研究报告同样声称，冷链物流行业的整体平均毛利率在15%～20%之间，规模效应和学习效应的积累或许比其他物流方式更加明显，随着技术的不断进步、生活水平提升引导的消费升级，冷链物流势必迎来发展的黄金期。

我国冷链物流的发展需克服三大障碍

客观地说，相较于欧美等发达国家，我国冷链物流行业起步较晚，若想实现行业的又好又快发展，目前还有三大障碍亟待克服：

第一，冷链基础设施建设不够完善。以冷库为例，我国冷库容量低的问题仍然突出。数据显示，2016 年我国冷库总容量达到 10 742 亿立方米，位居世界第三，而我国的人均冷库容量却与冷库总容量呈倒挂态势。2016 年，全球人均冷库容量为 0.2 立方米，而冷链物流发展水平较高的国家人均冷库容量高达 0.96 立方米，我国人均冷库容量仅为 0.143 立方米。同时，我国沿海地区冷链基础设施相对分布较多，然而，承担了全国大部分生鲜农产品批发交易的中西部地区却冷链资源匮乏。不可否认的是，冷链物流的基础配套设施初始投资成本巨大，而这种投资在尚未形成规模效应时，盈利能力总是较低的。因此，仅靠民间资本力量很难实现冷链基础设施的快速发展与完善。发达国家的经验告诉我们，在发展初期，大多是由政府直接投资建设冷库等大型冷链物流基础设施，而我国在这方面仍有大量工作要做。

第二，冷链市场尚无统一的规范标准。我国与冷链物流相关的法律法规和标准体系都不甚健全，缺乏必要的行业标准和监管机制。加之冷链运输货品种类繁杂，各地对于冷库、车辆的规范化要求差异大，对冷链行业的标准设立而言也是一种障碍。从本质上来看，冷链是通过集约化、标准化降低成本，从而实现利润的，所以前端企业生产、加工包装以及政策都亟须标准化和规范化。

第三，冷链信息化程度还有待进步。从总体上看，同发达国家相比，我国冷链物流的各个环节目前还缺乏系统化、规范化、连贯性的运作，导致"断链"现象严重，冷链腐损率较高。在新零售的热潮下，冷链物流的发展还应进一步得到物联网、大数据、云计算与人工智能等新兴技术的赋能，进而通过技术集成化、信息系统化、装备智能化、运作集约化的转型与升级，提高效率，降低成本。

尽管我国冷链物流行业处于起步阶段，距离国际先进水平尚有一定差距，但国家的重视与企业的发力，让人们看到了新零售时代里冷链的盛宴已经在路上。未来，冷链物流将会如何发展，广大消费者们又能获得哪些全新体验，且让我们拭目以待。

火爆的便利店，要如何拥抱新零售？　付一夫

时下，伴着新零售的热潮，各路玩家纷纷开启了对线下门店的争夺，种种零售新业态也相继问世。然而，人们的注意力过多地被生鲜超市与无人零售吸引着，却不知另有一股线下势力在悄然崛起，并俨然有成为零售新风口的态势，那就是便利店。

究竟是什么造就了便利店的崛起？在回答这一问题之前，不妨先来了解一下便利店是个啥。

方兴未艾的便利店市场

便利店，顾名思义，是以满足顾客便利性以及应急性需求为主要目标的零售业态。

根据日本经济产业省的定义，便利店指的是以贩售加工过的食品饮料为主、面积在30平方米～250平方米之间、营业时间每天达到14小时以上的零售商店。在我国，参考中国国家标准化管理委员会的描述，便利店在选址、目标客户、规

模、商品种类、服务功能等维度的具体要求如表7-1所示：

表7-1 中国对便利店的定义

考虑因素	具体要求
选址	社区街道、商业中心区、交通要道、医院、学校等公共活动区
目标客户	距离为步行5分钟，目标客户主要为单身人士以及年轻人
规模	营业面积在100平方米左右
商品种类	食品、日用小百货为主；SKU在3 000个左右，售价比超市略高
服务功能	营业时间16小时以上，提供缴费、充值等多项增值服务
管理信息系统	程度较高
商品售卖方式	以开架自选为主，结算在收银处统一进行

数据来源：苏宁金融研究院根据网上公开资料整理。

从表7-1可以看到，不同于其他零售业态，便利店面积小、单品少、服务半径短，以满足便利性需求为第一宗旨。正因为具备这些特性，便利店才能在时间、空间与购物上给予消费者极大的便利。

便利店零售业态起源于美国，兴盛于日本等地。对于中国内地的居民来说，尚且还是一种新兴的商业业态。

不过近年来，便利店的发展势头极其迅猛。国家统计局数据显示，2013—2016年间，便利店门店总数增长速度始终为正，且明显高于百货店、超市、大型超市等其他零售业态（参见图7-3）。

此外，根据中国连锁经营协会与波士顿咨询公司联合发布的《2018中国便利店发展报告》，2017年，我国便利店行业整体增速高达23%，市场规模超过1 900亿元，门店数已超过10万家，其发展势头可见一斑。不过从单个便利店覆盖人数来测算，我国还远未达到日本的水平，即平均约2 300人拥有一家便利店，但这也恰恰暗示着国内便利店市场的前景可期。

事实上，按照其他国家的发展经验，人均GDP的提高与便利店发展有着内在的正相关关系（参见图7-4）。就我国来说，2011—2017年，人均GDP实现了从5 000美元到将近9 000美元的提升，这刚好处于国际经验上的便利店迅速成长期。

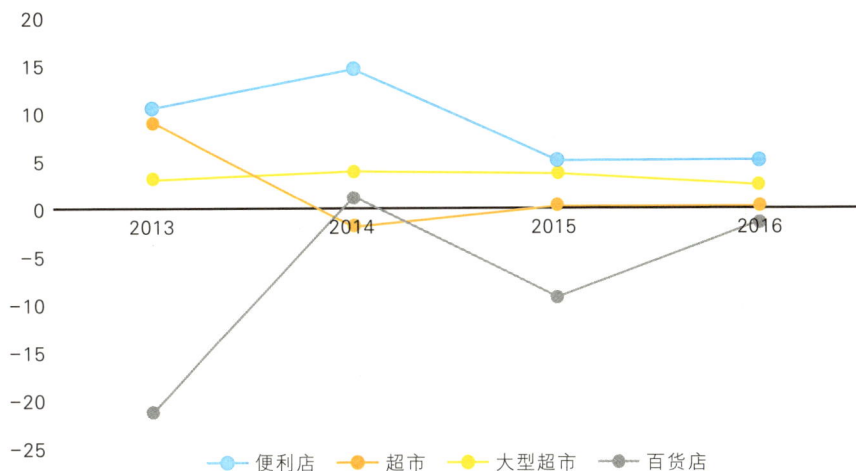

数据来源：苏宁金融研究院整理。

图7-3　连锁零售业企业门店总数增长速度（%）

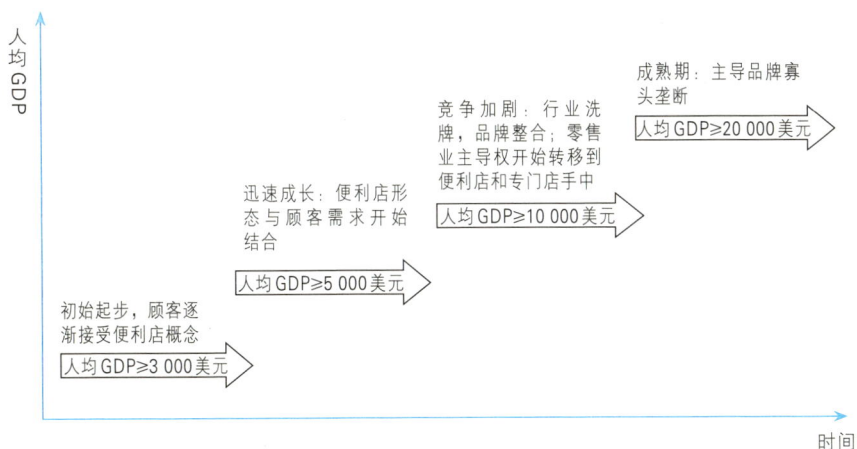

数据来源：苏宁金融研究院根据公开信息整理。

图7-4　人均GDP与便利店发展趋势

与此同时，我国城镇化水平的不断提高增加了社区和商业区的数量，极大地扩大了便利店的市场容量，密度不断提升的人口环境也让更多地区满足便利店的经营条件。综合考虑，我们有理由相信，在可预见的未来，便利店极有可能会迎来一段较长时间的黄金发展期。

便利店缘何异军突起？

综合来看，便利店之所以能够成为线下零售行业的新亮点，是因为其具备以下三个特征：

第一，空间与时间上的极致便利。

随着我国相当一部分人群工作节奏的日益加快，不少原本可以用来逛街消费的时间被严重压缩，人们的消费趋势愈发呈现出一种碎片化特征。此时，"便利服务"就显得难能可贵。而便利店所具有的空间与时间上的便利特征，与追求"购物便利"的新兴消费群体之间存在着天然的契合，这表现为以下两个方面：（1）空间的便利性：更加贴近消费者，距离一般在 500 米以内，步行 5～10 分钟可达；（2）时间的便利性：提供"Any Time"的购物方式，营业时间长达 16～24 小时，全年无休；同时，实行进出口同一的服务台收款方式，避免了超市排队结账的问题，付款时间只需要 3 分钟。

第二，精选品类和丰富的服务内容。

可能是受限于店面面积的缘故，每家便利店的 SKU 通常只有 3 000 个左右，远远少于超市和电商平台（沃尔玛、家乐福单店 SKU 约 2 万～3 万个，主流电商 SKU 通常都有数百万）。然而，便利店的商品品类完全是经过精挑细选的，无论是外卖鲜食、生活必需品还是应急性商品，几乎都涵盖了顾客生活所需的方方面面。同时，店内商品虽少，陈列却简单明了，使得顾客能在最短的时间内找到所需的商品，这便进一步强化了其"便利"的属性。

便利店虽然商品品类不多，但能提供的服务却不少。以我国台湾的便利店为例，其所能提供的服务涵盖了金融、影印传真、快递、邮票和明信片、垃圾处理、干洗、新能源汽车快速充电等诸多领域，这不仅增加了便利店的利润，还大大提高了顾客的流量和黏性，进而带动其他商品的销售。值得一提的是，不同路段的便利店还可以针对周围人群属性采取商品和服务精准定制的策略，从而进一步增强客户黏性，提高利润。

第三，业态可复制性强，可替代性弱。

由于便利店门店面积小，因此新开一家店的成本要远远低于一般的商超。再加上其较少的SKU以及灵活的网点铺设，使得便利店拥有极强的可复制性。同时，便利店的便捷服务与密集布点使其难以被其他零售业态所取代。比如说，商超、杂货店或许在价格上有优势，但却因无法提供便利店特有的便捷与多元化的服务而显得吸引力不足。

也正因为以上种种原因，当前各路巨头与资本已经开始重视便利店，Today、闪电购、便利蜂等新型便利店先后获得红杉等资本方的巨额投资，而苏宁、阿里等零售巨头干脆自营便利店。

整个市场一片繁荣，好不热闹。

便利店要如何拥抱新零售？

尽管便利店的经营模式有着百般利好，但在当前的新零售浪潮下，传统便利店的一些弊端也不可避免地暴露了出来。除了要面对经营成本的上涨与其他零售业态的冲击外，国内便利店至少还有以下两个痛点亟须解决：

一方面，与互联网尚有距离。 国内不少便利店的主要发力点侧重于线下，但线上仍属薄弱。与此同时，便利店通常较少为顾客建档，而店中的顾客多为即买即走，故商家不能有效地同消费者建立联系。如此一来，即便店内有促销活动或最新商品资讯，消费者也无法及时获悉；而消费者画像的模糊，同样对便利店进一步满足消费者购物体验造成了制约。

另一方面，供应链管理较为薄弱。 相比连锁超市，一些个体便利店的单店采购体量小，他们更倾向于自己到批发市场进货或由小批发商送货上门，通常难以争取到较好的资源和服务，由此在供应链上处于劣势地位。这便让个体便利店的经营在行业竞争中要承受利润微薄与业务流失的双重压力。

既然如此，便利店应如何转型来拥抱新零售呢？2017年的《便利店行业研究报告》给出了这样一个公式："便利店新零售=全渠道融合+自建仓配+新技术+新金融"。从这一公式延伸开来，或许便利店的转型升级可以从以下三个方面着手：

首先，加码商品与服务的内容及质量。

新零售的核心在于一切以消费者为中心，那么从国内便利店的角度看，完全可以效仿日本的做法，不断提升商品与服务的内容及质量。举例来说，商品方面可以提高生鲜食品的占比，同时通过完善店面设计、丰富服务领域等手段来增进消费者的购物体验，比如在店内扩充餐饮区域与咖啡区域，为消费者提供除了购物以外的生活性服务等。

其次，推动便利店与线上的融合。

一方面，可以加强同线上电商的合作，借助电商庞大的用户活跃度和消费数据来为便利店的选址、选品、陈列、物流路线、支付、订单分拣等环节赋能，并基于数据来分析各个社区不同人群的消费偏好，实现库存优化；另一方面，便利店应推动数字化经营，真正将自身打造为名副其实的线下流量入口，从而在反哺线上、信息互通、降低成本等方面实现突破。目前苏宁小店、天猫小店采用的就是便利店融合线上的模式。

最后，打造高效供应链。

采用全渠道商业模式加自建仓配，并利用大数据与人工智能等新技术的加持，构建一套完整的供应链信息系统，实现仓储、订单、顾客、交易等环节的统一管理。同时，充分依托线下渠道的网点优势，将自身打造为"购物点+物流中心"，不仅可以节约成本，提高物流速度与质量，让消费者在最短的时间内即可获得商品，还能使服务范围更加精准清晰，从而便于开展售后增值服务。

苏宁小店、天猫小店一家接一家地开，巨头血拼线下门店为哪般？ 付一夫

最近，各种"鲜生"如雨后春笋般涌现，而天猫小店、苏宁小店也越来越多地出现在城市中，且扩张速度迅猛。可就在几年前，线下门店还深陷惨淡经营的困境。那么，是什么力量在推动线下门店重焕生机？这要从电商的发展说起。

重焕生机的线下门店

近年来，以大数据、云计算、人工智能、区块链为代表的新一代互联网技术飞速发展，不仅推动了电子商务的崛起和第三方支付技术的成熟，催生出种种新的商业模式和经济形态，更是改变了人们的消费方式与消费习惯。其直接的结果便是网上购物渐成主流，人们想买什么，只要打开各种手机 App，片刻间即可完成下单并等待商家送货上门，网络娱乐、支付、网上订票、优步出行等新兴消费领域同样不在话下。

与之形成鲜明对比的是线下零售业的一片低迷。自 2012 年开始，不少以百货、超市为主营的企业经营业绩持续下滑，一些临街门店甚至被关停。

根据联商网的统计，2014 年国内主要零售企业（百货、超市等）共计关闭201 家门店，到了 2015 年，关闭的门店激增到 1 709 家。

一时间，许多人开始看衰实体门店。反观电商，不仅增长势头迅猛，而且零店面成本、展示品类无限丰富、消费者购物便捷等优势也日益凸显。于是，"电

商兴盛，零售消亡"的论调大行其道。

然而，看似前途一片光明的线上零售，却暗含着三种潜在的危机：

第一，互联网人口红利逐渐减弱。线上电商的崛起离不开互联网人口红利的积极影响。然而近两年，我国移动互联网用户规模年均增速一直在减缓，根据CNNIC（中国互联网信息研究中心）的数据，截至2017年12月我国网民规模已有7.72亿，网络普及率高达55.8%。这意味着我国线上流量增长空间已经颇为有限，而电商获得新增流量将会越来越难，代价也越来越高。

第二，线上零售总额被人们高估了。人们的线上消费看似如火如荼，但事实上影响力有限。《中国统计年鉴》的数据显示，2015—2017年，我国网上零售总额占全社会零售总额的比重没有突破20%，这就意味着超过80%的份额仍然在线下实体店面完成（参见图7-5）。

数据来源：苏宁金融研究院整理。

图7-5　2015—2017年线上线下零售总额占比

第三，线上电商的价格优势不再。电商的核心优势在于价格优势，但随着流量获取成本、运维成本、物流成本以及其他各方面综合成本不断攀升，线上电商的获利空间越来越小，因此只能通过提高商品价格或抬高免物流运费门槛等方式来持续获利。而这也给人们线上购物的热情打了折扣。

基于以上种种原因，线下实体门店的价值重新获得人们的认可与重视，而马云"纯电商将死，新零售已来"的论断，更是让线下零售业再度焕发生机，巨头们纷纷布局线下便是最好的证明。

线下门店存在的意义

要回答这一问题，首先要明确当下的消费者更青睐什么。

伴随着"千禧一代"（1982—2000年出生的人群）的全部成年，80后与90后渐渐成为消费大军的主力。而自20世纪90年代起，随着个人电脑的普及，互联网开始风靡全球，其崛起也陪伴着"千禧一代"的成长。在高速推陈出新的互联网影响下，80后与90后具备了注重个性、乐于尝试新事物、品牌意识强等特质。

这些特质，刚好在潜移默化地左右着整个消费群体的偏好与需求。美国著名研究机构ComScore的统计显示，中国大陆的主力消费人群更加注重品质与服务，追求个性化、新鲜刺激多样化、高品质、体验式消费，由此引领了一波个性化、多样化消费需求的兴起，这也间接对生产商品和消费服务提出了更高的要求。

回过头来看线上购物，纵然有着万般好，但是购物体验不能全方位满足是无法克服的硬伤。举个简单的例子，诸位男士要给女朋友买高跟鞋，如果不让女朋友亲自试一试，总是会埋下不合脚的隐患，这样一来，明明在网上挑选得好好的，收货之后却发现上脚并不舒服。另外，男士们如果相中了一款6 000多元的笔记本电脑，在不试试键盘手感如何、显示器看着是否舒服的前提下，有多少人会即刻下单呢？

而实体店存在的意义在于，它是消费者情感连接与情感宣泄的重要场景。举例来说，女人们开心要逛街，不开心更要逛街，特别是当闺蜜们凑在一起，且不说能买到多少东西，光那种充实感与愉悦感就已经足够。

事实上，当电商增长乏力之时，那些坚守线下的企业已经用实践证明了实体门店的价值。当阿里、腾讯、网易等巨头大规模参股永辉、华联、高鑫、家乐福、步步高、居然之家、海澜之家时，苏宁早已有 3 800 多家门店在手。而苏宁易购的年报显示，2017 年其营收同比增长 26.48%，属于上市公司股东的净利润同比增长 498%。

线下门店如何升级换代？

传统实体门店存在着客流缺乏、转化率较低、运营成本高企、同质化现象严重等问题，如果不做出适当变革，势必会趋于没落。下面，我们不妨从"扬长"与"避短"两个维度加以分析。

从"扬长"的角度看，既然线下的优势在于给消费者带来较好的购物体验，那么有必要以此为切入点对传统门店的消费场景加以升级。

这里的场景，并非单纯指零售门店的装修有多么华丽或别致，而是指应当在门店设计的基础上，让消费者在购物过程中有参与感并获得愉快的心情，同时嫁接餐饮、科技甚至娱乐部分，重新定义人与货场，进而提高消费者体验的满意度。关于这一点，除了开篇提到的各种"鲜生"之外，刷脸支付、机器人导购等新鲜事物也渐渐在实体门店中流行起来。而这些，都是升级线下、增加消费者购物炫酷体验的上佳案例。

从"避短"的角度看，电商在经历了多年深度覆盖后，积累了庞大的用户数据和消费数据，对消费者行为有着更为深刻的认识。此时，线下门店应充分利用线上的数据优势，为自身的选址、选品、陈列、物流路线、支付、订单分拣等环节提供参考，并基于海量数据，更加精准地看清各个社区的产品偏好、价格偏好，厂商应如何备货，备货多少，从而实现线下的库存优化。这不仅可以打通线上与线下，大大提高效率、降低成本，还完美地迎合了新零售的精髓理念——"线上+线下+物流"。

而今，线下已经成为零售业新的战略布局发力点，新时代的来临也让实体门店承载了更多希望。未来又将有哪些精彩上演，让我们拭目以待。

社交电商，正在崛起的零售新风口？

付一夫

社交电商的风口期已来——先是拼多多获得了30亿美元的巨额融资，再是云集和礼物说分别完成B轮和C轮融资，而有赞的成功借壳上市，更是将这一波风浪推向了高潮。

不仅如此，主流电商也纷纷布局社交板块，比如阿里的聚划算、苏宁的乐拼购，就连蘑菇街和小红书也将业务拓展到了社交电商领域。

如此一来，即便你本来对此毫无感觉，但在朋友圈里见得多了，有时候看到价钱合适，也会冲进去体验一次拼单团购。

社交电商的崛起之源

作为电子商务的一种新的衍生模式，社交电商基于人际关系网络，借助社交媒介（微博、微信、抖音等）的传播途径，通过社交互动、用户自生内容等手段来辅助商品的购买，同时将关注、分享、互动等社交化的元素应用于交易过程之中。它是电子商务和社交媒体的融合，以信任为核心的社交型交易模式。

社交电商的成长并非一帆风顺。2015年11月，国家工商行政管理总局发布的《关于加强网络市场监管的意见》，明确将社交电商纳入到监管范围内。而随着该模式越来越被认可，国家对其的政策态度也由限制转为重视与支持。2016年12月出台的《电子商务"十三五"发展规划》，正式提出鼓励社交电商，支持其健康发展。政策的利好为社交电商的发展创造了良好的外部环境。

近年来，社交电商的异军突起，主要与以下三方面变化密切相关：

第一，主流电商发展已经进入瓶颈期。由于移动互联网红利期已过，主流电商的运营成本与获客成本越来越高早已是公开的秘密，流量转化率整体走低，而新公司更是难觅机会。

第二，技术的成熟是必要条件。随着互联网与移动社交媒体技术的发展与成熟，供应链与支付环节日渐完善，这为社交电商的崛起提供了必要条件。

第三，消费者购物习惯在改变。时下，人们的时间普遍被各种新闻、视频、游戏、社交等应用软件充斥，碎片化趋势明显，同时消费过程中的信息传播、交互方式、应用场景与营销形式更加多元化。这些潜移默化地影响着人们的购物习惯，让人们越来越愿意在移动端完成购物。

以上种种原因，为社交电商的爆炸式发展带来了前所未有的机遇。

社交电商的主要优势

与传统电商相比，社交电商主要有三大优势：

首先，社交电商的运营效率较高。相比于上一个时代的"中心化"电商平台，社交电商的精髓在于人和人的沟通，个人影响力有着更快的传播速度和更广的传播面，正所谓哪里有社交，哪里就会有交易。同时也基于大数据技术对用户的管理，大大节省了时间、人力与推广方面的成本。

其次，社交电商的推广颇为即时。社交的核心是人与人之间的信任，只有信任才会产生交易，只有好的商品才能维持信任，进而持续销售商品。而社交电商的购物圈恰恰是沿着社交工具中熟人关系链拓展的，由此可以实现购物信息即时推广，并能够把影响客户的周期从几秒延长到几天甚至几个月，甚至还有多次影响和持续销售的机会，从而与客户形成更为良好的互动，提升转化率，实现用户的"裂变式"扩张，并带来更多的流量。

最后，社交电商平台功能更齐全。社交电商平台集社交、支付、电商平台等功能于一身。通过社交场景的应用，在"结识新朋友，不忘老朋友"的同时，不仅更容易将用户引导到电商平台进行消费与购物，大大节约获客成本，还能够显著提升用户的购物体验，增加消费乐趣。例如，和笔者一个办公室的女同事们，平日里就很喜欢刷苏宁易购APP里的乐拼购，刷到喜欢的商品，和同样喜欢这款商品的拼友，拼着埋单，能省不少钱。每年的"6·18"年中大促，办公室里的"好丈夫"们也都跟着拼单，网购了不少护肤品、化妆品，回家讨老婆欢心。

社交电商的时代精髓

不仅如此，社交电商快速崛起还有一个核心优势——对分享经济理念的体现。

马化腾在其领衔创作的《分享经济：供给侧改革的新经济方案》一书中，对于分享经济做了较为详细的解读：

分享经济是指将闲置资源通过社会化平台与他人分享，进而获得收入的经济现象。其中包括四个要素：第一，所谓公众，目前主要以个人为主（将来会衍生到企业、政府等，但形式应该是以P2P为主）；第二，所谓闲置资源，主要包括资金、房屋、汽车等物品与个人知识、技能和经验等；第三，所谓社会化平台，主要是通过互联网、ICT、云计算、大数据等技术构建大规模分享平台，形成规模与协同，以更低成本和更高效率实现经济剩余资源智能化的供需匹配；第四，所谓获得收入，主要有三种基本模式：网络租借、网络二手交易和网络打零工，这三者也是基本的分享模式。

社交电商则很好地体现了互联网时代分享经济的精髓，尤其是在移动互联网时代，不仅仅是人与人的简单聚集，更重要的是强调服务、信息以及内容的整合输出。社交电商运营的生命就是"极致的产品和服务"和"普通的价位"，平台的落脚点在于朋友之间的分享，而要达到让人分享的目的，就势必需要投入匠心去做好每一个细节。正所谓只有好东西，人们才乐于去分享；只有不断地分享，才会不断地产生利润的分配点。这也是移动社交电商发展的根本所在。

更进一步说，在分享经济盛行的今天，移动互联网带来的一个巨大利好和机会是个体的解放。比如滴滴打车，释放了闲置的车辆、技能与时间；再如微信公众号，释放了无数的内容生产者。

而之于社交电商，从微店、有赞、微盟，再到拼多多、云集和礼物说，体现的是一种根据行业基础和速度而形成的进化，其商业模式相当于反向的分享经济——虽然不提供流量，但却提供优质的商品集合，并分享给每一个有流量的个体，将他们解放出来，使得他们更容易成为零售商的同时，也能够为自己创收。

这种模式，既增进了人们的消费体验与分享动机，又能够以更低的成本和更高的效率来为精准的用户群体提供营销。在此基础上来说，社交电商的前景值得期待。

第 8 章

新零售案例汇总

"美版拼多多"爆红，带给我们哪些启示？

付一夫

创立仅三年就成功在纳斯达克上市的社交电商拼多多，因为大量销售山寨假货而备受争议。

无独有偶，在大洋彼岸的美国，也有一家火爆的电商横空出世。这家被业内称为"美版拼多多"、名为Brandless的公司，成立仅一年，就获得了来自软银集团的2.4亿美元C轮投资。

虽然同样主打低价商品，但与拼多多不同的是，Brandless好评如潮，少有争议之声。那么，这个"美版拼多多"的成功之道是什么？又给我们带来了哪些启示？

走近"美版拼多多"

欲探究Brandless的成功之道，必须先搞清楚它是一家怎样的公司。

在反复浏览Brandless的官网后，笔者的切身感受是其"不走寻常路"，其具体有三个特点：

第一，所有商品价格一律3美元。

从网站上可以看到（参见图8-1），Brandless平台展示的各种商品，从食品到洗面奶再到办公用品套装，全都标价3美元。这很容易让人联想到我们走在大街上，经常会听到一些门店传出的诸如"这个九块九，那个九块九，全都九块九"的广播声。可是，大多数人很可能在经过门店时，往往连脚步都不会减慢半分，更不用说进店浏览商品了。

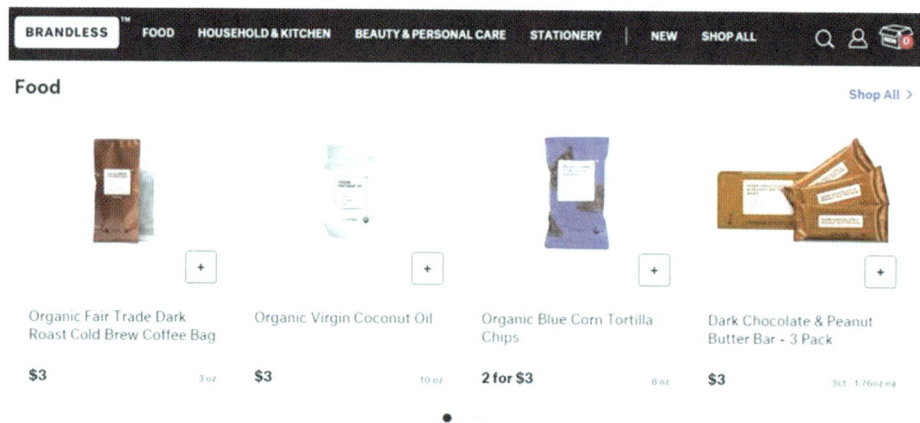

图8-1　"美版拼多多"——Brandless平台

原因很简单，人们对于价格低的商品早就形成了"低质"的印象，正所谓"便宜没好货，好货不便宜"。然而，综合多方资料来看，在Brandless上售卖的商品价格虽然也很低，但收到货的消费者却纷纷交口称赞，这足以证明商品质量是过关的。

第二，所有商品都没有品牌。

品牌对于人们的吸引力是巨大的，一件商品能否博得消费者青睐，品牌往往扮演着重要角色。任何商家都巴不得摇身变为家喻户晓的畅销品牌，以便在顾客心目中的商品阶梯占领制高点。然而，Brandless却偏偏逆流而上，大力推行"无品牌"商品，以自产自销取代从全球甄选名牌商品——正如它名字的中文含义（Brandless：无品牌）一样。

花钱购买没牌子的商品，是人们不敢想象的事情。可是去年才成立的

Brandless却快速打开了无品牌商品的市场，并获得了巨大成功。

第三，"极简主义"盛行。

一来，Brandless只有300多个SKU，这与我国动辄几千万个SKU的主流电商平台相比，完全是九牛一毛。不过，Brandless根本不是靠数量取胜的，它将商品的SKU精简化，在每个商品品类之中只选择一款最好的，这既能通过规模效应降低成本，又能免去消费者挑选的烦恼，提升购物体验。

二来，根据商品展示图片（参见图8-2），平台上所有商品的包装都极其简约，除了一个白色的标签外，再无其他，就连LOGO都看不到。这也充分彰显了其"Less is More"的理念。

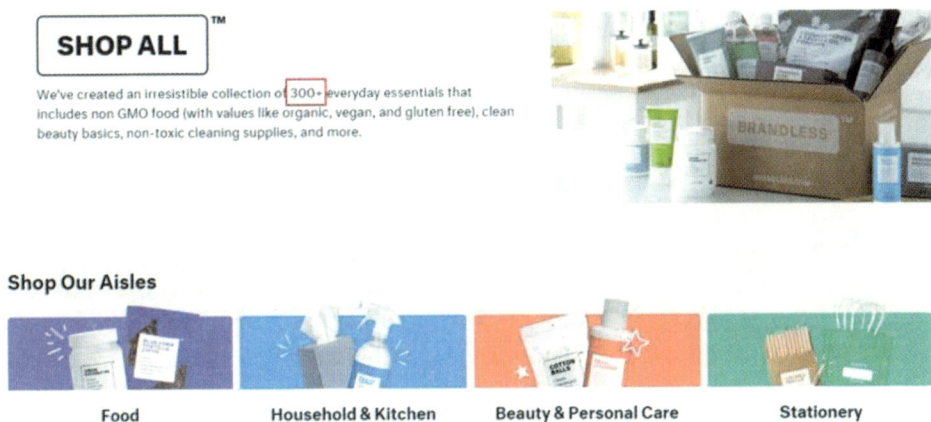

图8-2 Brandless商品品类展示

至此，"美版拼多多"与众不同的轮廓已大致勾勒完毕。

成功依靠三大杀手锏

任何一家企业都需要盈利，即便是价格低到逆天的Brandless也不例外。

不可否认的是，3美元的低价的确是很多人选择Brandless的首要原因，正如我国的拼多多，凭借低价优势，三年便占领了3亿用户的市场。然而，事实证明，仅靠低价优势是无法留住用户并得到认可的，人们买好货还是会倾向于选择苏宁、天猫等主流电商平台。

深入研究可以发现，"美版拼多多"之所以能够名利双收，依靠的是三大杀手锏：

第一，摒弃品牌溢价。

从Brandless创始团队看来，绝大多数消费者都会面临这样一种状况：花了15美元或20美元，却买了一件价值仅有2美元或3美元的东西，而多出来的那部分支出，便是消费者为其支付的品牌溢价。就像一个普通的价值0.5元的回形针，一旦贴上了蒂芙尼（Tiffany & Co.）的标签，立马可以卖到1万元，高价的背后正是品牌的溢价效应，而品牌的附加价值在很多时候远远高于商品的实际价值。Brandless的运营策略参见图8-3。

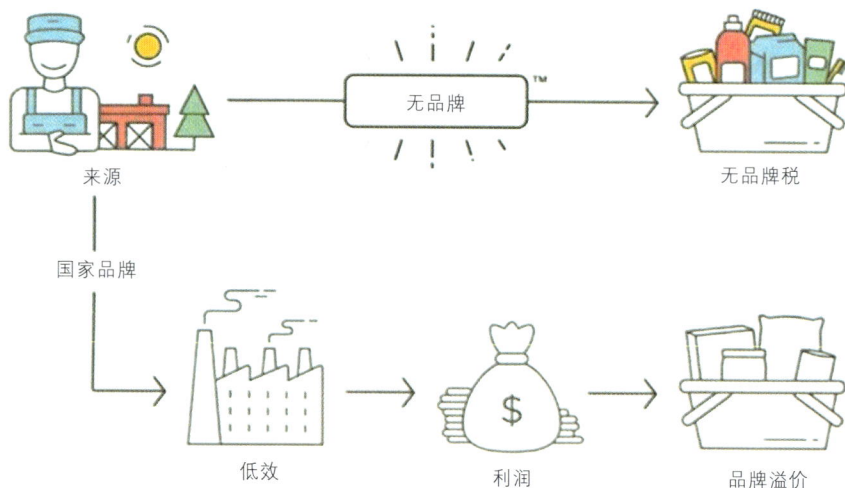

图8-3　Brandless运营策略

不仅如此，很多大品牌公司为品牌宣传和销售渠道所付出的高昂费用也间接转嫁给了消费者。殊不知，不少消费者真正重视的是值得信任的商品本身。

鉴于以上考虑，Brandless提出了"无品牌税"，拒绝在全球范围内甄选品牌商品，而是自产自销，其所售的商品由美国的数十家供应商独家生产加工，完全实现了商品从工厂直达用户手中，消除了所有的中间流通成本；再加上极简风格的理念，进一步降低了成本。如此一来，消费者只需为商品本身付费即可，而无须再操心额外的品牌溢价，这也迎合了目标客群的潜在需求。

更为重要的是，Brandless并没有因为价格低廉就在质量上打折扣。为了确保每款商品的质量都能达到最高要求，Brandless的研发中心对每款商品都进行了严格的测试与反复的试验，由此在保证平台展示的所有商品都质量上乘的同时，也提升了消费者的购物体验。

第二，黏住客户的会员制。

为了提高消费者复购率，增强客户黏性，Brandless也推出了名为"B.More"的会员体系，其亮点在于用户只需缴纳36美元的年费，即可享受所有订单免费配送的优质服务；而不是会员的用户，则收取每次5美元的配送费，或购物满39美元即可免收运费。如此一来，Brandless不仅实现了迅速获客，也让自己产品的渗透范围进一步扩大。

与此同时，Brandless每个季度还会给消费者寄送"省钱报告书"，上面详细记录着在Brandless上购买商品的价格同其他零售商产品价格的比较，进而提醒消费者：Brandless上的商品更加物美价廉，而且"选择他们，你还可以节省更多钱"。

第三，兼具社会责任感。

Brandless不甘只做一家零售企业，在商品价格如此低廉的前提下，Brandless还要大搞慈善。他们同美国慈善组织Feeding America合作，在平台上每成交一笔订单，就会为有需要的人提供一顿餐食，如果是"B.More"会员的订单，一次将捐赠两顿餐食。2018年2月，Brandless因捐赠25万顿餐食给Feeding America，获得了 NewCo Honors 的年度最佳公司奖；截至 2018 年 7 月底，Brandless 已经累计捐赠 150 万顿餐食。

如此看来，Brandless 所追求的不仅仅局限于为更多人提供物美价廉的日常用品，更是用实际行动引导着一种全新的现代消费方式。这种做法不仅彰显了一个企业的社会责任感，还让广大消费者悉数参与进来，进而让自身品牌的认可度得到提高。

除了上述三点经营之道外，Brandless 似乎也开始借势新零售，于 2018 年 6 月在洛杉矶开设了第一家线下实体店。然而，这家线下门店却不为销售商品，而是着力推广 Brandless 的品牌以及产品理念，同时为消费者带来全新的购物体验，以弥补线上的不足。

具体来看，门店定期举办系列讲座，邀请食品、健康、美妆、社会公益等各领域的专家来演讲，并提供现场试吃服务，近距离观察消费者与商品的互动。这也彰显出 Brandless "以人为本" 的经营宗旨。

中国电商可以学什么？

虽然被称为 "美版拼多多"，但 Brandless 并没有像拼多多那般备受争议。那么，Brandless 可以给我们国内的电商带来哪些启示呢？

首先，商品质量要过关。

追求高质量商品是消费者永恒不变的追求，任何人掏钱消费，都希望商品质量是有保证的，能够充分发挥其使用价值。谁都不愿意买到质量低劣、不经一用的劣等商品。哪怕价格再低，也不应在质量上打折扣。就像 Brandless 那样，在所有商品都售价 3 美元的前提下，依然不惜成本来把控质量。因此，对于零售商来说，加大力度对生产、供应、销售等各个环节的严格把关，从而让消费者买到高质量的商品，这既能提升消费者购物体验，又可以赢得口碑，就像国内的苏宁极物、网易严选一样。

其次，以消费者为中心是关键。

眼下已进入"消费者主权时代"，消费者已然成为零售行业一切价值的出发点，任何新技术的应用与商业模式的调整，本质上都是为了更好地了解消费者的购物偏好与特点，从而为他们带来更好的购物体验。其实，消费者要求的无非是高品质、低价格与好服务。因此，零售商不妨参考Brandless的经营方式，在保证商品质量的基础上，通过各种途径来降低成本，并优化售前、售中与售后的一系列服务，真正做到让消费者认可与满意。

最后，进一步拉近与消费者的距离。

拉近与消费者的距离，既是物理距离也是心理距离。在"以人为本"的新零售浪潮下，抓住了消费者就等于抓住了商机与价值。因此，除了质量、价格与服务外，零售商还应创新各种经营模式，增进与消费者的互动，构建多种消费场景让消费者能够切身参与进来，并获得愉悦的体验。例如，做公益打造品牌好感度、及时反馈省钱信息、定期举办线下活动等，都是可供借鉴的方式。

国内便利店行业要如何发展？
不妨从7-Eleven身上取取经 | 付一夫

在新零售的热潮下，凭借着营业时间长、空间距离近、精选SKU、资产模式简单等优点，便利店正越来越受消费者欢迎，而诸多商业巨头也开始加大力度布局这一零售业态。

不过，对于国内来说，便利店仍然是一种较为新鲜的事物，故行业将如何发展，自然成为了人们关心的话题。

倘若放眼国际，可以看到便利店在日本已经极为成熟，而其中又以7-Eleven连锁便利店为行业主导与典范。那么，对7-Eleven的发展经验加以探究总结，进而为我国便利店行业的发展指明方向就有其必要性，于是便有了这篇文章。

探究7-Eleven的经营之道

提到7-Eleven，相信人们不会觉得陌生，因为它就分布在各个城市的商圈与社区之中。这家诞生于美国得州、兴盛于日本的便利店，通过不断的商业模式革新，已经成长为一个现象级的零售范本。

根据德勤每年发布的《全球零售力量》报告，7-Eleven所属公司Seven & I Holdings一直处于主营便利店业态公司中的榜首，全球零售巨头的前20位。在2016财年，7-Eleven日本公司8 000多名员工创造了近百亿元人民币的利润，人均创造利润接近120万元人民币，足以比肩阿里巴巴。即便在日本经济最为严重的衰退时期，7-Eleven日本公司依然保持了长达数十年的增长势头。而今，7-Eleven已经在全球17个国家和地区拥有超过65 000家门店，在东亚、东南亚处于绝对领先地位，在北美、北欧、澳大利亚也有不错的覆盖优势。

看似十分传统的便利店公司，能够做到如此，绝非偶然。在笔者看来，7-Eleven的成功原因主要有以下三点：

第一，密集的网点布局，无限贴近消费者。

"便利"二字是便利店的精髓所在，其核心在于如何让消费者随时随地触手可及。此时，密集的网点布局便成了最为简单粗暴的方式。公开数据显示，在日本，7-Eleven门店总数已经突破两万家，远超日本三大便利店中的另外两家——罗森（Lawson）和全家（Family Mart）。这就让绝大多数日本人都能在5～10分钟时间内抵达7-Eleven的店面购买商品。再加上其每天超过16小时的营业时间，带给消费者的就是时间与空间的双重便利，让7-Eleven真正成为消费者日常生活中不可或缺的一部分。同时，密集的网点布局还可以大大降低企业的宣传成本与物流成本，并提高企业品牌形象及其知名度。

第二，高效的供应链管理是 7-Eleven 最核心的竞争力。

对于一家占地面积不大也没有存储场所，但却要每日都提供 3 000 多种商品 SKU 的便利店而言，高频的配送与高效的供应链管理也就成为其经营的生命线所在。基于此背景，JIT 物流配送模式应运而生。

JIT（Just In Time），最早是日本丰田公司副总裁大野耐一于 1953 年创造的一种在多品种小批量混合生产条件下高质量、低消耗的生产方式，即所谓的准时生产。在此基础上，JIT 物流配送模式得以问世，其特点在于少量、多次、迅速配送，这对整个物流配送体系的效率和准确度要求极高。而 7-Eleven 正是将 JIT 物流配送模式运用到了极致，进而满足了"新鲜、及时、便利、不缺货"的连锁便利店必备条件。

具体来说，7-Eleven 先是按照不同的地区和商品群划分，组成共同配送中心，由该中心统一集货，再向各店铺配送。在配送中心会备有一个电脑网络配送系统，可以每天收到区域内各个店铺的库存和需求状况，从而为供应商的货物派送提供了更为精准的参考。此外，7-Eleven 还对供应链进行精细化管理。例如，在每日三次配送的基础上，如果预计到第二天会发生天气变化，还会对可能受影响的商品进行一次特别配送，这就使得 7-Eleven 的所有网点都能出售新鲜与高附加值的商品，显著提高了消费者购物体验，还在一定程度上降低了成本。

第三，拥有高科技武装的信息系统。

在发展过程中，7-Eleven 始终不遗余力地加大在信息化赋能企业管理方面的投入。根据招商证券的研究报告，自 1978 年以来，7-Eleven 至少对信息系统进行了 6 次升级，而每一次升级都大大提高了总部与网点间的数据传输效率，加强了单品管理。而今，以信息为中心管理商品已是 7-Eleven 最为自豪的地方，其好处至少有二：

一方面，可以充分收集与消费者购物偏好有关的数据，以此掌握市场的最新需求动向，进而实现C2B的按需定制生产范式，避免了商品滞销与库存积压的尴尬；

另一方面，在数字化与信息化的赋能下，7-Eleven的供应链管理变得更加透明，上下游的大规模协同变得更加容易，进而显著提升了公司供应链的运行效率。

打造名副其实的"便利"店

除了善于经营外，7-Eleven还格外注重消费者的体验，并基于此延伸出了一系列超越零售本身的多项"增值"服务，在此不妨逐一分析。

首先，力求让消费者在生活各方面都获得"便利"。

传统意义上的便利店，大多仅仅停留在为顾客购物提供便利的层面上。然而对于7-Eleven来说，不甘心只做售卖商品的店铺，而是要让消费者生活的各个方面都获得便利。于是，基于其密集的线下网点，7-Eleven扩展了一系列的全天候便民服务，以此更加贴近消费者，并全方位提升消费体验（参见表8-1）。

表8-1　　　　　　　　　　　　7-Eleven的便民服务种类

服务类别	内容
传统便民服务	代收快递、复印、传真等
电信有关服务	各类电话卡、手机充值卡、补换SIM卡及提供手机充电等
互联网相关服务	上网卡、游戏点数卡及网站点数卡等
票务服务	体育彩票、彩票投注卡、各类演唱会、展览及讲座门票、泊车卡等
代收报名服务	代办各类培训的报名手续
订购服务	代订考试教材、潮流用品、礼品等
送餐服务	Seven-Meal service送餐上门
生活缴费	水电费代缴

资料来源：招商证券，苏宁金融研究院整理。

其次，积极发展线上业务。

传统的便利店几乎都是将业务重心放在线下门店上。然而，由于营业时间、商圈范围、店铺陈列商品种类等多方面的限制，线下便利店有着不少的局限性。相比之下，线上零售则大大突破了时间、空间与商品种类的约束，并能为消费者提供更加全面细致的服务。7-Eleven早在1999年就看到了线上板块的巨大潜力，并着手同雅虎等公司开展合作，以图书销售为开端进入电子商务市场。而后，7-Eleven进一步与索尼、NEC等巨头共同成立网络商店，为消费者提供包括书籍、CD、音乐会门票、旅游服务在内的更加广泛的商品与服务。到了2015年底，新的网购配送服务omni7问世，标志着7-Eleven的O2O业务愈加成熟。

最后，跨界提供金融服务。

为了满足消费者24小时便捷取款以及换取外汇等服务的需求，7-Eleven于2001年与百货公司集团伊藤洋华堂合资成立株式会社IY BANK（即现在的SEVEN银行），并取得了银行牌照。以此为契机，ATM机开始大规模出现在7-Eleven门店，让广大消费者可以更为便利地享受到相关的金融服务。此外，7-Eleven还进军信用卡业务，包括Seven Card、Seven Card金卡等，直接可以积分和支付。这不仅能减少商店与其他银行的转账费用，还可以大大简化消费者的支付结账流程。

7-Eleven带来的启示

正是因为具备了以上种种，7-Eleven才能够稳坐便利店行业的龙头地位。当然，这些对于后来者无疑极具参考价值。

概括地看，7-Eleven的制胜之匙在于"硬件"与"软件"两个层面，前者指其特色物流模式和高科技信息系统打造的高效供应链，后者则涵盖以顾客需求为导向的单品管理、品牌开发、热情服务以及便民服务等内容。值得注意的是，7-Eleven的"硬件"与"软件"刚好迎合了新零售的精髓所在，即通过新兴技术的赋能，在降低成本的同时，实现B端供应链效率与C端消费者体验的双重提升。从这个逻辑上看，7-Eleven早已在便利店与新零售结合的道路上迈出了一大步。

当前，在消费升级与新零售的双轮驱动下，我国的便利店行业正如火如荼地发展，而诸如苏宁、天猫等零售巨头都纷纷发力，苏宁小店、天猫小店等新型便利店如雨后春笋般接连涌现，快速扩张。但是仍要清醒地认识到，我国的便利店行业总体上仍偏传统，除了要面对经营成本的上涨与其他零售业态的冲击外，还有线上业务薄弱、供应链管理低效等痛点亟待解决。

7-Eleven的实践为我国便利店行业的发展提供了极佳的范本，而各路玩家则需要着重考虑以下两点：

一方面，推动数字化经营，打造高效供应链。要把握新零售时代人货场的"物理数据二重性"，在巩固门店业务的基础上，充分利用大数据、人工智能等新技术的加持，积极拓展线上业务，借助线上庞大的用户活跃度和消费数据为便利店提供所在社区范围内更为精准的消费者画像，根据不同人群的消费偏好来按需生产与配送，实现库存优化，同时也可以将门店自身打造为线下流量入口，进而反哺线上，实现线上线下信息互通，并降低成本。此外，便利店还应构建一套完整的供应链信息系统，实现仓储、订单、顾客、交易等环节的统一管理，并依托线下渠道的网点优势，将自身打造为"购物点+物流中心"，全面提升物流的速度与质量。

另一方面，更加注重消费者的购物体验。用7-Eleven创始人铃木敏文的话来说，"不要为顾客着想，而是要站在顾客的立场上思考"，这种方式不仅更能打动消费者，还是新零售时代核心理念的体现。因此，国内便利店在发展中，也应时刻明确"消费者是一切价值的起点"这一宗旨，不断加码商品与服务的内容及质量。举例说明，国内便利店可以通过完善店面设计、丰富服务领域等手段来增进消费者的购物体验，甚至还可以实时关注天气与温度变化，进而决定是销售冷饮还是卖热咖啡，以此来展示便利店细致入微的贴心服务，让消费者在购物过程中，不仅能获得商品本身，更能获得超出商品范畴的其他体验。

"百货公司鼻祖"西尔斯破产

付一夫

前不久，拥有120余年悠久历史的美国百货公司——西尔斯（Sears）集团正式申请破产。消息一出，一片哗然，就连美国总统特朗普也惋惜不已。

西尔斯是何方神圣？它是有着"百货公司鼻祖"美誉的零售巨头。在将近一个世纪的时间里，它几乎是美国消费者选购生活用品的首选。然而，时至今日，在客户日益减少与公司债台高筑的双重压力下，西尔斯的荣光褪尽，经营之路也走到了尽头。

事件背后，百货零售行业的前程，值得我们每一位从业人员深思。

盛极而衰的西尔斯

西尔斯从美国的铁路时代崛起，以目录邮购零售的方式突破了地域的局限，抵达广大的农村人口手中，而后又敏锐地抓住了汽车社会的契机，转型开启了百货商店的时代。此外，得益于第二次世界大战后的婴儿潮及其带来的人口红利，西尔斯又在家电市场大展宏图，收益颇丰，其鼎盛时期的营业规模相当于亚马逊和沃尔玛的总和。

有公开数据显示，20世纪中期，美国人每100美元的消费中，就有1美元发生在西尔斯，而且有半数的美国家庭都在使用从西尔斯购买的商品。西尔斯那一本本飞入家家户户的商品目录，更是被大众奉为"消费者圣经"，美国商业史作家马克·莱文森感叹："西尔斯的目录邮购，可以买到除房子以外的任何东西。"而随处可见的西尔斯门店，更是如邮局一般无限贴近千家万户。人们一度认为，西尔斯会是美国土地上永恒的一部分。

然而，就是这样一家零售巨头，却在后来的竞争中掉队了。当亚马逊和沃尔玛风生水起之时，西尔斯日渐凋敝——从巅峰时期的逾4 000家门店和35万名员工，萎缩至几百家门店和几万名员工，最后以破产的剧情收尾。

策略失误加速了衰落

冰冻三尺，非一日之寒。西尔斯的凋零并非突然发生，而是一场漫长的告别。事态的端倪，早在十多年前就有所显露。

2005年，在互联网的冲击下，西尔斯的销售出现了问题。为了扭转公司的财务窘境，西尔斯决定任命做对冲基金起家的亿万富翁爱德华·兰伯特（Edward Lampert）为CEO。

平心而论，倘若在华尔街，兰伯特绝对是一名天才金融家，但在西尔斯所处的零售业，就是另一番景象了。

没有任何零售从业经验的兰伯特，一上任就开始大肆实施成本削减计划，而其中又以大幅削减基层员工收入为重头戏——这一策略大大挫伤了员工的积极性：他们工作不再积极，销售业绩便随之下降；业绩下降，基层员工的工资被进一步克扣；员工怨声载道地抗议，工作积极性继续下降；工作积极性持续下降，销售业绩也越来越差……如此形成了一个恶性循环，其负面影响也是深远的。

一方面，大量员工流失引发巨额损失。从员工的角度来说，当工作回报与付出明显不成比例时，他们会抗议、罢工甚至离职。不同于一般的员工离职，在美式百货店的文化中，销售与服务人员通常会跟客户建立起非常密切友好的关系，他们对于客户的各种消费偏好了如指掌，可谓是客户在店里的"代理人"。一旦这些销售与服务人员离开，极有可能的结果就是大量的消费者跟随着这些离职的销售与服务人员一同到了西尔斯的竞争对手之处，进而造成客户的大量流失，这种损失远比再次招募与培训新员工的投入要惨重得多。

另一方面，服务质量大打折扣。零售之于消费者，购物体验占据比较重要的一环，而服务人员的态度往往是决定消费者购物体验好坏的关键一环。然而，收入的大幅度降低严重影响了西尔斯服务人员的工作心态，他们对待客户不再热情友好、面面俱到，这对于体验至上的零售行业来说无疑是一种重创，其直接结果就是西尔斯的口碑越来越差。

与此同时，兰伯特还大胆地将整个西尔斯拆分为30个相互独立的经营项目部，各项目部不仅要求自负盈亏，还必须相互竞争以博得CEO的关注和资金倾斜。这就导致西尔斯30个项目部门各自为政，相互之间没有沟通与协作，甚至还会相互攻击。可以说，兰伯特是在用"产品投资组合"的思维来指导协作与体验至上的零售行业，从一开始就错了，西尔斯的衰落，他自然要负一些责任。

坠入"创新陷阱"输给了时代

当然，百年老店轰然倒塌的锅，让爱德华·兰伯特一个人来背，未免有失公允。西尔斯之所以会走向消亡，更深层次的原因还是在于墨守成规与创新乏力。

我们不妨先讲一个故事：

有这样一家企业，在长达100多年的时间里，一直担任着"历史见证者与记录者"的重要角色，从第二次世界大战到阿波罗号登月，再到肯尼迪遇刺，无不参与其中。

在鼎盛时期，这家企业的拳头产品牢牢占据着美国本土市场九成左右的份额，在全球拥有十几万名员工，业务遍布150多个国家和地区。然而，纵然是长期身为行业翘楚，也难逃衰亡的命运。在外部环境快速变化时，曾经的老大哥未能把握住时代的机遇，最终以申请破产结束了横跨三个世纪的基业。

相信你已经猜出来了，这家企业就是柯达公司。其兴衰已经被业内视为"未能抓住科技转型的机遇，断送自身前途"的经典案例。

放眼全球，不光是柯达一家，向来以科技创新与工匠精神闻名于世的日本制造业龙头，如神钢、三菱、高田、东芝、松下等，近些年也频频曝出数据造假、经营不善的新闻。

究其原因，大企业在发展过程中经常会不经意间坠入"创新陷阱"——相比于更具颠覆性的创新模式，大企业往往更愿意沿着自身原有的技术与业务专长前行，进而形成固有的发展路径，但也会因此而越来越遭受旧轨道的制约，此时，一旦新的技术或者业务模式成为市场主导时，大企业就不得不面临被市场淘汰的危机。

对此，美国商学院教授克莱顿·克里斯坦森在《创新者的窘境》一书中犀利地指出：曾经成绩骄人的公司只会寻求产品的"精益求精"，其发展来的新技术不过是"延续性技术"，真正能带来新变革的"破坏性技术"却被忽视，从而将发展机会拱手让人。

不难发现，西尔斯的倒闭，也是因为没有避过"创新陷阱"。

当西尔斯的百货零售模式如日中天的时候，沃尔玛凭借着一整套超市的业务模式异军突起，并大有在线下与西尔斯竞争之势。值得注意的是，在沃尔玛着力打造高效低成本的供应链体系并在各地迅速扩张之际，西尔斯却因为长期积累的成功而不愿采取革新措施，仍旧依赖自己呆板老化的供应链体系。设备的陈旧与技术的落后严重拖累了西尔斯的经营业绩，其供应链成本占销售总额的比重高达8%，而在沃尔玛，供应链成本占销售总额的比重连3%都不到。

渐渐地，西尔斯的线下优势风光不再，而以沃尔玛为代表的一批低价零售商在不经意间抢占了中产市场。据《美国大西洋月刊》报道，20世纪80年代初，西尔斯的营收还是沃尔玛的5倍，但进入20世纪90年代，它的收入就只有沃尔玛的一半了。

而后，随着互联网的兴起与普及，线上电商集体崛起，零售的战场也从线下转移到了线上。可西尔斯却偏偏逆流而上，仍墨守成规地将业务重点放在线下。在精简成本的主旋律下，西尔斯不但没有投入大量资金来升级门店与推动科技发展，反而还通过不断减少SKU库存甚至关店来省钱。对体验至上的零售业来说，这可以说是自废武功。有公开报道显示，西尔斯门店经常会出现天花板漏雨、地板塌陷、店员数量严重不足等状况。如此一来，西尔斯不仅线上没能分一杯羹，就连线下也备受诟病，走向衰落也就在情理之中了。

令人唏嘘的是，在宣布破产之后的演讲中，爱德华·兰伯特声称自己不是没有预见到电商是零售业的未来，但苦于连年亏损以及对巨大养老金支付的承诺，西尔斯早已没有足够的资金来支持其业务的转型。

正所谓：含辛茹苦数十年，一眼望去换青天。

我们能获得哪些启示？

西尔斯的教训，无疑是具有深刻启迪意义的，尤其是对以传统百货公司为代表的线下零售来说，就如同敲响警钟。

当前，我国的"消费者主权"时代已经到来。在此背景下，传统零售引以为豪的"品类齐全"、"薄利多销"与"物美价廉"早已无法满足国人对于消费的追求，如何全方位满足消费者的购物体验是所有零售企业需要面对的新课题。

与此同时，在新零售浪潮席卷神州大地之时，线上与线下的融合已是大势所趋，行业的进一步发展，既需要线上的大数据积累，也需要门店的真切体验。而人工智能、VR、云计算等新兴技术的日趋成熟与不断渗透，更是吸引了不少零售巨头们竞相布局。倘若传统零售公司仍然固守自己的"一亩三分地"而不去想方设法实现业务的转型升级，不妨看看西尔斯，还有那些在"创新陷阱"中苦苦挣扎的甲乙丙丁。

那么，传统零售应该如何转型呢？笔者建议从以下两方面着重考虑：

从企业外部来说，务必要跳出自身的固有路径，与时代接轨，即抓住新零售的时代机遇，线上与线下同步发展，双管齐下。同时，要时刻谨记"消费体验至上"的行业宗旨,将门店打造成业务更加多元化的综合购物中心,除了零售之外,还应嫁接旅游、休闲、娱乐、餐饮等多种商业功能,并配以极具创意的文化艺术装饰的点缀,从而在全方位满足消费者需求的情况下,实现营收的不断增长。此外,还应在零售业态中引入高科技的智慧元素,带给顾客更加炫酷的视听享受。以上所述已经有了成功的实践案例,例如王府井百货的转型、苏宁易购的机器人导购与刷脸支付等。

从企业自身来说,在经营过程中,需要通过业务的升级来降低成本,并在提升消费者购物体验的各个方面不吝投入,而不能只盯着公司财务状况与盲目缩减开支。具体可以从打造高效智慧供应链入手,充分发挥人工智能、云计算等新兴技术的优势并为自身赋能,推动原材料供应商、外协加工和组装、生产制造、销售分销与运输、批发商、零售商、仓储和客户服务等各个环节的协同运行,进而做到提质增效,降低流通成本。同时,还应有效利用基于大数据积累的消费者画像,尽可能为消费者提供精准营销与个性化服务。

俄罗斯零售巨头教你攻占农村市场

付一夫

眼下,随着一二线市场的日趋饱和,各路零售商开始想方设法下沉渠道。这当中,又以农村市场最为令人向往。坐拥中国超40%人口规模的农村地区,被业界视为零售业发展"最后的战场"。然而,受制于经济相对落后与基础设施匮乏,啃下这块硬骨头可谓困难重重。

在我们的邻国俄罗斯,有一家专门占领农村市场的零售企业,凭借20多年的耕耘，已经成长为俄罗斯食品零售行业的龙头，市值笑傲整个欧洲。那么，这家企业成功的秘诀是什么呢？我们不妨来了解一下。

初探：Magnit的成长道路

这家创立于1994年的零售企业名叫Magnit，拥有俄罗斯最大的农村连锁超市。公开资料显示，截至2016年底，Magnit在俄罗斯近2 500个城镇和乡村拥有超过26万名员工、近14 000家门店，市值约为170亿美元，位居欧洲地区榜首。2006年，Magnit在莫斯科和伦敦两大交易所挂牌上市，风头一时无两。

纵观Magnit的发展历程，大体可以分为三个阶段：

（1）1994—2000年：初步探索期

1994年，创始人Sergey Galitskiy在克拉斯诺达尔市创立了Magnit的第一家线下门店（当时公司名为Tander），主要业务为香水和化妆品的批发，并很快成长为俄罗斯最主要的香水和化妆品批发商之一。而后，Magnit开始涉足食品零售业务，并于1998年开了第一家便利超市店。

（2）2001—2009年：快速扩张期

2001年开始，Magnit启动了跨省扩张历程，到2005年底已经在全国拥有了1 500家门店，并不断强化对运营的精细化管理。在2006年成功上市后，Magnit的战略重点开始由大规模扩张向提升毛利率和探索多元化业态转变，其标志便是大卖场和便利超市齐头并进。到了2009年，公司正式成为俄罗斯食品零售行业的龙头企业。

（3）2010年至今：业务优化期

2010年以来，Magnit甚至将门店扩张到气候颇为恶劣的西伯利亚和乌拉尔地区，让那里为数不多的居民也成为自己的用户。其间，Magnit还开始自营生产西红柿、黄瓜等蔬菜，并开设了药妆店。时至今日，Magnit已经成为集便利超市店、大卖场、药妆店与家庭店为一体的零售"超级航母"，并占有全国最高的零售市场份额。

需要特别指出的是，自创立伊始，Magnit就将俄罗斯农村地区作为主攻对象，当前有大约2/3的门店都设立在人口规模少于50万的小村镇之中，可以说，Magnit是一家名副其实的"农村连锁超市"。

不过，这并不妨碍它获得成功。财报显示，近年来Magnit的净利润率几乎都在5%以上，这在经济状况并不景气的俄罗斯，已属不易——须知，竞争对手们的净利润率只有2%左右，甚至有不少还出现过亏损。另外，自上市以来，Magnit的市盈率基本稳定在20倍~30倍，即使在2015年后受到宏观经济下行的影响，其市盈率也处于10倍到20倍区间内。

深究：如何成功攻占农村市场？

任何成功都不是偶然的，Magnit自然也不例外。深入分析可以发现，Magnit之所以能够成功占领中小城镇与农村市场，并获得今天的地位，要归因于三大竞争优势：

第一，差异化竞争的策略。俄罗斯的零售市场竞争非常激烈，特别是自2012年俄罗斯加入WTO之后，以法国的欧尚、德国的麦德龙为首的外资零售巨头纷纷涌入，这便进一步加剧了竞争。不过，这种竞争主要集中在大城市，广阔的农村地区却鲜有人问津。于是，当其他竞争对手都在紧锣密鼓抢占莫斯科、圣彼得堡等大都市市场时，Magnit反其道而行之，将业务重心下沉至农村并不断扩张。这种"农村包围城市"的理念，既能有效规避大城市的惨烈竞争，又能率先建立起农村居民的用户忠诚度。

第二，强大的供应链能力。同其他国家一样，俄罗斯的农村地区较为落后，不仅交通不便，物流基础设施也极为匮乏，这就给零售商出了一道大难题。对此，Magnit从供应链入手，投入巨资来推动农村地区的供应链建设，并打通了通往农村市场的路径。公开信息显示，Magnit在俄罗斯地区拥有30多个物流配送中心和大约 6 000 辆配送货车，其仓储面积也将近 150 万平方米，整个供应链体系共有员工近 4 万人，而公司的便利超市店中 90% 的货物和大卖场中 70% 的货物都由自己的配送中心供应。

不同于以第三方物流公司为主导的供应链模式，Magnit 通过自建供应链体系的方式，牢牢地将仓储、配送等环节掌握在自己手中，这便省去了大量的中间流通环节，在节约成本的同时，也提高了供应链运行的主导权。

此外，Magnit 对于先进技术对供应链管理的赋能作用也极为重视。在开展零售业务初期，Magnit 就同知名的企业应用软件解决方案供应商 SAP 合作，构建了自身的 ERP 系统。同时，还重金雇佣技术专家来研发供应链模型，可基于各地区不同的经济发展状况、人口密度等指标，动态地调整库存等核心运营决策数据，从而大大提升了运营效率。

第三，多元化的经营业态。这一点，从前文所述的 Magnit 发展历程即可窥探一斑。目前，Magnit 的零售业务主要涵盖便利超市店、大卖场、家庭店和药妆店 4 类。多元化的门店布局，既可以帮助公司切入到各种细分市场，最大限度地满足不同消费人群的需求与偏好，又能开拓利润来源，分散经营风险。

值得一提的是，Magnit 的线下门店中，超过六成都是便利超市店，而该种业态的好处在于门店面积普遍较小，且资产较轻，新开一家店的成本远远低于一般的商超；同时，便利超市店 SKU 相对较少，网点铺设极为灵活，使其拥有极强的可复制性。因此，将便利超市业态作为主打，进入农村市场显然更加容易。

此外，Magnit 也非常重视自有品牌的建设，不断开拓公司自有品牌商品的 SKU，这除了能够带来更多利润外，也进一步巩固了自身的影响力与知名度，赢得了消费者的认同与忠诚。

<u>启发：我们从 Magnit 身上学什么？</u>

横向比较，在国情上，中国与俄罗斯都是幅员辽阔、地大物博的国家，且不同地域的发展状况差异较大。不过，中国在宏观经济发展态势、人口数量规模与物流基础设施等方面要强于俄罗斯，且移动互联网的日渐普及与物流基础设施的多年建设，客观上已经为农村零售市场的开发打下了坚实的基础（参见图8-4）。

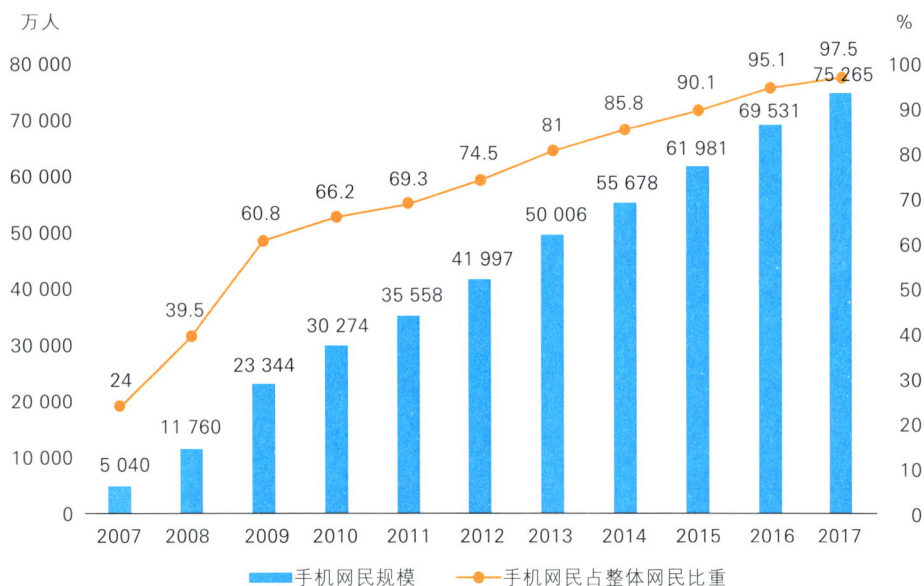

数据来源：中国互联网络信息中心（CNNIC），苏宁金融研究院整理。

图8-4　我国手机网民规模及其占全部网民比重

　　因此，某种程度上讲，Magnit在俄罗斯乡村地区需要克服的困难，很可能要比中国零售商进军农村市场要困难得多，可即便这样，Magnit在俄罗斯仍然获得了成功，这对于我国那些迫切想要在农村市场的蓝海中闯出一片天地的商家来说，显然是具有参考借鉴价值的。

　　其实，纵观Magnit的发展历程及其商业模式，不难发现，其精髓无非四条——快速扩张门店、打造高效供应链、深耕乡村小镇市场、多个零售业态并重。这几点经验或许值得国内零售商学习。不过，在笔者看来，当新零售的热风吹遍大江南北时，除了上述经验外，还需做到以下三点：

第一，商品质量必须过关。在解释这一点之前，有必要先来说说拼多多。凭借着"农村包围城市"的策略，拼多多仅成立三年多就实现了赴美上市，并成为现象级的存在。然而，随着诸如"山寨门"、商品质量不过关等消息传出，拼多多也被推上了舆论的风口浪尖，股价一度下跌到被相关部门约谈，拼多多的日子似乎不太好过。这便告诉我们一个道理：追求高质量商品是广大消费者永恒的追求，谁都不愿意花钱买劣质品。若想在农村市场的蓝海中抢占先机，零售商要对生产、供应、销售等各个环节进行更加严格的把关，从而让农村消费者买到高质量的商品，提升消费者购物体验，进而赢得口碑。

第二，以消费者为中心是关键。眼下，消费者已然成为了零售行业一切价值的出发点，任何新技术的应用与商业模式的调整，本质上都是为了更好地了解消费者的购物偏好与特点，从而为他们带来更好的购物体验。其实，消费者要求的无非是高品质、低价格与好服务。因此，零售商在开拓农村市场时，在保证商品质量的基础上，还应通过各种途径来降低成本，并优化售前、售中与售后的一系列服务，真正做到让消费者认可与满意。

第三，进一步拉近与消费者的距离。拉近与消费者的距离，既包括物理距离也包括心理距离。在"以人为本"的新零售浪潮下，抓住了消费者就等于抓住了商机与价值。因此，除了在农村市场快速扩张门店外，零售商还应创新各种经营模式，增进与农村消费者的互动，构建多种消费场景让消费者能够切身参与进来，并获得愉悦的体验。例如，做公益打造品牌好感度、及时反馈省钱信息、定期举办线下活动等，都是不错的方式。

解码拼多多的"起承转合"

付一夫

当几乎所有人都相信电商市场格局已定时，拼多多的横空出世让人们眼前一亮。在巨头争霸的缝隙中，成立仅三年的拼多多就获得了3.44亿用户，截至2018年6月30日的前12个月，平台GMV高达2 621亿元。而今，拼多多已经赴美上市，创造了中国电商的奇迹；但随后的"山寨"风波，也同样引发了人们的热议。

在电商市场激烈的竞争赛道上，究竟是什么让拼多多脱颖而出？在假货横行、信誉下滑的严峻挑战下，拼多多又该如何应对？解码拼多多的过去、现在和未来，无论是商家还是消费者，或许都可以从中获得启示。

起：黄峥与他的拼多多

研究拼多多，自当从其创始人黄峥说起。

1980年，黄峥生于杭州的一个普通家庭。虽是草根出身，但黄峥从不为自己的人生设限。12岁时，他便考进浙江省最好的中学杭州外国语学校读书，18岁时直接被保送至浙江大学竺可桢学院，攻读计算机专业。而后，黄峥又获得美国威斯康星大学麦迪逊分校计算机硕士学位，并在谷歌工作了三年。

在"人生导师"段永平的影响下，黄峥将目光投向了中国互联网的广阔天地。2007年，黄峥辞去了谷歌的工作，在段永平的帮助下，黄峥创办了欧酷网，开始了第一段创业历程。随后几年，黄峥又创办了乐其电商和寻梦科技，而拼多多融合游戏体验与社交体验的独特模式，正是黄峥早期在电商与游戏领域逐步摸索打下的基础。

在电商领域摸爬滚打多年，黄峥逐渐看到常人难以发现的商机。2015年4月，黄峥创办的生鲜类自营平台拼好货正式上线。靠着"拼单"加上"社交"的新模式，拼好货在短短几个月内就突破了千万用户。同年9月，定位成商家入驻全品类电商平台的拼多多上线，其公众号粉丝数两周就破了百万。2016年，拼多多先后获得高榕资本领投的A轮投资与共计1.1亿美元的B轮投资，并在9月与拼好货实现战略合并。仅仅一年，拼多多用户总量就突破了1亿美元，订单数赶超了唯品会。而后获得腾讯与红杉的垂青，并一举登陆纳斯达克完成上市，改写了中国电商的新版图。

前后加起来，不过三年多的时间。

承：拼多多如何快速崛起

那么，拼多多迅速崛起的秘诀是什么呢？

除了创始人黄峥的优厚资源外，更为关键的因素则在于其较为成功的战略决策与商业模式。在笔者看来，是以下四个"杀手锏"成就了拼多多。

（1）"非主流"的商业模式

不同于主流电商，拼多多主打"拼团＋低价"的社交电商模式。拼团，即通过用户的社交关系网来团体购物，进而获得低价商品；低价，则体现在平台热卖的商品多为"低价爆款"。这些对不少消费者来说都具有极大的吸引力。

从图8-5的具体购物流程来看，拼多多平台为消费者提供了"单独购买"和"拼团购买"两种购物方式。虽说"单独购买"方式可以享受更快速的购买服务，但大多数人还是更倾向于选择价格更低的"拼团购买"。用户可以通过"加入已有拼团"来实现低价购买，也可以"发起新的拼团"，将商品链接转发分享至社交平台，与好友一起完成购物。这便是基于熟人的社交电商模式——"社交"增强了用户购物的参与感，而"熟人"则解决了信任问题。用户基于微信等社交平台找到熟人帮忙拼单，新加入的买家再次分享链接寻找熟人……如此一来，在社交网络的催化下，拼多多的用户数量实现了裂变式增长。

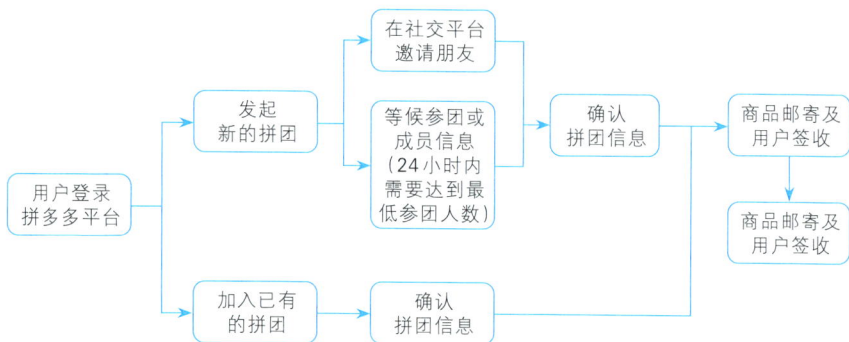

资料来源：华金证券研究所。

图8-5　拼多多"拼团"购物流程

社交是人与人之间的连接，电商是人与物之间的连接。拼多多并不是社交电商的始作俑者，却找到了社交与电商之间的关联点。"低价爆款"的诱惑叠加"帮好友砍价"的人情社交，这种打法显然助力了拼多多的迅速壮大。

（2）背靠微信的低成本流量

互联网行业，"流量为王"的法则已是尽人皆知。眼下，当主流电商单位获客成本居高不下（动辄220多元/人）之时，崛起初期的拼多多做到了单位获客成本10元以下；即便2018年第一季度因加大投入广告增加销售费用，单位获客成本增长至24.3元，但仍远低于传统电商。而这背后的关键，就在于微信的加持。

其实早在2016年B轮融资时，拼多多就已经获得了腾讯产业投资基金的参投；到了2018年2月，拼多多与腾讯进一步达成了为期5年的战略合作框架协议。待到拼多多赴美上市后，腾讯持有约17.8%的股份，已然成为拼多多第二大股东。

基于以上背景，拥有10亿用户数量的微信，自然就顺理成章地成为拼多多的导流神器。除了前文所述的基于微信社交平台的拼团、分享与实现裂变外，微信还在其他方面对拼多多给予帮助。

比如说，腾讯允诺向拼多多提供微信钱包接口上的接入点，使其能够利用微信钱包的流量。此外，腾讯向拼多多提供微信支付服务，并且保证支付手续费率不高于其支付解决方案的正常费率。两家公司还在云服务和用户交互等多个领域探索合作机会，并拟分享技术和行政资源，这些，或将进一步提升拼多多对微信流量的开发与应用。

（3）精准定位目标用户群体

从宏观层面看，国人的收入增长步调并不一致。对于全国大多数人来讲，价格仍旧是他们最为看重的——他们不会被高昂的价格绑架，即便商品再有品质和格调，消费体验再震撼、再新奇，消费者也不想花那么多钱来购买，他们需要的只是高性价比。全国居民按收入五等份分组的人均可支配收入参见图8-6。

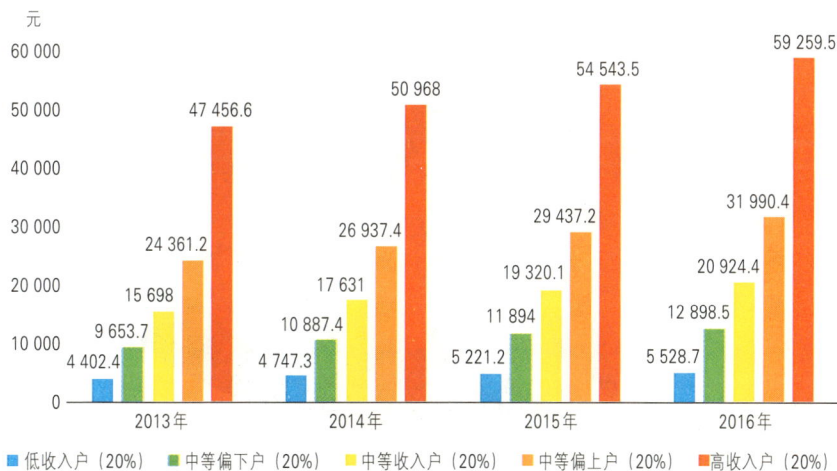

资料来源：苏宁金融研究院根据《中国统计年鉴》整理。

图8-6 全国居民按收入五等份分组的人均可支配收入

正因为如此，那些绝对低价的商品有着极为广阔的市场需求。根据长尾理论，对于商家来说，最赚钱的并不是服务那些身处头部地位的高净值消费者，而是服务那些占人口总规模比例极大和相对普通、收入水平一般却能够带来巨大流量的人群。

按照我国目前的基本情况，人们的平均收入水平在一二三四五线城市大体上是逐级递减的，但三线以下城市的人口规模要比一二线城市多得多。拼多多能够迅速崛起，关键正是在于敏锐地将目标用户群体定位到三线以下城市规模较大的、收入水平较低的、价格敏感度较高的长尾用户上。低线城市居民的收入水平相对较低，对低价商品的需求旺盛。而智能手机在低线城市的普及、物流成本的逐步下降和居民收入水平的不断提升，都为拼多多在低线城市的发展奠定了基础。

此外，相比一二线城市，大多数三线以下城市居民的闲暇时间较多（参见图8-7），有充足的时间去砍价，当然也有足够的时间为了几块钱的差价而周旋。而拼多多的低价策略与拼团模式，恰恰在收入维度与时间维度上都迎合了这部分人群的特质，这也是拼多多能够从竞争激烈的电商市场中脱颖而出的重要原因之一。

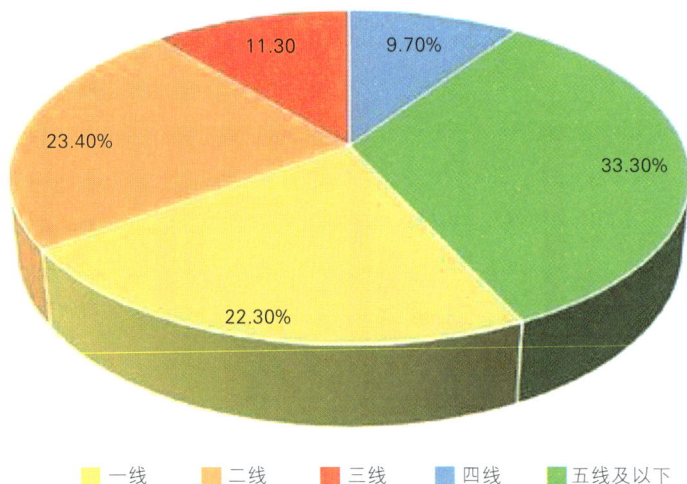

资料来源：易观千帆，苏宁金融研究院整理。

图8-7 "拼多多"用户的城市分布状况

（4）发力广告投放巩固优势

"拼多多，拼多多，拼得多，省得多……"，凭借简单的歌词和轻快的旋律，这首改编自《好想你》的拼多多广告曲，一度成为"洗脑神曲"。而这，只是拼多多广告营销战略的其中一步。

在成立初期，拼多多主要通过拼团模式和有奖互动游戏获取新用户。这种营销方式使拼多多在三四线城市迅速扩张，但在一二线城市却没有太高知名度。自2016年10月起，拼多多开始在一二线城市线下投放广告，到了2017年7月，拼多多开始大举进攻国内娱乐综艺节目，成为众多热门综艺的赞助商，如《极限挑战》《中国新歌声》《欢乐喜剧人》《快乐大本营》等。

不难发现，拼多多选择赞助的节目整体氛围都是轻松愉快的，这与其企业形象较为契合。此外，节目的收视人群也与"拼多多"的消费群体高度吻合，如相亲、音乐等真人秀节目都是女性观众最为喜欢的综艺节目，而拼多多有超过七成的用户均为女性。这也从侧面反映出，拼多多营销策略的精准与清晰，有助于进一步巩固已有流量优势，并向一二线城市逐步渗透。

转：上市却引来争议不断

依靠着四个"杀手锏"，拼多多终于迈出了历史性的一步。2018年7月26日晚，拼多多以股票代码"PDD"在美国纳斯达克上市。敲钟后，拼多多股价很快就上涨了40%，以351亿美元的市值结束当日，成绩令人惊叹。

然而，戏剧性的是，在短暂几日的风光过后，拼多多就陷入了舆论漩涡。7月30日，拼多多受创维集团被侵权等负面新闻影响，股价下跌7.87%；8月1日，拼多多因"山寨门"被相关部门约谈，关于平台销售山寨名牌的质疑也在网络上不断发酵；到了8月30日，拼多多发布2018年第二季度财报，当天股价就下跌14.94%，市值从刚上市时的超300亿美元，如今已跌破200亿美元。

拼多多的山寨问题究竟有多严重？据天风证券数据抓取和分析，在过去30

个交易日中，拼多多家电销售排名前100的商品中有39个假冒品牌商品，销售额占比57.82%，销售量占比63.37%。这些"傍名牌"的山寨产品，一般是通过在正品品牌的名称上增加前缀、后缀，或对中文字体变形等等方式来迷惑消费者的，比如"小米正品""创维先锋""蓝月壳""雷碧"等等。

针对舆论"售假"质疑，拼多多方面做了紧急回应，创始人黄峥也说道："这是个行业问题，让只有三岁的拼多多来承担，压力太大，我们能力也不够。"然而，回应并未消除消费者顾虑，舆论讨伐之势愈来愈盛。

曾经的拼多多，靠着持续补贴和放任"山寨"获得了低价优势，赢得了用户的快速增长；而如今的拼多多，却因"极致低价"模式背后的山寨问题和管理问题，引发平台信誉下滑。或许，对于拼多多而言，这并非一场舆论危机那么简单，而是关系到平台经营的根基是否牢靠的大问题。

低线城市的消费者固然容易被低价吸引，但最终还是会回到对"质量"的追求上来。之于消费者，追求的永远是质优价廉，质在价前。卖家的"傍名牌"严重损害了消费者体验，从中长期来看，若平台不能有效解决"傍名牌"与商品质量问题，消费者迟早要流失。可问题是，平台若根治了这个现象，持续的低价优势又从哪里来呢？

这是一个值得思考的悖论，当然也是挑战与机遇并存的关卡。来到风口浪尖的拼多多，转型已是迫在眉睫。

合：未来将如何转型？

在展望拼多多未来将如何转型之前，我们不妨先来认识一下另一家火爆的电商。

2017年，在大洋彼岸的美国，一家名为Brandless的电商横空出世。成立仅一年，就获得了来自软银集团2.4亿美元的C轮投资。业内有人将同样主打低价商品的Brandless称为"美版拼多多"，但与拼多多不同的是，Brandless好评如潮，少有争议之声。

从官网上可以看到，Brandless平台有三个显著特点：

第一，同样主打低价，所有商品价格一律3美元，价格虽低，但收到货的消费者却赞不绝口；第二，所有商品都没有品牌，其创始人声称："我们采用'直接面向消费者'的模式，削减甚至干脆砍掉了品牌税（Brand Tax），"消费者只须为商品本身付费即可，而无须操心额外的品牌溢价；第三，奉行"极简主义"的理念，全平台仅有300多个SKU，每个商品品类之中只选择一款最好的，同时所有商品的包装都极为简约，除了一个白色的标签外，再无其他，就连LOGO都看不到。

那么，Brandless又是如何做到盈利的呢？

答案其实很简单：时刻将消费者的体验放在首位。Brandless并没有因为价格低廉就在质量上打折扣，为了确保每款商品的质量都能达到最高要求，Brandless的研发中心对每款商品都进行了严格、测试与反复试验，由此在保证平台展示的所有商品都质量上乘的同时，也提升了消费者的购物体验。

不仅如此，Brandless还大搞慈善，而这些无不彰显着：Brandless不仅提供物美价廉的日常用品，更是用实际行动引导着一种全新的现代消费方式，该做法不仅彰显了一个企业的社会责任感，还让广大消费者悉数参与进来，进而让自身品牌的认可度大幅提高。

拼多多或许可以从Brandless的实践中获得启发。

好在，拼多多现在已经足够大，大到可以利用规模优势吸引品牌商的入驻并获得较低的价格，大到可以利用销售大数据进行针对性的商品定制和销售优化，可以基于用户画像进行更精准的商品推荐。这些，都是拼多多与过去告别、真正为用户提供质优价廉商品的底气所在。

未来，依旧是光明的，而拼多多的新征程，才刚刚开始。

后 记

这是一个飞速变化的时代。

新零售行业发展之迅速，超出了所有人的想象，以至于写作的进度始终难以赶得上市场发展的变化。比如，生鲜超市开始抢占"菜篮子"市场，5G大规模商用开启进一步变革人们的消费方式，等等。故而本书只能算是一个阶段性的总结，要是把最新的动向都加入进来，恐怕书稿付梓之日将会遥遥无期。

新零售的诞生，可以说是时代发展的必然，但任何新生事物的成长都不会一帆风顺。在经历了爆发式增长之后，前进中的新零售也遇到了一些瓶颈，具体表现为各种无人零售业态的"凉凉"，以及各种生鲜超市的大面积亏损。

这些瓶颈的出现，让人们更加清晰深刻地认识到：仅凭形式上的新颖与资本的爆炒，不足以成为新零售；即便玩法再多，新零售终归还是一门生意，是要赚钱的。要想让行业朝着更加健康的方向发展下去，当务之急是尽快找到扭亏为盈的办法。

事实上，当各种商品的原材料成本与生产加工成本难有下调空间之时，打造更为高效的智慧供应链体系是一个不错的思路。

从目前来看，国内零售业的供应链上下游企业较为散乱，没有形成协同共进的发展模式，对市场变化的响应也不够迅速，这就难免造成流通成本过高、库存积压难以消化等问题，对消费者来说，也会遇上收货时间过长、快件配送错误等不愉快。

倘若能够做到让供应链上下游企业统筹协作，使得原本松散的关系转变为一个复合网络，那么自然可以提高经营效率，降低流通环节中的各种成本，为所有相关企业带来更大的收益和价值，也能增进消费者购物体验。这也是回归商业本质、推动行业良好发展的必然选择。

至于如何变革供应链，则是留给所有新零售玩家思考的课题。值得注意的是，进一步激发居民消费潜力正变得越来越重要。尤其是随着国际环境的不确定性与风险性日益增强，我们迫切需要依靠扩大内需来推动经济的健康可持续发展，而促进居民消费是最为重要的抓手。

目前三线以下城市的居民消费正呈现出崛起之势，而农村居民消费支出的增速也明显领先于城镇居民。于是我们有理由相信，未来扩内需、促消费的关键着力点在于低线城市与农村——须知，这是一片拥有10亿人群的广袤天地，但这里的高质量供给相对欠缺，居民需求远未被满足。

当然，这里也是新零售未来更加广阔的发展舞台。无论是政府部门还是零售企业，可做的文章还有很多很多；而对于研究人员来讲，值得深入跟进的话题，远不止书中的内容。

在这里，我们要特别感谢苏宁易购、苏宁小店、苏宁极物，为我们的新零售研究提供了大量第一手素材与前沿动向。

更要鸣谢读完此书的每一位读者。您的关注与陪伴，是我们进步路上的灯火，愿您：工作顺利，阖家安康！

更多文章请关注苏宁金融研究院官方微信公众号"苏宁财富资讯"。

苏宁金融研究院

2019年6月